本书获中共江苏省委党校、江苏省行政学院学术著作出版资助,系校委托项目"当代中国文化发展的思考"最终成果。

东北地区文化产业
与新经济增长点

李建柱◎著

中国社会科学出版社

图书在版编目（CIP）数据

东北地区文化产业与新经济增长点 / 李建柱著 . —北京：中国社会科学出版社，2017.12

ISBN 978 - 7 - 5203 - 1329 - 2

Ⅰ.①东⋯　Ⅱ.①李⋯　Ⅲ.①文化产业—产业发展—研究—东北地区②区域经济—经济增长—研究—东北地区　Ⅳ.①G127.3②F127.3

中国版本图书馆 CIP 数据核字（2017）第 267217 号

出 版 人　赵剑英
责任编辑　赵　丽
责任校对　王桂荣
责任印制　王　超

出　　　版　中国社会科学出版社
社　　　址　北京鼓楼西大街甲 158 号
邮　　　编　100720
网　　　址　http://www.csspw.cn
发 行 部　010 - 84083685
门 市 部　010 - 84029450
经　　　销　新华书店及其他书店

印　　　刷　北京明恒达印务有限公司
装　　　订　廊坊市广阳区广增装订厂
版　　　次　2017 年 12 月第 1 版
印　　　次　2017 年 12 月第 1 次印刷

开　　　本　710×1000　1/16
印　　　张　15
插　　　页　2
字　　　数　238 千字
定　　　价　65.00 元

自　序

　　近二十年来，尤其是在应对 2007 年全球金融危机的后半期，中国政府启动了全国范围内大规模的国有文艺院团改企转制工作，将原先直接隶属于各级政府的大批国有文化事业单位分批推向市场，充分发挥市场对文化资源配置的决定性作用，打破长期僵化的文化管理体制，极大地盘活了国有文化资源，激发了文化创新潜力，提高了文化艺术供给的能力。在深化推进文化体制改革的同时，各级政府将产业化思维引入文化资源经营管理过程中，大力改造提升传统文化产业、扶植培育新兴文化产业，为文化产业的全面振兴提供了完善的法制、充足的动力和良好的社会环境。中国文化产业逆势增长走上了快速发展的轨道，成为"十二五"期间最重要的新经济增长点之一。据国家统计局发布的统计报告显示，从 2004 年到 2010 年间，中国文化产业增加值年均增长率接近 24%，远超过农产品加工、工业制造等传统产业。在此基础上，文化部于 2012 年 2 月正式发布了《"十二五"时期文化产业倍增计划》，提出 2015 年文化产业增加值比 2010 年至少翻一番、建设 10 家代表国家水准和未来发展方向的国家级文化产业示范园区和示范基地、培育 100 个特色文化产业乡镇等目标。至 2016 年，中国文化及相关产业增加值从 2012 年的 18071 亿元增加到 30254 亿元，占 GDP 的比重相应地从 3.5% 提高到了 4.0%，实现了惊人的飞跃。甚至可以说，文化产业在过去几十年中所创造的物质财富比许多传统产业同期创造的物质财富的总和还要多。

　　在中央政府一系列政策利好的刺激下，各地文化产业都进入了发展的黄金时期，纷纷推出适合本地特点的文化产业发展规划，形成了自由竞争、优势互补、联动发展的文化产业格局。东部京津冀地区、长江三角洲地区、珠江三角洲地区一马当先，凭借优越的自然地理条件和雄厚的工业基础成为文化产业发展的第一方阵，尤其是中心城市和城市群发挥着技术、人才、资金、创意密集的优势，形成了北京798艺术创意产业区、上海张江文化产业园、武康路历史风貌区、广州荔湾区滨水创意产业带等一大批文化产业园区和文化产业集聚带，使文化产业成为本地区内产业发展的新增长极。中部地区和西部地区工业基础和产业梯度不如东部发达地区，但是中西部地区独特的自然资源、生态资源和人文资源弥补了上述差距，不少中西部城市群，尤其是少数民族地区和革命老区利用特殊资源优势发展旅游、度假、会展、教育培训等特色文化产业，涌现出长株潭区域文化产业集聚区、楚文化旅游、西安汉唐文化观光体验等特色文化产业品牌，为本区域产业发展提供了新的增长动力。相比之下，东北地区是中国四大经济板块中的特殊一隅，东北地区文化产业的发展具有特殊的产业基础、体制环境，面临着特殊的挑战和困难。2014年，文化部《"十三五"时期文化改革发展规划》提出，"充分发挥文化产业在推动东北老工业基地转型升级中的作用，培育东北地区经济发展增长点"。如何实现上述发展目标成为学术界和文化产业从业者普遍关心的热点问题。

2011年我进入博士阶段学习以后，在导师徐充教授的悉心指导下选择了文化产业问题作为研究课题，并最终通过答辩获得博士学位。本书正是在博士学位论文的基础上增改而成。该书研究的核心问题在于：东北地区在培育文化产业成为新经济增长点这一发展战略上所存在的宏观和微观两大层面的问题，制约上述问题的经济和非经济的多重因素，以及为摆脱上述问题而应该采取的可行对策。根据这一研究设想，全书六章分别解决了研究背景、理论基础、产业发展历史与现状、制约因素、国外经验借鉴和本地应对措施等六大问题。

通过上述研究，本书通过"解剖麻雀"的方式尝试回答一个地区在培育文化产业成为区域新经济增长点方面面临何种挑战及其如何应对，无疑这个宏大的问题具有很强烈的政策性和现实性，对于一个刚刚开始研究工作的年轻人来说把握起来有一定难度，加之本人才疏学浅，尚未能够较为圆满地解答上述问题。书中各种纰漏还望有关专家批评指正。

是为序。

2017年7月15日　南京

目　录

第 一 章

导　论

任何一项社会科学研究如要具有实际意义，就必须置身于理论演进和实践发展的双重逻辑之上，科学而深入地回答时代提出的问题。而能否彻底搞清楚时代发展趋势和前人研究成果，却是能否获得回答问题资格的先决条件。本章主要阐述本书的研究背景、研究价值和现有研究成果。在分析前人研究成果和不足的基础之上，提出本书研究思路和创新点。因此，本章构成了全部研究展开的逻辑前提。

一　研究背景

第一，文化软实力日益成为全球化时代国家竞争的重要内容。

如果我们以宏阔的"大历史观"来考察 16 世纪以来国际关系的演进和大国兴衰的命运，就可以发现：现代国家的竞争是建立在科技和文化两个支点之上综合实力的较量。在经济全球化和科技现代化两大外力带动下，世界范围内的国家竞争方式和竞争内容出现了重大转型：以经济、军事、国防和科学技术为主要内容的传统硬实力竞争依然保持重要位置；同时，以文化传统、价值系统、意识形态和社会制度、发展模式为代表的文化软实力的较量已经越来越成为国家竞争和大国博弈的重要内容，①文化资源与文化资本越来越成为后发展国家实现战略赶超的比较优势。自 20 世纪 90 年代以来，第三波经济全球化浪潮极大地推动了现代科学技术的迅猛发展，大大缩短了信息传播时值，降低了全球各国交易成本，

---

① ［美］罗伯特·基欧汉，约瑟夫·奈：《权力与相互依赖》，门洪华译，北京大学出版社 2002 年版，第 263 页。

其影响远远超出经济领域，正在对政治、安全、社会和文化等多个领域产生着日益广泛而深刻的影响。发达国家借助全球化浪潮试图巩固扩大自身商品、技术和文化优势，发展中国家在实现现代化过程中往往既要保持自身文化传统的延续，又"不得不考虑学习吸收西方的文化价值观念"①。因此，全球性的文化冲突和文化竞争变得日趋激烈。以至于有学者惊呼，"世界文化大战已经爆发"②。在这场文化大战中，美国等发达国家占据主导地位。二战后不久，美国就成立了"电影输出协会"（EPEAA），专门向世界各地推介美国电影，承载着美国精神的好莱坞大片，在全球资金链条带动下纵深挺进亚非拉市场，成为对第三世界广大地区进行意识形态渗透的主要手段。美国还通过成立联合电影发行公司，争取美国电影在欧洲发达国家的投资权和落地权，极力争夺欧洲电影市场份额。同时，日本、英国等发达国家也逐步通过发掘本国文化资源、创新文化生产技术、调整文化贸易结构，扩大本国文化对世界其他国家的吸引力和影响力。

研究联合国和世界银行历年统计材料可以发现，国家综合国力、国家科技创新能力、进出口总额和文化产业之间的发展往往成正相关关系。美国、日本、英国、德国等经济强国，也是文化贸易顺差大国和文化软实力强国。2009 年，按照 GDP 总量排名，美国（15.1 万亿美元）、中国（7.3 万亿美元）、日本（5.9 万亿美元）、德国（3.6 万亿美元）、法国（2.8 万亿美元）分别位居世界 GDP 总量榜单第一至第五位。③ 美国文化产业产值已经接近国内生产总值的 1/4，成为仅次于军工行业的第二大支柱产业，拥有全球一半以上的文化跨国公司，拥有最具竞争力的全球 400家文化集团公司中的 70 多家。英国是最早提出发展文化创意产业的国家，也是世界第二大文化生产国，其文化产业年产值高达 600 亿美元，约占全国 GDP 总额的 11%，文化创意产业是英国第二大支柱产业和第二大

---

① 俞新天：《强大的无形力量——文化对当代国际关系的作用》，上海人民出版社 2007 年版，第 9 页。

② ［法］弗雷德里克·马特尔：《主流：谁将打赢全球文化战争》，颜子悦译，商务印书馆 2012 年版，第 366 页。

③ ［西］埃德娜·多斯桑托斯主编：《2010 创意经济报告》，三辰影库音像出版社 2011 年版，第 29 页。

就业产业。日本作为亚洲经济大国，同时也是亚洲第一文化强国。日本动画和游戏产业分别占到世界市场的 62% 和 31%。据中国文化软实力研究中心发布的《文化软实力蓝皮书：中国文化软实力研究报告（2010）》显示：美国、欧盟、亚太分别占据世界文化市场的 43%、34%、19%；亚太占 19% 中，日本占 10%，澳大利亚占 5%。2015 年，联合国教科文组织发布的题为《文化时代：第一张文化创意产业全球地图》的研究报告显示，亚太地区已经成为全球最大的文化创意市场，欧洲第二，北美第三，中国大陆成为全球最大的文化产品生产国。最新研究表明，包括巴西、俄罗斯、印度、墨西哥和中国在内的许多国家，都把发展文化产业作为本国经济可持续发展的先导战略，制定了推动文化产业发展的相关法律制度。可以预见在不久的未来，大国之间的竞争将远远超出传统军事和科技的范围，日益呈现多领域、全方位和深层次竞争的特点，文化产业日益成为全球化时代大国竞争的热点之一。

第二，中国面临转变经济发展方式的重大挑战。

在过去的三十多年中，中国共产党一手将市场经济的基本原则贯彻到经济体制改革中，初步建立了社会主义市场经济体制的基本框架；一手借助于碎步前进式的政治体制改革，最大限度地保持了社会制度变迁的有序性和稳定性，为中国复兴创造了较为和谐的外部环境。中国政府借鉴"亚洲四小龙"的发展经验，凭借廉价的劳动力成本和稳定的社会环境，大力引进外资，发展劳动密集型产业，保持了年均 9.8% 的经济增长速度，用两代人的时间走完了西方发达国家上百年的工业化和城镇化历程，形成了近年来被热议的"北京共识"和"中国模式"。[①] 所谓"中国模式"和"中国道路"，不过是"亚洲四小龙"开创的东亚模式的升级版，这种发展模式在迅速堆积巨额物质财富的同时也难以避免一系列附带后果。比如，生态环境的严重破坏、能源资源的过度消耗、区域经济社会发展的不协调性和社会矛盾的累积酝酿。据统计，我国以占世界 4.4% 份额的 GDP 消耗了世界原油的 7.4%、世界原煤的 31%、铁矿石的 30%、钢材的 27%、氧化铝的 25%、水泥的 40%。按照《中国梦》（*The*

---

① ［美］乔舒亚·库伯·雷默：《北京共识》，载《中国形象：外国学者眼里的中国》，社会科学文献出版社 2008 年版，第 43 页。

Chinese Dream) 一书估计，2020 年将有 7 亿人达到中产阶级水平。[①] 照此测算，中国将消耗世界 30% 左右的能源。从生态环境约束看，2010 年我国煤炭产量已达 32.4 亿吨，"十二五"末超上限产量 41 亿吨。2010 年我国已是世界第一大 CO_2 排放国，SO_2 排放量也已经达到 2100 万吨，接近峰值。据国际能源机构（IEA）预测，2020 年我国总排放将相当于美欧日总排放量，2030 年将相当于经济合作与发展组织（OECD）国家总排放量。另外，我国每年新增水土流失面积 1.5 平方公里，新增沙化面积 3400 平方公里，新增退化草原 2.5 万公顷，酸雨面积已达国土面积的 1/8。

2007 年第四季度开始的金融危机降低了中国的经济发展速度，提高了劳动经营成本，恶化了投资环境。在全球市场需求低迷和人民币汇率升值走高等一系列打击下，投资、出口和消费三驾马车倒掉了消费和出口两驾。我国工业化前期所依赖的低端竞争优势已经不能适应经济发展的新形势、新要求，维持了中国高速增长的粗放式经济发展模式已经难以为继，加快转变经济发展方式已经成为近年来和今后十几年中国政府面临的重大任务之一。2009 年以后，中国政府根据国际产业结构调整升级的趋势和中国产业基础，推出了刺激经济复苏的十大产业规划，推出了我国第一部文化产业发展专题规划《文化产业振兴规划》，正式提出了要将文化产业培育成为国民经济支柱产业、将文化消费培育成新的消费热点的发展战略。

第三，东北老工业基地面临寻找新经济增长点的突出难题。

新中国成立初期，东北是中国社会主义工业建设的摇篮。"一五"和"二五"时期建设的 156 项重点工程中有 56 项分布在东北，形成了以钢铁、机械、石油、化工为主导的工业体系。东北以其大工业项目众多、工业体系发达、工业产品质量上乘被誉为"共和国的长子"。20 世纪 80 年代以后，中国政府采用了东中西非均衡梯度发展战略。邓小平将东部定义为新时期中国经济发展整体格局中的"一个大局"，要求中西部地区支持东南沿海地区率先发展起来。国家政策和有限资源开始向东部地区

---

① Helen H. Wang, *The Chinese Dream: The Rise of the World's Largest Middle Class and What it Means to You*, New York: Bestseller Press, 2010, p. 53.

倾斜。同时，东北地区工业结构落后、资源依赖程度高、企业设备和技术老化、人力资源流失、资源消耗过度、产业发展不平衡、后续发展动力不足等问题逐步暴露出来。目前，广东省人均 GDP 总量是辽宁省的 2.3 倍、黑龙江省的 4.2 倍，黑龙江省人均 GDP 不及上海的三分之一，吉林省人均 GDP 不及上海的二分之一。截至 2012 年年底，在国务院公布的四批资源枯竭型城市名单中，东北地区共有 24 个，占全国的 35%，实现老工业基地振兴和资源枯竭型城市转型发展是后金融危机时期东北地区的重要任务，引起了国内外经济学家的严重关切。中共十六大报告提出"支持东北地区等老工业基地加快调整和改造，支持资源开采型城市发展接续产业"。中央政府多次派出智囊团赴东北三省就老工业基地调整改造问题进行调研，加大对东北振兴的政策、财力和物力支持力度。2003 年 3 月，国务院下发了《关于实施东北地区等老工业基地振兴战略的若干意见》，成立了国务院振兴东北地区等老工业基地领导小组，从而拉开了东北地区转型发展的序幕。2014 年，国务院再次出台了《关于近期支持东北振兴若干重大政策举措的意见》，标志着中央新一轮东北改革措施的推进。

东北地区实现经济转型发展关键在于改变单一产业结构，用高新技术和先进适用技术改造传统产业，大力培育新的经济增长点，实现产业结构多元化和高端化。大力发展文化产业、绿色产业、低碳产业成为资源型地区培育新增长点、产业结构转型升级的必然选择。东北地区历史文化资源丰富、自然地理位置优越、区位比较优势明显，在发展表演艺术、冰雪体育赛事、图书出版和文化旅游等方面具有得天独厚的优势。金融危机后，东北三省共同将培育文化产业作为促进经济发展的新增长点。辽宁省围绕沈阳抚顺、大连丹东和辽西三大区域，重点培育支持了九大核心文化产业；黑龙江省根据毗邻俄罗斯较近的地缘优势，重点扶植冰雪旅游和冰雪赛事等产业；吉林省依托在电影制作方面的传统优势，重点支持了电影、电视剧和影视动画制作等文化业态。东北地区文化产品制造业和文化服务业的蓬勃发展直接改变了三种产业结构的比例和关系，为解决东北老工业基地转型发展的问题带来了新契机。

二 研究价值

第一，大力发展文化产业是满足区域城乡居民日益增长的精神文化需求的必然选择。

经济社会的健康运行离不开物质需求和精神需求的平衡发展。一般来讲，物质需求和精神需求是保持同步的，但精神需求可以暂时超前或落后于物质需求，但这种非均衡的发展态势并不能持久。从发达国家消费结构演变历程来看，一国经济发展达到一定水平后必然出现一系列的连锁反应：经济水平的提高带动收入水平的相应提高，收入水平的变动又改变需求结构，物质需求得到满足后对精神产品和服务的需求就会逐渐显露出来，在不断出现的新的消费需求的刺激下，经济结构和产业结构也相应持续攀升。一国经济发展水平越高，收入水平越高，消费结构就越高端化；反之，物质需求如果长期得不到满足，则精神需求很难有大的提升。这一发展规律已经为近代许多国家工业化的历史所证实。据统计，中国文化事业经费已经从 2002 年的 83.66 亿元增加到 2011 年的 392.62 亿元，同期人均文化事业经费由 6.51 元增加到 29.14 元。2010 年中国文化消费总量已经达到 1 万亿元左右，到"十二五"时期末已经达到 1.5 万亿元。十年间中央直接投入财政资金达 60 亿元保证重点文化设施建设的顺利开展。尽管如此，仍不能有效满足中国居民日益增长的精神文化需求，在深圳、广州等国内一线大城市的特殊群体中，在中西部广大农村地区仍然存在"看戏难""健身场地不足""文化娱乐活动不够丰富"等问题。如果按美国、日本、韩国在这一经济发展阶段的人均文化消费水平推算，我国文化消费的缺口仍然在 3 万亿元左右，可谓文化消费缺口巨大，文化消费空间广阔。大力发展文化产业，通过市场经济的调节手段高效合理地分配有限的文化资源，已经成为满足中国居民文化需求的必然选择。

第二，大力发展文化产业是推动区域产业结构升级、培育新经济增长点的必然要求。

加快转变经济发展方式关键在于调整产业结构、推动产业结构升级，为中国经济社会平衡较快发展寻找到新的经济增长点，实现经济增长方式由粗放型到集约型的转变，实现产业结构由传统产业主导向新兴产业主导的转变。配第—克拉克定理认为，随着经济的发展和国民收入水平的提高，第一产业的比重和劳动力人口将会减少，第三产业国民收入和劳动力的相对比重开始上升。发达国家的发展经验不仅验证了配第—克拉克定理的科学性，而且表明：随着经济发展水平的提高，一国的产业结构逐步实现由重工业主导型到服务业主导型的转变。目前来看，世界产业结构调整和升级的最终方向是高端服务业等高附加值的行业，尤其是以现代科学技术特别是信息网络技术为主要支撑，建立在新的商业模式、服务方式和管理方法基础上的现代服务业，比如金融保险、计算机软件、科技服务、高端咨询、文化体育娱乐等。日本在战后初期主要依靠钢铁和化工等产业拉动经济，20 世纪 60 年代末到 70 年代末，日本逐步发展电子、汽车、家电等新兴产业来接替钢铁等传统产业，80 年代日本跨越"中等收入陷阱"之后，逐步发展了金融、信息和文化产业等战略性新兴产业，顺利完成了主导产业向价值链高端攀升的任务。文化产业作为继农业经济、工业经济和商业经济之后的一种新型经济，具有科技含量高、环境污染少、能源消耗低、对上游和下游产业带动能力强等特点，被誉为 21 世纪的潜能产业、朝阳产业，成为 20 世纪以来发达国家普遍重视和扶持的支柱产业。正因为如此，中共中央提出了深化文化体制改革、推动文化产业成为国民经济支柱产业的发展战略。

第三，大力发展文化产业是发展国际文化贸易、优化贸易结构的需要。

第三次产业革命以后，文化和科技因素越来越成为经济增长的根本动力和主要来源，文化产品和服务贸易越来越成为国际贸易的主要内容之一。经济合作与发展组织（OECD）对 20 多个发达国家的贸易统计表明，发达国家向发展中国家输出的高附加值产品中，80% 来自计算机及其相关技术和产品、生物医药技术和产品、新能源新材料技术和产品、精密仪器技术和产品、文化产品等，其中文化产品增长比较显著。中国在过去的三十多年中，经济增长主要依赖投资、消费和出口三驾马车。金融危机后，中国政府提出扩大内需的发展战略，但是并不表明出口作用的下降，相反，维持中国经济体的高速增长，仍然离不开出口对经济的提振作用。中国对外贸易呈现出规模庞大与质量不高并存的问题，进出口结构不合理：低附加值产品居多，拥有自主知识产权的民族品牌少，物质产品多，服务产品少，科学技术含量低，创意特色不鲜明。"中国制造，而不是中国创造"的问题由来已久。以中国动漫为例，2010年中国动漫企业8300多家，制作动漫385部，电视动漫产量高达22万分钟，产量超过日本成为世界第一，但并非动漫强国。中国动漫制作中存在制作技术水平低、市场化程度低、高级管理和经营人员缺乏等问题，导致动漫产品缺乏创意、市场占有率低，不但"走出去"困难重重，国内市场也被国外产品挤占。中国国内动漫市场上外国产品占到60%多，国产动漫不足40%。另据《文化产品及服务进出口状况年度报告》显示，中国文化产品和服务在国际市场上占有额为1.5%，美国为42.6%；日本一国动漫占了世界动漫市场的65%，中国动漫市场份额几乎可以忽略不计。"微笑曲线理论"表明，价值最为丰厚的区域集中在研发和市场两端，中间的加工制造和运输储存等区域所占份额最低，外贸结构升级的方向就是向高附加值的区域移动。为了改变中国在国际贸易中的不利地位，抢占全球市场份额，中国产品必须由中国制造走向中国创造，而具有知识密集性、高附加值和高整合性的文化产业类产品正是提升中国外贸水平的重要抓手。

第四，大力发展文化产业是现代国家意识形态建设的新渠道。

意识形态处在社会观念体系的最高端，它天生具有渗透到整个社会有机体的特性。无论是过去还是现在，无论是亚洲还是欧美，无论是发达国家还是发展中国家，统治阶级均把官方意识形态渗透到整个社会有机体、成为社会各阶级共同遵守的价值准则和行为规范作为维护自身利益的重要手段。意识形态向社会有机体有效渗透的主要途径是文化建设，文化建设的核心是意识形态建设。统而言之，文化建设有两种途径，一是公益性文化事业；二是经营性文化产业。在计划经济体制下，文化建设的权限集中在官僚体制内部，更确切地说是集中在执政党高层，广大的中间社会阶层和底层社会只有文化执行的权利，而没有文化选择的权利。这种文化精英主义的体制在改革开放后随着社会主义市场经济体制的逐步完善而瓦解。改革开放后，我国经济的快速发展和社会的剧烈变动改变了信息传播模式和文化建设模式，相应的意识形态建设模式已经很难适应经济社会发展的新需求。在市场经济条件下，文化资源配置的主要方式是市场，而不是计划；文化建设的主体是社会，而不是政府；

文化发展的主要形式是经营性产业，而不是社会事业。市场这只看不见的手渗透到文化产业的各个环节和各个领域，通过市场机制调节着文化产品和服务的生产、供给、流通和消费。因此，文化产业的功能主要表现为两大方面，一是形成产业，推动经济发展；二是传承文化，推动文化建设。文化产业对经济发展的促进作用在近年来的产业化浪潮中体现得十分明显。随着文化体制改革的推进，高度集中的文化管理体制日益松绑，文化建设的权限不断下放，人民群众文化选择权限越来越多，文化选择空间越来越大，意识形态传播的传统模式正在瓦解，文化产业正在成为推动国家意识形态发展和传播的一支不可忽视的力量。可以说，现在已经到了这样一个时代，任何物质和非物质的文化遗产，如果不想沉寂在人类社会机体之外，就必须借助于文化产业这种新的文化传承形式；任何一种理论、观点和学说，如果想赢得受众的头脑，转变为改造现实的力量，同样必须借助于文化产业这种意识形态建设的新渠道。

三 研究成果述评

（一）研究现状

文化产业有着悠久的过去，但是文化产业研究却只有短暂的历史。中华人民共和国成立以后实行的是以苏联模式为蓝本的高度集中的计划经济体制。文化作为意识形态部门由国家包办，不但文化艺术工作者被安排进文联、作协、电影家协会、杂技协会等各种事业单位，而且文化艺术活动的开展也主要由政府负责组织安排。在这种体制下，文化生产和文化消费均以国家计划的方式进行，谈不上文化产业的发展，更谈不上文化产业研究。通过中国知网数据库和国家图书馆数据库检索可以清楚地发现，中国文化产业研究发轫于20世纪80年代末，起步于90年代初。21世纪以来，文化产业研究才逐步成为学界关注的热点问题。2002年以后研究成果数量和质量均达到一个新水平。本书按照国内、国外两个视角把现有研究成果归纳为中国文化产业历史和现状研究、区域文化产业发展研究、国外文化产业发展研究和中国文化产业战略、路径研究四个方面。

1. 国内研究成果综述

第一，关于中国文化产业历史和现状的宏观研究。

基础理论专著往往标志一个时代研究水平的高低，也标志一个研究领域的成熟程度。近年来有一批高水平的基础理论著作问世，如陈庆德的《文化经济学》、胡惠林的《文化产业学》、王铁军的《创意经济学》、厉无畏的《创意产业：城市发展的新引擎》、韩骏伟的《区域文化产业》等。这些著作对文化产业的产生历程、理论基础、组织结构、运行机制、制约因素等基本问题做了详细阐述。胡惠林的《文化产业学》全书共计十一章，阐述了文化产业兴起的历史背景、基础概念和理论、文化产业与现代社会运动和意识形态的关系、文化产业政策、文化产业组织、文化产业战略等问题，系统揭示了文化产业运作的普遍规律和发展文化产业的可行路径，是目前高等院校文化产业专业和文化相关研究普遍采用的研究书目。胡惠林认为，"文化产业发展成熟程度是衡量一个国家和社会综合竞争力的主要指标，处于核心层的文化产业，尤其是现代传媒产业是真正决定一个国家综合国力的指标。"[1] 陈庆德认为，"当社会发展的重点从政治自由到经济增长，继而转移到社会平等，并最终聚焦于文化自主问题时，提出文化经济学也就成为必然"，"文化差异与现实经济体系局限性矛盾冲突把文化推至社会生活的中心"[2]，文化产业研究应运而生。

叶南客等阐述了文化与经济二者之间的辩证关系，认为文化和经济一体化是未来社会发展的重要特征。[3] 顾江等关注了我国文化体制改革与文化产业发展的共生关系，认为文化体制改革是文化体制能否释放活力的重要前提，也是我国文化产业能否振兴的先决条件。[4] 针对我国文化产业发展中的若干弊端，结合未来文化产业发展的趋势，提出了"确立文化企业的市场主体地位，加速投融资体制改革，完善现代文化制作产业链，组建行业协会"等战略对策。

孟晓驷将经济学中供给与需求原理作为分析工具，从供给和需求两个方面入手讨论了文化产品生产问题。该文认为有效满足人的生物需求，

① 胡惠林：《文化产业学》，高等教育出版社 2006 年版，第 76 页。

② 陈庆德：《文化经济学》，中国社会科学出版社 2007 年版，第 15 页。

③ 叶南客：《增强城市文化的引导力、凝聚力、推动力——江苏城市文化建设新思维》，《中国名城》2015 年第 2 期。

④ 顾江：《中国文化产业发展的机遇与挑战》，《人民论坛》2011 年第 35 期。

既是文化需求产生的前提条件，又是文化消费产生的必然结果，在对人类文化产品生产中非均衡现象分析基础上，作者建立了"文化产品需求边际等于物质产品需求边际""文化产品生产边际等于物质产品生产边际"两大假设，从而提出了"物质产品需求与文化产品需求均衡""物质产品生产与文化产品生产均衡"两个定理，为当代中国文化产业政策的制定和文化产业振兴路径的探索提供了重要的理论解释。① 左惠从经济学视角研究了文化产品有效供给的问题。在分析文化产品供给有效性形成的条件时，他注意到了"消费者特殊需求""供给机制创新""政府供给偏好转变"等问题，认为必须充分考量中国所处的"转型特殊时期"这一宏观环境，否则就难以找到市场和政府恰当结合的链接点。② 韩洁平综合利用信息资源管理学、经济学领域的超边际结构模型、微笑曲线理论等分析工具对数字内容产业集群形成机理进行了分析，探讨了数字内容产业价值链成长规律和产业链培育机制，确定了国民经济、信息技术、科研人力资源、政策规制等影响数字内容产业发展的四大因素，进而提出延伸整合产业链条、创新商业模式的建议。③ 滕堂伟利用泰尔指数测度了中国不同区域之间文化产业发展的差距，并用灰色关联法分析了政策导向、经济水平、文化特质等对区域文化产业持续健康发展的影响。④ 高书生根据全国第三次经济普查数据对 2004—2013 年间中国文化产业发展进行分析，认为中国文化产业已经形成了一个门类齐全的体系，未来要把文化产业发展与中国传统文化弘扬结合起来，把文化产品的生产与文化服务业的发展结合起来，⑤ 不断培育骨干文化企业，提升中国文化的国际影响力。

第二，关于东北地区文化产业发展的研究。

胡惠林、向勇等一般性地论述到了我国区域文化产业发展中存在的

① 孟晓驷：《物质生产与文化生产均衡发展分析》，博士学位论文，中共中央党校，2005年，第 10 页。

② 左惠：《文化产品供给论——文化产业发展的经济学分析》，经济科学出版社 2009 年版，第 106 页。

③ 韩洁平：《数字内容产业成长机理及发展策略研究》，博士学位论文，吉林大学，2010年，第 93 页。

④ 滕堂伟：《中国文化产业发展的区域差异》，《经济地理》2014 年第 7 期。

⑤ 高书生：《我国文化产业发展的总体状况和主要特征》，《经济与管理》2015 年第 3 期。

普遍问题及其原因。① 宋彦麟将工程管理学的要素竞争力评价体系与指标引入对辽宁省核心文化产业部门的研究之中，通过对电影、图书、报刊、广告等 7 个部门 17 个竞争面 58 个竞争力指标的定量分析，得出了对辽宁省文化产业发展优势和劣势的判断，继而从政府、产业和企业三个层面上讨论了提高辽宁省文化产业整体竞争力的战略对策。② 郭梅君将演化经济学的理论分析范式引入对文化创意产业的分析中，通过引入政府、科研部门、公共服务平台等外部因素，科学阐释了创意与创新对中国经济转型的作用机制，并提出了构建以创意消费和消费行为体验为核心的产业价值链的观点，提出了以创意产业引致中国消费结构升级和推动中国由工业社会向创意社会转型的建议。③

尚永琪、邵汉明、郭莲纯等以东北地区的二人转、吉剧、满族剪纸等特色文化产业为例，分别论述了东北地区图书报刊、电影电视剧制作、音像出版物和文化旅游等文化产业项目的发展现状与制约瓶颈。④ 卢俊松认为，吉林省文化产业存在的主要问题是起步晚、规模小、资金不足、文化产品科技含量不高、文化市场狭小等。丁晓燕认为东北地区文化产业发展也有较为独特的优势，比如文化资源丰富、产品种类齐全、地域特色明显、外部环境优良、工业基础较为雄厚等。赵定东、李俊等认为影响东北地区文化产业发展既有自然地理因素、文化传统因素，又有制度设计因素和管理模式因素，⑤ 由于受封闭落后的农村生产力体系和较为单一的产业结构体系的影响，加之长期的计划经济形成的定式思维，东北地区文化产业呈现出了基础薄弱、发展迅猛的矛盾态势。

在上述研究成果基础上，有学者讨论了东北地区文化产业发展战略

① 向勇：《转型期我国文化产业发展模式研究》，《东岳论丛》2016 年第 2 期。

② 宋彦麟：《辽宁省文化产业竞争力研究》，博士学位论文，哈尔滨工程大学，2006 年，第 134 页。

③ 郭梅君：《创意产业发展与中国经济转型互动研究》，博士学位论文，上海社会科学院，2011 年，第 2 页。

④ 尚永琪、邵汉明：《吉林传统区域文化同 21 世纪的优势区域文化发展趋势之间的关系分析》，《社会科学战线》2003 年第 5 期。

⑤ 李俊、兰传海：《基于区位商的区域优势文化产业选择研究——以东北地区为例》，《经济问题探索》2012 年第 5 期。

和路径的问题。漆思认为东北地区文化产业发展中面临"普遍缺乏创业文化意识、缺少规模化集约化的文化产业集团、管理体制改革滞后、科技信息含量严重不足"等问题，未来克服文化产业发展中的"东北现象"，必须"转变文化观念、确立创业文化意识，重塑新时代文化精神、发展新兴文化业态"①。李亚男认为，在东北老工业基地振兴的过程中，要将文化注入工业，使文化经济的含量在社会生产结构中的比重逐步提高。要实现这一目标需要从人的思维方式、行为方式、文化观念等多个方面入手，深度拓展东北文化产业发展的广度与深度。②叶晖等提出了加快文化体制改革、培养高层次人才队伍、优化文化产业结构、加大文化产业科技投入和提升文化产品科技含量等建议。③闫小彦将推进创意设计和品牌提升看作转变经济发展方式的重要途径、增强国家和地区文化软实力的重要抓手、未来文化产业发展的重要着力点。刘金祥强调指出：深化文化体制改革，实现经营性文化事业单位改制、增强文化企业的市场竞争意识、有效整合各种优势文化资源是打造东北地区文化产业精品的不二选择。④

第三，关于国外文化产业发展的研究。

熊澄宇通过对全球文化产业强国的扫描，总结了世界文化产业发展模式和发展特点，认为国际文化产业发展日益呈现出大国支配、集团化、不平衡、品牌化、非政府化和高技术化等特点。其专著探讨了教育科研、医疗卫生、社会服务和文化娱乐领域内非营利组织在推动文化产业振兴中的地位和作用，专门阐述了政府和市场在公共文化产品供给和文化产业发展中的权利边界。⑤霍步刚把国外文化产业发展划分为三种模式：以英国美国为代表的北美模式；以德国法国为代表的欧洲模式；以日本韩国为代表的东亚模式。通过对上述三种模式典型国家文化产业市场规模、

① 漆思：《提升吉林地域文化的战略思考》，《社会科学战线》2003年第5期。
② 李亚男：《东北振兴中地区文化产业的发展战略》，《东北亚论坛》2008年第5期。
③ 叶晖：《辽宁发展文化创意产业的思路及对策研究》，《渤海大学学报》（哲学社会科学版）2012年第3期。
④ 刘金祥：《文化体制改革是文化产业发展的重要动力》，《黑龙江日报》2012年11月14日第15版。
⑤ 熊澄宇：《世界文化产业研究》，清华大学出版社2012年版，第37页。

运行机制、文化政策和竞争力的比较分析，总结了上述国家发展文化产业的经验："政策法律体系完备、文化科技带动力强、人才体系完备、政府市场互动、文化管理体制高效等"。① 傅才武认为美日英法等文化产业发达国家的财政政策在文化产业发展过程中起到了决定性作用，中国在公共财政绩效、税收优惠和资金拨付等方面应合理吸收借鉴国外的做法。②

孙有中主编的《美国文化产业》和李怀亮、刘悦迪主编的《文化巨元霸：当代美国文化产业研究》是近年来美国文化产业研究的重要成果。前者对美国的报纸产业、杂志产业、广播电视产业、广告产业和互联网产业等进行了全景式的考察，该书最后一章还结合中国实际讨论了中国文化产业未来发展的战略选择。③ 后者第一章即解释了美国文化产业雄霸全球的五大原因：自由经济与跨国资本互动、开放战略与政治权力运作、电子媒介与全球媒体传播、价值融合与文化资本输出、话语霸权与多民族文化认同。④ 张慧娟将美国文化产业政策的历史演进过程划分为三个阶段，全面论述了美国文化政策的出发点、目标、原则、层次及内容，考察了以美国《宪法》为核心的美国文化产业法律法规体系，认为美国文化政策具有非系统性、实践性、政府行为全面性、管理手段多样性等特点。⑤ 中国应该借鉴美国文化产业发展的经验，加快文化产业法律法规的论证和制定，完善符合中国国情、具有中国特色的文化政策体系。

日本是亚洲文化产业第一强国，对日本的研究是国外文化产业研究领域的重要课题。赵敬、林昶研究了日本文化产业得以发展的文化基础和文化环境问题。林昶全面回溯了2010年中国大陆发表的关于日本社会文化研究的重要论文论著，阐释了文化研究中的热点问题，认为日本文

---

① 霍步刚：《国外文化产业发展比较研究》，博士学位论文，东北财经大学，2009年，第217页。

② 傅才武：《文化产业财政政策构建：国外经验与中国对策》，《理论与改革》2016年第1期。

③ 孙有中：《美国文化产业》，外语教学与研究出版社2007年版，第26页。

④ 李怀亮，刘悦迪：《文化巨元霸：当代美国文化产业研究》，广东人民出版社2005年版，第149页。

⑤ 张慧娟：《美国文化产业政策及其对中国文化建设启示》，中共中央党校出版社2012年版，第37页。

化研究构成了文化产业振兴的基础。① 凌强、梁亚林、金春梅等考察了日本文化产业的重要部门——观光旅游产业，认为日本所采取的观光立国战略对于拉动经济摆脱 1997 年和 2008 年两次金融危机起到了很重要的作用。他们认为日本旅游业振兴背后的政策支撑有：健全的法律法规和政府文化行政机构、对高等教育中文化产业教育的重视、打造跨区域的观光园、官民一体打造城市景观、放松文化产业的进入限制、加强国际合作。② 于素秋认为日本文化产业成功一个很重要的原因是建立了文化产业发展的融合平台，将日本传统文化和国际文化相融合，既保持了本土文化传统的魅力，又增加了外来文化的色彩。③ 平力群以"魅力日本"（Cool Japan）为核心概念，研究了日本知识产权本部、经济产业省、国会和民间团体共同推动日本文化资源开发和产业化过程中的协同作用。④曲鸿亮以亲身考察日本文化产业的经历为基础，论述了大众传媒在推动日本文化产业发展中的作用，总结了日本文化产业振兴的秘密在于"健全法制、建立完善市场经济秩序"⑤。高长春通过国际市场占有率（IMS）、产业内贸易指数（IIT）、净出口指数（NE）、现实比较优势指数（RCA）四个指标的统计分析，将日本文化产业发展定位为"较为成熟"状态，认为日本文化产品和服务在国际市场上有较强的竞争力，但同时也要注意到，"日本文化产业发展中高峰与低谷并存"，创意产品等在海外市场上还面临若干挑战。⑥

　　韩国是近年来文化产业领域崛起的一匹黑马，对韩国文化产业振兴原因、发展模式、支持力量、存在问题、未来趋势的研究方兴未艾。穆宝江在分析韩国文化产业发展历程、基本特点、运作模式和政策评估的基础上，提出了深化中韩文化产业合作的六项建议，包括：树立合作开发意识、制定共同发展战略、实现中韩市场融合、共同培养文化产业人

① 林昶：《2010 年中国的日本社会文化研究概况》，《日本学刊》2011 年第 6 期。

② 凌强：《日本观光立国战略的新发展及其问题》，《现代日本经济》2008 年第 6 期。

③ 于素秋：《日本内容产业的市场结构变化与波动》，《现代日本经济》2009 年第 3 期。

④ 平力群：《从振兴内容产业看日本国家软实力资源建设》，《日本学刊》2012 年第 2 期。

⑤ 曲鸿亮：《传统与现代——日本文化产业和传统文化保护》，《福建论坛》2003 年第 8 期。

⑥ 高长春：《日本创意产业国际贸易竞争力分析》，《现代日本经济》2012 年第 3 期。

才等。① 金兑炫使用大量韩语文献分析了韩国文化产业发展历程、取得成绩、存在问题和制约因素。通过对全球著名文化产业集团华特迪士尼、索尼集团、新闻集团、韩国 CJ 集团产业竞争力的评价与比较,概括出了提高韩国文化产业国际竞争力的三大措施,包括扩大投资与海外贸易、强化法律制度、推进跨国并购,改善文化产业科研环境,构建产学联合系统等。② 马建丽和郑世明分别以韩剧《人鱼小姐》和《大长今》为例,研究了韩剧在中国热播的原因,认为韩剧热播与中韩两国共同的儒家文化基础有密切关系,从文化哲学的高度阐明了韩国影视产业振兴背后的逻辑。③ 李新撰文讨论了韩国文化产业崛起中的投资因素,认为转变投资观念、优化投资结构、改变投资方向、创新投资方式是韩国文化产业在短短十几年时间内迅速崛起的重要条件,其中,政府在文化产业发展中充当了"急先锋"的角色。④

第四,关于中国文化产业未来发展战略与对策的研究。

战略与路径问题是中国文化产业研究中的重大现实问题,也是文化产业理论在社会实践中得以检验的重要渠道。这一方面代表性的著作有胡惠林的《中国国家文化安全论》、祁述裕的《中国文化竞争力研究》、朱建纲的《文化产业发展战略研究》、熊澄宇的《文化产业研究战略与对策》、陈少峰的《文化产业战略与商业模式》等。祁述裕在对"十一五"时期中国文化产业进行系统评估的基础上,探讨了"十二五"时期印刷出版、演艺娱乐、网络游戏、广告、节庆等文化产业子行业的发展战略和路径。⑤ 花建认为,中国长期遭受发达国家强势文化的压迫,西方传媒对中国改革开放事业的歪曲性报道促使中国文化产业实施"走出去"战略成为必然。中国文化产业要想真正走出去,必须克服出口商品结构不

---

① 穆宝江:《韩国文化产业发展与中韩文化产业合作》,博士学位论文,吉林大学,2012年,第74页。

② 金兑炫:《韩国文化产业国际竞争力研究》,博士学位论文,吉林大学,2010年,第123页。

③ 范周:《文化·市场·技术 国家竞争与城市发展》,中国传媒大学出版社2011年版,第176—184页。

④ 李新:《韩国文化产业发展对我国出版产业的启示》,《出版发行研究》2015年第7期。

⑤ 祁述裕:《中国文化产业发展前沿"十二五"展望》,社会科学文献出版社2011年版,第104页。

合理的问题，提高出口商品附加值，让中国的文化资源优势变成文化产业优势。① 胡惠林认为，文化产业走出去战略必须与经济走出去战略结合起来，"在实施文化产业振兴的同时，调整我国外贸产品结构和产业结构"，避免以廉价劳动力和低成本优势的低端竞争。② 祁述裕提出了增强我国文化产业竞争力的问题。祁述裕将文化产业竞争力分为基础竞争力、环境力、核心竞争力三个方面，以 5 大基本要素 67 个竞争力评价指标为基本内容测评中国文化产业竞争力。这种定性分析与定量分析相结合的研究办法，为中国政府制定文化产业中长期发展规划和倍增计划提供了科学的决策基础。③ 蒯大申、张国超等针对金融危机后我国文化产业发展面临的困境和挑战，提出了发展新兴文化业态的战略。蒯大申认为，中国各地区应该根据本地情况选择适合本地实际的文化产业业态，上海等东部大都市应该发展体现自身优势的新兴文化产业业态，比如数字出版业、艺术设计、创意设计、互联网高端服务业、会展业等，这样才能为本地传统产业优化升级提供充足空间，为其他地区提供示范样本和经验借鉴。王乾厚等提出了中国文化产业要实现跨地区、跨行业、跨所有制的兼并、重组和合作战略，认为文化企业通过并购不仅可以扩大自身规模，造成联合企业集团，参与国际文化产业竞争，而且通过优化现有资源配置，大大提高原有企业的生产效率和管理效率，最终受益的不仅仅是参与重组的企业本身，对其他企业和整个社会发展都会产生溢出效应。④ 史征提出了"优化文化产业的发展环境、把握文化产业发展的特殊规律，制定差异化的区域文化产业发展战略、积极推动文化与现代高新科技融合，建立和完善文化科技创新机制"等具体政策。⑤

① 花建：《一带一路战略下增强我国对外文化贸易新优势的思考》，《中共浙江省委党校学报》2015 年第 4 期。

② 胡惠林：《大格局中的丝绸之路文化产业发展的历史和当代视角》，上海人民出版社 2016 年版，第 231 页。

③ 祁述裕：《近十年北京文化创意产业政策实施情况绩效评估与研究报告》，清华大学出版社 2016 年版，第 41 页。

④ 王乾厚：《文化产业规模经济与文化企业重组并购行为》，《河南大学学报》（社会科学版）2009 年第 6 期。

⑤ 史征：《集群网络建构与优化——中国影视拍摄基地突围之路》，《电视研究》2009 年第 11 期。

2. 国外研究成果综述

国外"文化产业"与"创意产业"的研究起步较早。目前已有的研究成果呈现出范围广泛、内容丰富、水平较高、应用性较强等特点，在文化产业的一般理论和各个专业领域内均有较为成熟的研究成果。

对文化产业最早的定义可以追溯到法兰克福学派理论家阿多诺和霍克海默于1947年出版的《启蒙辩证法》一书。该书中的《文化工业：作为大众欺骗的启蒙》一文率先使用了"culture industry"的概念，这一概念被译作"文化工业"。阿多诺认为电影、广播、杂志等大众传播媒介所囊括的生产、流通等领域组成了一个庞大的工业化生产系统。这个系统使制造商代替了上帝成为人们意识的生产者，使艺术日益遭到技术的俘获而逐步与它的原初宗旨相违背。阿多诺认为，艺术表演的商业化使每个动作和音符都要遭到严格的策划，一切围绕市场需求展开，这违背了艺术创作自由的精神。同时，机械复制的文化产品缺乏个性与灵性，艺术形象成为商业的玩偶，艺术风格被技术力量所摧残，文化工业预示着政治领域将要发生的事件日益被社会力量控制。20世纪80年代后，以1982年联合国教科文组织（UNESCO）发表的《文化产业：文化未来的挑战》报告为标志，文化产业的研究有了重大转型。文化产业逐渐引起了各国政府的普遍关注，逐渐上升进入国家发展战略和政府政策层面，掀起了理论研究的热潮，同时对文化产业的定义也进入一个新阶段。约瑟夫·奈先后出版了《硬权力与软权力》《权力与相互依赖》《美国注定领导世界吗》《软实力：国际政治中的制胜之道》等书，首次提出了软实力理论。奈认为，进入20世纪以后，国家综合国力内涵除了传统军事、经济、科技水平等硬实力范畴之外，还包括了存在于一国文化、政治价值观和外交政策之中的软实力。简言之，软实力就是"一国透过吸引和说服别国服从你的目标从而使你得到自己想要的东西的能力"[①]。进入21世纪以后，软实力的地位越来越重要，"赢得和平比赢得战争要困难得多，而软实力正是赢得和平的关键"[②]。

---

① [美]约瑟夫·奈：《注定领导世界——美国权力性质的变化》，刘华译，中国人民大学出版社2013年版，第117页。

② 同上书，第153页。

英国经济学家约翰·霍金斯被称为世界创意产业之父。他所著的《创意经济》一书被视为研究文化产业和创意产业共同的经典著作。他认为，随着人类社会的发展，"人类创造的无形资产的价值总有一天会超越我们所拥有的物质财富的价值"[①]。创意经济依赖于个体的智慧、想法和创意，而不是来自于资本、土地等传统生产要素，所以工业经济价值标准与人脑中创意的方法完全不同。佛罗里达是目前西方文化产业和创意经济领域著名学者。他最早提出了对西方文化经济学、社会学、政治学研究产生重大影响的一个概念——"创意阶层"。他认为，现代社会出现了一个从事需要创意的职业的科学技术精英和人文艺术精英组成的新阶层。这个阶层涵盖了科学、教育、文学、艺术、建筑、传媒、设计等领域，注重工作本身的创造性，通过个体智慧的运用促使产生新观念、新技术和新创意。佛罗里达根据对美国、澳大利亚、英国等国家创意城市和地区的调查研究，提出了创意阶层诞生所需要的条件，也是衡量一个城市是否适宜创意阶层诞生的指标："3T"，即人才（Talent）、科技（Technology）、宽容度（Tolerance）。[②] 郑胜一（Chung Sung-ill）梳理了19世纪以来韩国电影发展的简史。把韩国电影分为催泪剧、惊悚剧、暴力剧和喜剧四大类，逐一介绍了每一类电影的代表作品、代表导演。[③] 金汇俊（Kim Hyae-joon）回溯了韩国政府二战以后的电影政策，客观评价了韩国政府为保护本土市场实行的电影配额制对韩国电影市场的保护效应和不良后果。他认为韩国电影近年异军突起，重新使韩国电影国内市场份额超越进口片，与韩国政府放宽电影产业生存空间之间的限制有密切关系。事实证明，宽松的文化氛围是电影等文化创意产业发展的必要条件。[④]

道格斯·麦克葛瑞（Douglas McGray）通过长期对日本文化建设和文

[①]　John Howkins, *The Creative Economy*: *How People Make Money From Ideas*, London: Penguin Global, 2004, p. 214.

[②]　［澳］理查德·佛罗里达：《创意阶层的崛起》，司徒爱勤译，中信出版社2010年版，第251页。

[③]　Chung Sung-ill, "Four Variation on Korean Genre Film: Tears Screams Violence and Laughter", *Korean Cinema*, No. 1, 2010.

[④]　Kim Hyae-joon, "A History of Korean Film Policies" (http: //www. koreanfilm. org/history. html).

化产业发展措施的跟踪研究，提出了日本"国民魅力总值"（Gross National Cool）的概念，引起了国际社会的重视。他认为"国民魅力总值"是当代国家进行软实力建设的重要形态，可以与经济领域的国内生产总值（GDP）一样作为衡量一国综合国力的指标。日本动漫游戏、流行音乐、传统艺术表演、观光旅游、时尚设计等文化产业在国际文化市场上很受欢迎，这标志着日本综合国力的强盛。日本政府将"酷日本"战略作为促进日本经济发展的新兴动力，是符合日本国情和世界发展趋势的正确选择。[1] 久美子（Kumiko Iwazari）撰文以日本博物馆为考察对象，认为博物馆存在收集、保存、展览、研究和教育五大功能，目前日本博物馆突出展览功能，却忽视了教育功能。他提出要重视博物馆等在形成青少年世界观和价值观中的作用，发挥博物馆在日本传统文化传承和传播中的作用，发展电子博物馆，将实体展馆变为虚拟展馆，以便在更广阔的时空内发挥博物馆的综合作用。[2] 另外，格特·霍斯珀斯、莫玛斯、斯科特研究了文化创意产业在塑造城市空间和形成城市竞争力方面的问题。斯科特、帕米兰等研究了文化产业集群发展与地区经济增长之间的互动关系，提出了发展文化产业集聚区的设想。劳拉·格塔夫（Laura Grindstaff）、伊丽莎白·拉孜瑞（Elisabetta Lazzaro）、马丁·斯托克斯（Martin Stokes）、吉丽安·恩道尔（Gillian Doyle）等，分别以英国广播电视媒体产业、德国的演艺产业和澳大利亚的音像制品产业等为例研究了未来多媒体时代文化产业发展的态势和当前制约文化产业发展的因素。

（二）研究成果评价

通过上述文献梳理可以发现，在过去几年中的文化产业研究进展较之20世纪90年代无论是从研究广度还是研究深度都已有较大进步。国内外学术界对文化产业历史、现状和发展趋势的研究对于发展东北文化产业具有一定的借鉴和启示意义。但总体来说，我国文化产业的研究无论是在研究范围还是研究水平方面都要逊于国外，而针对东北地区文化产业发展的具体研究又明显逊于对国内其他先进地区和城市的研究。就文

---

[1] Douglas McGray, "Japans Gross National Cool", *Foreign Policy*, No. 130, May. 2002.

[2] Kumiko Iwazari, "Development of Digital Science Museum Base on Visiters Memories", *Journal of Socio-information*, Vol. 5, No. 1, 2012.

化产业目前的研究成果而言，还普遍存在以下三个方面的不足。

第一，宏观研究较多，微观研究较少。通过中国知网（CNKI）数据库文献检索数量对比可以看出，2002 年以后中国文化产业研究提高到了新阶段，针对东北地区文化产业的研究成果也有明显增加，但研究成果数量仍然较少，并且多集中在哲学、社会学等人文社会科学领域，鲜有使用现代经济学的经典理论和学科框架进行规范分析的成果。对于东北地区文化产业品牌吉视传媒、吉歌集团、长影集团等重点企业和二人转、黄龙戏、吉剧等知名文化品牌的研究也没有较为成型的成果。第二，理论分析较多，实证研究较少。从研究方法上看，目前对文化产业的研究成果绝大多数属于定性研究，很多理论成果集中于对中央路线方针政策的阐释、宣讲和具体化，有些属于低端重复劳动。而对于文化产业对经济发展的贡献、文化产业竞争力、文化产业结构调整升级、文化产品附加值提升和文化产业集聚区建设等问题的研究尤其需要进行以经济学分析方法为基础的定量研究。少数学者已经认识到了东北地区发展文化产业、打造文化产业精品的重要性，但是研究停留在理论分析层面，并未综合运用田野调查、数据统计等方法开展具有信服力的实证分析。第三，现状归纳较多，应用对策研究水平较低。有学者根据中央新政策和文化产业发展新形势，尝试针对东北地区文化产业在后金融危机时期的振兴给出可操作性的对策建议，但是与香港、上海、深圳等地文化产业的研究水准相比，这样的成果不多。

本书在继承上述研究成果的基础上，拟实现以下新进展。

第一，研究对象的特殊性。本书以东北地区为对象，将辽宁省、黑龙江省、吉林省和内蒙古东部作为一个独立的经济单元，重点研究了该区域作为继长三角、珠三角和京津之后的中国第四大增长极在培育文化产业成为新经济增长点方面面临的特殊困境，造成上述问题的制约因素以及未来的对策选择。第二，尝试采用跨学科的研究视角。目前有些研究成果仅依托经济学、地理学或文化学的学科范式，将现代西方产业经济学、经济地理学的理论工具引入到对东北文化产业发展问题的分析中，而本书尝试打破学科界限，综合使用上述各个学科的工具对研究对象展开分析。比如，在第四章中分析了文化传统、文化资源、资金、人力资本等多重因素对东北文化产业的制约作用。第三，提出宏观性可操作的建议对策。有些研究成果所提出的发展建议偏重于宏观层面，且不深入。本书以 2013 年召开的中国共产党十八届三中全会制定的《关于全面深化改革若干重大问题的决定》、2016 年国务院振兴东北的最新文件为政策导向，认为振兴东北地区文化产业的关键在于理顺政府和市场的关系，确立市场在文化产业发展中的决定性作用和根本性作用。同时在扩大产业资金来源、降低投融资门槛、加强文化产业风险防范等方面提出了若干具体建议。

四　本书研究简介

（一）思路和框架

本书以东北地区文化体制改革和文化产业振兴为宏阔的时代背景，以培育东北地区文化产业成为国民经济新的经济增长点为核心问题，将主要研究以下几个方面。

第一章导论。简述开展本研究的时代背景和理论背景，分析本选题的研究价值。从国内国外两方面梳理现有研究成果并给予评析，根据现有研究成果不足之处设计本书研究框架、研究内容和创新路径。第二章文化产业基础理论概述。本章将从"文化""文化产业""经济增长点"等基础概念入手，阐明文化产业和文化经济的关系、文化产业和创意产业的关系，做到概念界定严格清晰。重点阐释马克思主义、现代西方经济学等领域关于文化产业和文化经济的相关理论。第三章东北地区文化产业发展历程和现状。本章把改革开放以来东北地区文化产业发展的历史进程划分为四个阶段。以电影制作、广播电视剧制作、动漫游戏、文化会展、艺术演出等东北地区具有比较优势的重点文化产业行业为主，梳理东北地区文化产业发展的历史，总结文化产业发展的特殊规律，分析了东北地区文化产业发展的挑战和机遇。

第四章东北地区培育文化产业成为新经济增长点面临的问题与制约因素。在过去的三十多年中，东北地区文化产业发展取得了显著成绩，推出了一批国内知名的文化产业精品项目，积累了较为丰富的文化品牌建设经验，形成了中国文化产业领域中的"吉林现象"，但东北地区文化产业未来的发展仍然面临许多挑战。这些制约因素包括：①地域历史文化积淀不深，传统文化氛围不够浓厚，现代文化气息不够强烈；②经济社会发展水平不高，制度环境建设较为滞后，难以留住文化创意高级人才，创意人才队伍不够强大；③融资渠道不畅通，社会资本进入难，政府财政支持不足，导致文化产业运作中经常面临资金渠道单一、资金缺口较大等困境等。

第五章国外文化产业成为新经济增长点的经验借鉴与启示。美国、日本、韩国等文化产业大国在发展本国文化产业的过程中，充分重视发挥文化产业在推动经济社会发展中的作用，不仅形成了科学、合理、高端的文化产业机构，而且积累了丰富的文化产业运作经验：①营造自由、宽松、包容的社会环境，建设高度流动性的开放型社会；②将政府引导和市场推动相结合，共同构成文化产业发展的内在动力；③高度重视文化创意人才的培育和使用；④通过创意的产业化和产业的创意化两条途径突出文化产品和服务的创意特色，提升文化产品和服务的附加值等。

第六章东北地区培育文化产业成为新经济增长点的对策选择。包括：①正确处理政府和市场的关系，清晰界定政府和市场各自的职能和角色；②创新投融资模式，放宽民间资本进入文化产业领域的门槛限制，合理高效利用外资；③打造富有东北地域特色的文化产业精品，深入挖掘东三省特色文化产业资源，推动具有潜力的文化资源优先向商品化、产业化方向转换；④推进文化开放，实施走出去战略，重点支持国有大中型文化企业集团，形成东北品牌的文化产业跨国企业和企业集团。

（二）研究方法

第一，文献研究法。本书以国内外最新研究进展产生的专著、论文、研究报告和研究课题为依托，主要借助于三类文献。第一类是各种文化产业发展报告。如中国社会科学院主编的历年《中国文化产业发展报告》、张京城主编的历年《中国创意产业报告》、胡惠林主编的历年《中国文化产业评论》、联合国发布的《世界创意经济 2008》和《世界创意经济 2010》、祁述裕主编的《中国文化产业发展前沿》等。第二类是各种区域文化产业研究专著。如 2011 年韩俊伟著《区域文化产业》等。第三类是大型统计年鉴工具书。如各省市《国民经济和社会发展统计公报》、历年《吉林统计年鉴》《吉林年鉴》《中国文化产业学术年鉴》等。第二，比较分析法。本书注重将东北地区文化产业发展置于中国和世界文化产业发展的时代潮流中，把东北地区文化产业发展与美国、日本发达国家区域文化产业发展相比较，充分使用纵向比较、横向比较、单系列比较和综合比较等多种方法。第三，跨学科综合分析法。本书不以学科为界，试图融汇采用政治学、产业经济学、文化社会学、经济地理学等多个学科的背景知识对核心问题展开跨学科的综合分析。当然，有些尝试显得不够成熟、不够精确。第四，实证分析和规范分析相结合的方法。本书拟采用田野调查、电话访谈、调查问卷等方式收集一手材料，为开展实证分析提供翔实可信的数据。第五，定性分析与定量分析相结合的方法。本书在大量一手材料的基础上将理论分析和实证分析相结合、定性分析和定量分析相结合，力求做到既有理论深度，又有现实操作性，既以严密的逻辑推演增强论题的科学性，又以翔实的数据统计增强论题的说服力。

（三）本书研究创新

本书力求在以下三个方面实现创新。第一，对东北地区培育文化产业成为新经济增长点制约因素的分析。东北地区文化产业发展面临自然资源、地理区位、人力资源、制度设计和文化传统等多个方面的制约因素。本书重点分析了导致东北地区文化产业发展的重要因素是文化产业观念和文化环境。东北特殊自然地理环境造成了特殊的文化品格，这种容开放、多元于一体的关东文化品格属于典型的北方文化涵养出来的文化品格，它正面表现为诚恳直爽、热情泼辣、幽默风趣的文化性格；反面则表现为知足常乐、小富即安、过度粗放的缺陷，缺乏文化创新的动力。这种具有双重性的文化品格衍生出了一些错误的文化产业观念，例如"文化技术化"思维、"文化泛经济化"思维、文化管制思维等，东北地区在培育文化产业过程中应注意避免上述认识误区。针对当前东北地区思想文化领域中的保守氛围，在制度经济学家科斯和创意阶级理论创始人佛罗里达观点的启发下，本书分析了文化环境对文化产业发展的重要制约作用，提出科学理想的文化产业环境应该具有"自由宽松、包容开放、竞争激励"的特征。受上述多重因素的综合影响，导致东北地区在培育文化产业成为区域经济发展的新经济增长点过程中面临五大问题。

第二，本书提出解决东北地区文化产业培育问题的关键在于明确政府和市场在产业培育中的地位和作用，科学界定政府权力边界，确立市场的决定性作用。历史证明：市场是迄今为止资源配置的最优机制，尽管市场本身并不尽善尽美，但其他资源配置的方式则更加危险。从长期动态发展来看，市场长期均衡数量、市场所有企业生产的商品和服务总量、消费者需求总量三者之间相等；从短期来看，三者并不均衡，存在供过于求和供不应求两种非均衡状态。只有实现了供求均衡，企业和消费者才能各自得到利润和效用的最大化，资源也相应地达到最优配置状态。要发挥市场在文化资源配置中的决定性作用，并最大限度地减少中央政府对文化产业微观事务的管理，科学界定政府和市场各自的角色和职能，政府协调而不干涉、在位而不越位、搭台而不唱戏、扶持而不垄断。确立市场的决定性作用，并非"市场原教旨主义"，同时要发挥政府在文化产业规制供给、产业环境营造、知识产权保护、引导先期资金进入等方面的重要作用，使政府和市场达到新的历史条件下的配合协调。

第三，针对文化产业发展中的巨额资金缺口和较高的资金进入门槛，本书提出创新文化产业融资渠道的问题。首先是建立文化产业专项基金，主要投资在全国文化产业领域具有比较优势的新闻出版发行、广播电影电视、文化艺术、动漫游戏、文化休闲及其细分文化及相关行业等领域。同时，鼓励、引导社会资本投资于高新技术文化产业。其次是税收减免。对从事数字广播影视、数据库、电子出版等研发、生产、传播的文化单位，执行高新技术企业税收优惠政策。

第 二 章

文化产业基础理论概述

本章以分析和界定"文化产业"和"经济增长点"两个核心概念为逻辑起点，在广泛吸收前人研究成果的基础上，给出了本书关于两个核心概念内涵界定。从马克思主义经典作家角度梳理了马克思恩格斯的精神生产思想、列宁的无产阶级文化革命思想、毛泽东的新民主主义文化理论和邓小平精神文明建设思想；从现代西方思想谱系中选取了法国社会学家布迪厄的文化资本理论、美国政治学家约瑟夫·奈的软权力理论、经济学家罗斯托的主导部门理论进行研究，以期为本书提供科学的理论指导。

第一节　核心概念界定

任何科学理论体系的建构和重大应用对策研究都从科学严谨的概念界定开始。文化产业作为今天耳熟能详的概念提出 60 多年来，在学术界、实践领域、政策制定领域一直没有形成统一的定义。近年来，随着科学技术与文化融合趋势的加快，一批与文化产业相似的词汇陆续涌现，比如信息产业、创意经济、创意产业、文化创意产业、内容产业、数字产业等，加之原有的文化经济、知识经济等词汇，更增加了对文化产业概念界定的困难。

一　文化产业

从目前的研究成果来看，对文化产业一词的界定和研究主要有两种思路。第一种思路可以称为"产业经济学视域中的文化产业研究"，以陈文玲教授、顾江教授等为代表。该研究从产业组织学的理论框架出发，将文化产业纳入产业经济学范畴，主要研究文化产业的基本原理、文化产业市场结构、文化企业行为、文化市场绩效、文化产业与经济增长、文化产业政府规制等问题。第一种研究思路的代表性研究成果有：《文化产业经济学》《文化产品供给论：文化产业发展的经济学分析》《中国分省区旅游生产效率模型创建与评价》《科技创新背景下我国文化产业升级路径选择》《我国省际文化产业竞争力评价与提升——基于31省市数据的实证分析》等。第二种思路可以称为"文化学视域中的文化产业研究"，以祁述裕教授、胡惠林教授、叶朗教授为代表。该研究从文化学的理论框架和学科规范出发，将文化产业纳入文化学研究视域，主要研究文化产业概念与特征、文化产业发展规律、文化产业与意识形态、文化产业运行机制、文化产业发展战略等问题。第二种研究思路的代表性研究成果有：《新兴文化产业的地位和文化产业发展趋势》《文化与科技融合引领文化产业发展》《文化产业学》《国家文化治理：发展文化产业的新维度》《当前文化建设的几个重点难点问题》等。本书在兼取上述两种研究思路优点的基础上，主要遵从后一种办法，尝试从"文化"—"产业"—"文化产业"的思路界定文化产业的内涵。

（一）文化产业的内涵

"文化产业"一词可以分解为"文化"和"产业"两个概念。"文化"是理论研究和日常生活中最常用的词汇之一，也最难定义。1952年，美国人类学家克罗伯和克拉克洪曾经针对1871—1951年，凡80年间西方文化学经典著作中对"文化"的使用做过统计分析，收集整理出了100多种文化的使用方法。1871年，英国文化人类学创始人埃德加·泰勒在《原始文化》一书中提出了狭义文化的早期经典定义，即文化是包括知识、信仰、艺术、道德、法律、习俗和任何人作为一名社会成员而获得的能力和习惯在内的复合体。中国哲学家梁漱溟认为，文化"不过是那一民族生活的样法罢了"。这一文化定义涉及样法、民族和生活三个子概念，是一种独具特色的定义方法。中国哲学家钱穆通过比较"文化"和"文明"两个互相联系的不同概念给出了文化的定义。他认为不论是文明还是文化，都是指人类的群体生活，文明侧重于外，属于物质方面，文化侧重于内，属于精神方面。目前，已经有大量研究成果从词源学角度考证了"文化"一词各在中国和西方语境中的历史演化过程，相关著作可以参见胡世庆著《中国文化通史》、季羡林著《东方文化研究》和钱穆著《中国文化导论》。对此，本书不再重复，而直接从文化一词的现代含义出发。在现代汉语中，文化一词有广义和狭义两种。广义的文化是指人类在社会历史发展过程中所创造的物质财富和精神财富的总和。狭义的文化专指意识形态所创造的精神财富，包括宗教、信仰、风俗习惯、道德情操、学术思想、文学艺术、科学技术、各种制度等，有时候则特指社会意识形态。"产业"一词来源于英文中的 Industry，在重农学派时期，产业主要指农业；在工业革命时期主要指工业。1940 年英国经济学家和统计学家克拉克在《经济进步的条件》一书中研究了经济发展和产业变动之间的内在规律，首次提出了三次产业分类法，以人类经济活动的发展阶段和资本流动为主要标准，划分为第一产业、第二产业和第三产业，其中第三产业包括金融业、教育业、咨询服务业、文化体育娱乐业等服务业。按这一产业分类法，文化产业属于第三产业中的一个新兴分支。

英国学者贾斯汀·奥康纳、尼古拉斯·加纳姆和澳大利亚经济学家大卫·索斯比提出的文化产业的定义对于探讨文化产业的内涵具有借鉴意义。贾斯汀·奥康纳（Justin O'Connor）认为："文化产业是指以经营符号性商品为主的活动，包括广播、电视、出版、唱片、设计、建筑、新媒体，以及视觉艺术、手工艺、剧院、音乐厅、音乐会、演出、博物馆和画廊等。"① 英国著名媒体理论家尼古拉斯·加纳姆（Nicholas Garnham）在 1983 年把文化产业定义为："使用同类生产和组织模式生产和传播文化产品和文化服务的部门。"② 如新闻出版部门、音乐影像出版部门、商业性体育机构等。大卫·索斯比（David Throsby）在《经济与文化》一书中提出，"文化产业是以创造性思想为核心与其他各种投入相结合而组成各类文化产品"，"其核心部分是传统意义上的艺术创作"③，

---

① 林拓、李惠斌、薛晓源：《世界文化工业发展前沿报告》，社会科学文献出版社 2004 年版，第 312 页。

② 同上书，第 312 页。

③ David Throsby, *Economics and Culture*, Cambridge: Cambridge University Press, 2002, p. 83.

围绕在文化产业核心层之外的是新兴影视艺术表演、计算机与多媒体艺术等文化产业的外围层，这些不同层次的文化产业构成多个同心圆。

中国学者胡惠林、花建和程恩富也提出了关于文化产业的界定。胡惠林认为，文化产业是"以精神产品的生产、交换和消费为主要特征的产业系统，是一个涵盖包括文化艺术业、新闻出版业、广播电视业、电影业、音像制品、娱乐业、版权业和演出业在内的庞大体系"①。花建认为：文化产业指"以物化的文化产品和各种形式的文化服务进入生产、流通和消费的产业部门，包括文化产品的制造、流通、消费等多个部门"②。程恩富认为，文化产业是"以文化产品和文化活动为主体对象，从事生产经营、开发建设、管理服务的部门，是从事精神文化产品生产和服务的行业"③。

美国、日本、英国、加拿大、法国也曾经界定了文化产业的内涵和外延。日本政府把电影、电视、影像、音响、书籍、音乐、艺术都归入内容产业，而文化产业被统称为娱乐观光业。④ 法国对文化产业的定义为："把文化的概念、创造、产品的特性与文化产品的制造与商业销售联系起来的一系列经济活动。"⑤ 加拿大遗产部对文化产业做了如下概述："包括以国家社会、经济及文化为主题的出版、广播、电影、电视图书、杂志、音像在内的印刷、生产、制作、广告及发行；包括表演艺术、视觉艺术、博物馆、图书馆、档案馆、书店、文具用品商店等在内的服务"⑥，以后又在其中增加了信息网络、多媒体等内容。

中国文化部于 2003 年制定下发了《关于支持和促进文化产业发展的若干意见》，在借鉴联合国教科文组织关于文化产业定义的基础上，突出

---

① 胡惠林：《文化产业发展与国家文化安全》，《上海社会科学》2005 年第 2 期。

② 花建：《上海文化产业的发展趋势和政策导向》，《毛泽东邓小平理论研究》1998 年第 4 期。

③ 程恩富：《文化经济学通论》，上海财经大学出版社 1999 年版，第 61 页。

④ 林拓、李惠斌、薛晓源：《世界文化工业发展前沿报告》，社会科学文献出版社 2004 年版，第 322 页。

⑤ ［西］埃德娜·多斯桑托斯：《2010 创意经济报告》，张晓明等译，三辰影库音像出版社 2011 年版，第 5 页。

⑥ 林拓、李惠斌、薛晓源：《世界文化工业发展前沿报告》，社会科学文献出版社 2004 年版，第 322 页。

了"工业标准生产""经营性"的特点，把文化产业界定为"从事文化产品生产和提供文化服务的经营性行业"①。2004 年文化部公布的《文化及相关产业分类》规定了文化产业是："为社会公众提供文化、娱乐产品和服务的活动，以及与这些活动有关联的活动的集合。"由于这一分类办法难以将产品和服务进行有效区分，所以 2012 年新修订的《文化及相关产业分类》做了进一步完善，联合使用了"文化及相关产业"的概念，并指出其具体内涵是"为社会公众提供文化产品和文化相关产品的生产活动的集合。②"由于 2012 年新的文化产业分类标准尚未在学界普遍使用，目前也无最新统计文献出版，本书所使用的文化产业以 2004 年的定义为标准，又融合了新的文化产业定义的一些新内容。

本书认为：文化产业是指以工业化标准、产业化生产、市场化经营文化产品和服务的一系列经济社会活动。这一概念有三个要点：一是以现代大工业的方式生产，区别于传统手工生产文化产品和服务的方式；二是产业化生产，区别于个体经济单位和独立经济行业生产文化产业和服务的方式；三是以市场机制为基础，区别于政府公益性文化生产方式。

（二）文化产业的特征

已经有不少学者分析了文化产业的本质和特征。陈少峰认为文化产业具有以下特性：大众性、创新性、市场性、关联性、资本密集性；薛晓源认为文化产业具有五个特性：包容性、创新性、风险性、霸权性、全球性；左惠认为文化产业提供的产品具有精神消费性，文化产业的核心在于创意性，另外还具有创新性、集聚性和高风险性。③ 欧阳坚所著《文化产业政策与文化产业发展研究》一书也对国内外学者对文化产业特殊性的研究进行了翔实综述。本书综合上述研究成果，认为文化产业发展具有以下四个方面的特征：意识形态性、高风险性、创意密集性、高技术性。

---

① 文化部：《关于支持和促进文化产业发展的若干意见》（http://www.sdpc.gov.cn/shfz/t20070530_ 138469html）。

② 国家统计局：《文化及相关产业分类（2012）》（http://www.ce.cn/culture/gd/201208/02/t20120802_ 23549016_ 4.html）。

③ 左惠：《文化产品供给论——文化产业发展的经济学分析》，经济科学出版社 2009 年版，第 48—51 页。

表 2—1　　　中国文化产业统计办法的演变：2004 标准与 2012 标准

文化产业分类法（2004）		文化产业分类法（2012）
相关层	相关文化产业层：新闻报刊、音像制品、电子出版物、广播影视、文艺表演、文艺场馆基础设施、文化组织和文化研究	一、文化产品的生产 1. 新闻出版发行服务 2. 广播电视电影服务 3. 文化艺术服务 4. 文化信息传输 5. 文化创意和设计 6. 文化休闲娱乐服务 7. 工艺美术生产
外围层	文化产业外围层：互联网、文化旅游、娱乐场馆、文化传播和流通机构、文物租赁拍卖、广告会展等	
核心层	文化产业核心层：与文化相关的基础耗材和相关设备工具。如演出器具、广播电视设备和工艺品生产设备等	二、文化相关产品生产 8. 文化产品生产的辅助生产 9. 文化用品的生产 10. 文化专用设备的生产

资料来源：国家统计局：《文化及相关产业分类（2012）》（http：//www.stats.gov.cn）。

第一，意识形态性。文化产业是文化与经济相融合的新型产业，是在创造经济效益的同时传递价值观念的产业。文化生产过程不仅创造有形文化产品，还生产无形文化服务，不仅产生增加社会物质财富的经济效益，而且还产生社会效益引起整个社会赖以存在的价值体系和道德观念的变化。尤其是报刊、广播、电视、表演艺术等文化产业核心层的内容策划和生产，往往承载一个社会是非、善恶、美丑价值体系，往往会对社会秩序的稳定和现实政权的巩固产生显著作用，直接影响到人们对当下政治现象的认识和对现行政权的态度。正是在这个意义上讲，文化产业关乎国家文化安全，关乎国家文化软实力建设。法国巴黎第十大学的传播学研究早已证明，报刊、广播、电视具有文化传承和教化育人的功能，大众传媒在全球化时代日益成为一个隐蔽的教育者，构成了除家庭、学校、教堂之外又一个重要的教育场所。在西亚北非的突尼斯革命和利比亚动乱中，我们也看到了作为文化产业核心部门的大众传媒在引发局部动乱中的作用。

第二，高风险性。乌里希·贝克指出："在现代化进程中，生产力的指数式增长使危险和潜在威胁的释放达到了一个我们前所未有的高度。"①
这一普遍规律在各种处于培育期、发展期的新兴产业中都有所呈现，文
化产业由于自身不同于一般工业制造业的若干特点，更是充满了各类潜
在风险。比如，政策风险、投资风险、创新风险、技术风险，等等。这
些潜在风险主要由以下四个方面的因素导致。其一，文化产业属于新兴
产业，其运作机制、管理机制、盈利模式还不成熟，配套政策法规还不
健全，成熟的市场主体还不多见。有些政府部门和企业对文化产业的发
展特性、特殊规律和商业模式还没有深刻把握，还习惯于使用发展工业
制造业的思维对待文化产业，使用高新技术园区的模式发展文化产业集
聚区，这都不可避免增加区域文化产业发展中的风险。其二，由于不同
消费者群体具有不同的文化消费需求，不同价值观的消费者往往对于同
一种文化产品和服务给出不同的评价，有时候甚至截然相反，这决定了
文化产品生产商对消费者消费需求把握的困难。其三，一类文化产品或
服务的完成往往牵涉创意策划、生产、包装、宣传推广、销售、衍生品
等多个部门，产业链不仅垂直纵向展开，还横向水平展开，不同部门之
间并无十分明确的生产标准，各个部门生产过程中的配合是个难题。其
四，文化产业发展前期投入大，资金周转时间长。由于上述不确定性，
加之文化产品的溢出效应强、知识产权保护不足、意识形态影响比较大
等因素，社会资本进入文化产业往往持谨慎态度，加剧了文化产业中的
风险。

　　第三，创意密集性。文化产业是创意为王、内容为王的产业，它依
靠文化艺术创作者的个体智慧进行个性化的劳动，将主体的劳动、技能、
心理体验、审美观念等因素有机融合起来，注入文化产品和服务之中。
从生产者视角来看，文化产品和服务生产过程是创意产生的过程。因此，
越是高端的文化产品和服务，越是重视创意的策划和融入；越是拥有雄
厚竞争实力的文化企业，越是看重劳动者创意潜质的挖掘、创意技能的
培训和由此产生的知识产权的保护。从消费者角度来看，消费者选择文
化产品和服务时更为看重的也恰恰是内容的独创性、个性化带来的与众
不同的情感体验。显然，一个音乐发烧友购买 CD 并不是为了收藏一张塑

---

① ［德］乌里希·贝克：《风险社会》，何博闻译，译林出版社 2003 年版，第 15 页。

料卡片，而是关注唱片所携带的节目内容；一名旅游爱好者付费游览各种自然公园、历史古迹，也并非是为了亲近土壤、空气和流水，而是试图通过观赏、参与、互动领略遗址遗迹背后的历史、文化和传统。因此，哪一个文化产业项目将在市场竞争中胜出，多半取决于项目自身的创意特色，哪一个地区的文化产业将率先崛起，取决于该地区富有市场竞争能力的特色文化产品的开发和培育。

第四，高技术性。文化产业的竞争力不仅体现在文化内容的创意上，也体现在表现形式所依赖的技术手段上。回溯过去几十年文化产业发展振兴之路可以发现，几乎每次文化产业的重大进步都由重大技术创新推动。大凡成功的影视节目、旅游品牌、艺术表演往往要借助于最新的技术使丰富的文化内涵得以充分外化和高效传播。高新技术是创新文化产品和服务、提升产业竞争力、推动文化业态融合的重要力量。19世纪末，意大利科学家发明无线电技术后，在短短几十年内，各国政府纷纷将其作为重要的军事侦察手段和文化传播技术加以应用和推广，竞相建立广播电台、制造各种调频的收音机。无线电技术的发明和广泛应用催生了英国广播公司、美国哥伦比亚广播公司、日本广播放送协会、莫斯科广播电台等著名广播机构，使广播迅速成为一个产业部门。20世纪50年代以后，互联网技术和卫星通信技术的快速发展带动了第三次科技革命的浪潮。在网络技术和数字技术推动下，一方面，报纸、杂志、图书等传统纸质媒介加快了数字化、网络化的步伐；另一方面，传统文化内容与高新技术的融合日益催生出网络游戏、多媒体电视、云出版技术等新兴文化业态。高新科技使文化产品和服务种类更加丰富，使文化产业的商业模式更加创新，高新技术性成为文化产业的典型特征。

这里需要指出的是，文化产业所具有的上述四个特征并非是孤立地存在，而是相互依存、相互制约的关系。文化产品生产的创意性必然要求高新技术地融入，而科技的渗透又容易增加文化产品的个性化和不确定性，从而引发文化产业发展中的风险。要培育文化产业成为新的经济增长点，必须注意把握文化产业的上述特性，科学规避产业风险，保障新经济增长点扩散效应的发挥。

二 经济增长点

(一) 经济增长点的提出及内涵

关于经济增长点的研究最早可以追溯到法国经济学家佩鲁。他在 1950 年《经济空间：理论与应用》和 1955 年《略论增长极的概念》等论文中针对传统经济学均衡发展理论率先提出了"发展极"的概念，随后演化出"增长点"的概念。佩鲁认为，经济增长并非均衡地同时出现在各个产业部门之中，在不同层次不同产业部门中不同程度地存在着若干具有先在优势的增长极，这些增长极一旦形成就会向外围辐射扩散，往往能够形成高度联合的产业，通过乘数效用带动关联产业协同增长。在这里，佩鲁所论述的增长极是指能够推动经济发展的若干主导产业部门，"这些产业的产值本身的增长速度高于同业产值和国民经济产值的平均速度"[①]。佩鲁还通过技术创新与示范效应、聚集经济、资本集中与输出等三个指标分析了经济增长极对区域经济增长发生作用的机理。他认为经济增长极的出现将有助于以推动型企业为主导的综合体的形成和具有较强产业关联的主导产业的形成，而同时存在的创新活动不仅促进单个企业提高生产效率，而且通过创新扩散对周围区域产生影响。

佩鲁之后，赫希曼在《经济发展战略》一书中进一步论述了经济增长点产生的必然性，并将这一思想应用到对区域地理学的研究之中。他认为一个经济体必然首先将区域内具有比较优势的经济力量培育起来，正是经济体内部增长的不平衡性造成了经济增长本身不可避免地要以增长极的存在和培育为前提。赫希曼在论述发达地区与欠发达地区之间存在极化效应的同时，还同时指出了二者之间的涓滴效应，认为在市场机制自发发挥作用的条件下，极化效应会更明显。这一思想为其后来提出边际不平衡增长理论和核心外围理论奠定了前提基础。佩鲁的弟子布代维尔综合了上述两位经济学家的思想，认为增长极"一是作为经济空间上的集聚推动型产业，二是作为地理空间上产生集聚的城镇"[②]，这进一步明确了增长极的内涵。20 世纪 50—70 年代，增长极理论在经济学界产

[①] 佩鲁：《略论增长极的概念》，《经济学译丛》1988 年第 9 期。

[②] 陈自芳：《区域经济学新论》，中国财政经济出版社 2011 年版，第 337 页。

生了重要影响，被许多发达国家和发展中国家奉为圭臬。墨西哥、印度、巴西都曾付诸政策实践并取得了显著成效；美国、日本、法国等主要发达国家也通过协调国土空间布局、加强落后地区基础设施建设等措施发挥本国增长点的经济带动作用。

中国实行改革开放以来，在国土空间开发规划设计上实际采用了"经济发展极"的理论。而"增长点"作为一个概念正式进入中央政府政策层面则是在 20 世纪 90 年代中期。1996 年 11 月，中央经济工作会议对中国经济中长期存在的"大而全、小而全"问题进行了分析，认为要加大调整经济结构的力度，进一步优化提升经济结构必须："培育和扶持新的经济增长点。"会后，国家计划委员会主任陈锦华在《人民论坛》撰文指出："电子信息等高新技术产业和城镇居民住宅建设可以成为重要的经济增长点。"① 之后，北京、上海等发达市地率先结合本地实际提出了新的经济增长点的培育计划。北京市认为北京具有优越的地理位置、丰富的文化资源、雄厚的人力资源和悠久的历史文化传统，发展文化产业是北京市培育新的经济增长点、新的支柱产业的必然选择。上海市提出，文化休闲娱乐业具有绿色环保、带动能力强、可持续增长速度快等特点，应该成为上海未来十几年优先发展的新的经济增长点之一。胡祖才、② 李嘉珊③、武齐、④ 吴文娟⑤等学者指出，包括内容产业、职业教育培训、旅游、体育健身等在内的社会性服务产业应该纳入中国未来选择的经济增长点的考量范围。

综上所述，经济增长点是指一国经济发展中对于提振未来经济预期、带动当前经济长期可持续增长的动力，它既可以是某种产业、产品，又可以是某一城市、地域，或者市场、企业等。本书将文化产业纳入新的经济增长点的考量范围，将全面考察东北地区培育文化产业成为新的经

---

① 陈锦华：《培育新的经济增长点》，《人民论坛》1997 年第 5 期。

② 胡祖才：《把社会性服务产业培育为新的经济增长点》，《宏观经济研究》2009 年第 9 期。

③ 李嘉珊：《从需求驱动看中国文化产业成为新经济增长点》，《国际贸易》2009 年第 5 期。

④ 武齐：《让版权贸易成为新经济增长点：我国版权贸易现状分析与对策建议》，《中国版权》2007 年第 6 期。

⑤ 吴文娟：《娱乐经济：新世纪的经济增长点》，《社会科学》2005 年第 3 期。

济增长点的可行性、必然性、面对的挑战和机遇，以及克服上述困难的路径选择。

(二) 经济增长点的选择基准

一般来说，经济增长点必须具备以下特征：较高的增长速度、较强的产业关联效应和创新能力。

第一，较高的增长速度。这主要由产值总量、产值增速、吸引就业能力和人均产值水平等一系列指标衡量。一个产业的劳动生产率或全要素生产率高于其他产业，是该产业能否成为新的经济增长点的首要因素，因此，世界上大多数国家在将某一产业作为新的经济增长点时，均要考虑该产业的可持续增长性及未来增长预期。20 世纪 50 年代，日本曾将汽车产业作为新的经济增长点和外贸拉动点，经过三十多年的积淀终于成功抢占了美国汽车工业的世界市场份额，至 20 世纪 80 年代日本汽车已经稳定地占据了世界市场份额 30% 以上。由此，美国不得不在 20 世纪 80 年代以后选择信息产业作为产业结构升级的方向和新的经济增长点。21 世纪前十年，美国信息产业占其 GDP 比重始终保持在 8% 左右，2009 年信息产业增加值约为 10649 亿美元，成为美国主要支柱产业之一。事实证明，美日对本国新经济增长点的选择和培育都是正确的。中国 "十一五" 以来，东北地区文化产业发展很快，辽宁省近五年文化产业增加值年均增长超过 30%；黑龙江省文化产业增加值年均超过 10%；吉林省连续数年文化产业增加值达到 20%，① 创造了文化产业发展的 "吉林现象"，2015 年吉林省文化产业增加值占 GDP 比重达到 4.9%，成长为与汽车产业、石油化工等一样强大的支柱产业。从发展速度来看，文化产业作为东北地区新的经济增长点没有问题。

第二，较强的产业关联效应。产业结构理论认为，新经济增长点从培育到形成、从弱化到转移的过程中往往具有不同的产业关联强度。一般来说，随着新经济增长点的逐步成熟，产业关联和辐射带动能力随之提高；到产业衰退期，产业关联也随之下降。产业关联一是表现为对上游、下游相关产业的推动能力，只有那些能够推动产业结构调整升级的

---

① 艾灵：《吉林省文化产业增加值年均增长 20% 左右》，《新文化报》2012 年 4 月 25 日第 8 版。

新兴产业才能成长为新的经济增长点；二是表现为对周边产业横向扩张的能力，即辐射带动周边关联产业的能力，只有与相关产业关联密切、能够形成辐射圈层的产业才能成长为新的经济增长点。从文化产业统计办法可以看出，它实际上构成了以传媒内容产业为核心，囊括了文化产品和相关设备的生产和销售的多个环节。如电影产业，涉及文学创作、舞台设计、影视制作、网络传输、仓储、发行等多个部门，一部畅销的电影往往还能带动相关文化艺术作品的制作、旅游业、会展业、餐饮业、服饰业共同繁荣，道理就在这里。

第三，创新能力强。产业创新能力是判断新经济增长点的又一重要标准。文化产业不同于实体产业，完全是建立在个人创意基础上的知识产业。传统产业往往以资本、土地、劳动力和技术为依托，而文化产业则以人力资本、技术为最主要的依托。先进技术不仅增强文化产品的表现力，提高文化产品的传播率，而且能够使传统文化内容插上技术的翅膀，大大拓展文化产品和服务的创意空间，增强文化产品和服务的文化内涵。文化产业发展的历史表明，每一轮文化产业的振兴，都以新技术的革命性进步为前提，都是新技术成果创新和扩散的必然结果。比如，无线电技术的运用带来了广播和电视的诞生，网络技术的发展推动了计算机产品和服务的出现，多媒体技术、数字传输技术的大规模应用促进了传统文化产业向现代创意产业的转型，派生出了网络广播、网络电视、网络游戏等诸多新兴业态。目前，互联网＋的出现更是使传统内容迎来了新的发展机遇，甚至是以前藏在街头巷尾的传统手工艺和非物质文化遗产也走上了网络和荧屏。从这个意义上来说，文化产业是一类技术密集型的新兴产业，现代科学技术的发展必将为文化产业成长为新的经济增长点奠定技术基础。

2007 年，金融危机造成了需求结构、经济结构、产业结构的重大变化，这恰恰为在新一轮产业结构调整中繁荣发展文化产业创造了先决条件。面对金融危机造成的经济下滑、失业加剧、人们安全感降低和幸福指数下降，文化产业所具有的抚慰心灵、信心提振、感情宣泄等功能成为引导居民文化消费的重要动力。同时，国家为摆脱经济危机所采取的经济刺激计划，均造成文化产业崛起的宝贵机会。在 1929 年资本主义大萧条之际，胡佛和罗斯福政府借助扶持文化艺术产业，促使美国电影、广播、电视、表演艺术的繁荣。1997 年亚洲金融危机之后，韩国政府确立文化产业为 21 世纪韩国优先扶持的产业之一，促进了韩国动漫游戏、表演艺术、音乐产业、电影电视的繁荣，形成了风靡至今的"韩流"现象。普华永道《2012—2016 全球娱乐和媒体展望》发现，与全球 GDP 增速大幅下跌的态势不同，文化娱乐产业受到金融海啸的冲击较小。该机构预测亚太地区娱乐媒体产业将保持 6.6% 的复合增长率，北美 5.7%，欧洲 3.5%，全球娱乐产业收入将由 2012 年 1.6 万亿美元增至 2016 年 2.1 万亿美元。事实证明，上述预测基本应验。中国政府自 2007 年确立文化产业为新经济增长点，不仅体现了执政党的高度文化自觉和文化自信，更彰显出了中华文化在经济高增时期的同步跃迁。正是根据上述认识，东北地区不少政府前瞻性地提出了培育文化产业成为未来区域经济增长点的发展战略，可以说这一战略从理论上来讲是完全可行的。

第二节　马克思主义经典作家关于文化艺术生产和建设的理论

一　马克思恩格斯文化艺术生产思想

马克思恩格斯生活的年代正处于西方发达国家文化产业发展初期，他们作为世界一流的理论家已经敏锐地观察到了文化产业发展中的一些问题和趋势，亲身参加了文化产业实践，并提出了一些至今仍具重要启发意义的理论片段。科学准确地把握马克思恩格斯文化产业思想，既要依据经典著作准确阐释马克思恩格斯的文化产业思想，防止过度解读，又要把马克思恩格斯的文化产业思想放置在当时当地的宏观时代背景之中，把马克思恩格斯经典文本和革命实践结合起来，把握马克思恩格斯文化产业思想的精髓。

在马克思恩格斯生活的时代，工人阶级处于资产阶级残酷的经济剥削和政治压迫之下，物质生活资料匮乏、生命安全得不到保障、政治权利得不到尊重，工人阶级面临的最大任务就是把自己从这种奴役压迫状态之下解放出来。尽管当时的某些文化产品已经开始采用工业化的生产方式，但文化产品在全社会范围内还没有采取大规模机械复制的形式，现代文化产业形态远未发展到成熟的程度。尽管马克思在《1844 年经济学哲学手稿》中批判国民经济学时，曾引用到了对方的"精神生产"概念。① 马克思在《共产党宣言》中也观察到了"诗人和学者也变成了资本家出资招雇的雇佣劳动者"②。但囿于时代背景和历史任务，马克思恩格斯并没有给予文化产业发展太多的关注。他们在论述到"非物质生产领域的资本主义表现"时，甚至认为："同整个生产比起来是微不足道的，因此可以完全置之不理。"③ 恩格斯对此还给出了实事求是的解释："我们首先是把重点放在从基本经济事实中引出政治的、法律的和其他意识形态的观念，以及这些观念为中介的行动，而且，必须这样做。"④ 但这并不表明马克思恩格斯没有关于文化艺术生产的思想。事实上，马克思关于文化艺术生产的思想中包含了许多含金量丰富的片段。按照把马克思主义当作立场、方法、行动指南的原则，本书主要探讨马克思恩格斯以下几个方面的思想。

（一）精神生产

1. 精神生产的前提基础。马克思把世界划分为物质和精神两类，把生产划分为物质生产和精神生产两类，认为讨论精神生产问题必须确立它的物质前提，这个物质前提就是客观存在的事物。马克思在《1844年经济学哲学手稿中》写道，"植物、动物、石头、空气、光等等一方面作为艺术的对象，是人的精神的无机界"⑤。在《德意志意识形态》中指出：他们研究的出发点不是任意提出的教条，而是一些现实的个人的活动和他们的物质生活条件。可见，马克思关于精神生产与物质生产关系的论述与马克思关于物质与精神关系的论述是完全一致的。他们始终把现实物质世界当作研究的出发点，始终强调物质资料的生产方式是包括观念世界在内的一切社会现象展开的基石。无论文学艺术形象如何加工，都离不开世俗世界，都能在现实世界中找到它的根源并获得解释。"凡是把理论诱入神秘主义的神秘的东西都能在人的实践中，以及对实践的理

---

① 《马克思恩格斯文集》第1卷，人民出版社2009年版，第125页。
② 《马克思恩格斯文集》第2卷，人民出版社2009年版，第34页。
③ 《马克思恩格斯全集》第26卷，人民出版社1972年版，第443页。
④ 《马克思恩格斯选集》第4卷，人民出版社1995年版，第726页。
⑤ 《马克思恩格斯文集》第1卷，人民出版社2009年版，第161页。

解中得到合理的解决。"① 同样，无论文学艺术怎样创作总应该围绕着人，"第一个需要确认的事实就是这些个人的肉体组织以及由此产生的个人对其他自然的关系"②。显然，马克思恩格斯在这里远远超过了18世纪法国唯物主义的观点，也超过了康德哲学中的人本观，他不但将精神生产立足于物质世界和现实的人，还尤其强调了他们所研究的人是"现实世界从事物质资料生产的人"。马克思恩格斯甚至将人的政治解放和文化解放也建立在物质资料的满足这一基础上。"个人在精神上的现实丰富性取决于现实关系的丰富性"，"当人们还不能使自己的吃喝住穿在质和量的方面得到充分保证的时候，人们就根本不能获得解放"③。

2. 精神生产发展的基本规律。马克思分析了人类社会发展的基本规律，解释了人类社会演变的内在机制之谜。他首先承认了物质生产对精神生产的先在性，并强调物质生产决定精神生产，时代生产力发展的水平决定精神生产的形式和高度。"宗教、家庭、国家、法、道德、科学、艺术等等都不过是生产的一些特殊方式，并且受生产的普遍规律的支配。"④ 这一普遍规律在《1857—1858年经济学手稿》中被归纳为生产力决定生产关系、经济基础决定政治和思想上层建筑的根本规律。马克思恩格斯认为，某一时代精神生产的水平和达到的高度是与时代生产力水平相一致的。物质资料生产是人类社会产生、发展、演变和消亡的最终决定力量。"物质生活的生产方式制约着整个社会生活、政治生活和精神生活的过程。"⑤ 在《1857—1858年经济学手稿》中他以希腊神话和史诗为例，揭示了文学艺术作品与时代生产力之间的关系，认为希腊神话与巴尔干半岛农业社会的生产力发展水平和生产方式密切相关，是生产力水平低下、社会分工不发达这一特定历史时代条件下人类艺术创作的产物。可见，一定的社会结构和社会状况是"该时代政治的和智慧的历史的基础"，从而构成该时代精神文化生产的基础，这始终使马克思哲学的基础原则。

---

① 《马克思恩格斯文集》第1卷，人民出版社2009年版，第505页。

② 同上书，第519页。

③ 同上书，第527页。

④ 同上书，第186页。

⑤ 《马克思恩格斯文集》第2卷，人民出版社2009年版，第591页。

　　另外，马克思强调了生产力的变迁对精神生产变迁的影响，认为思想、观念、意识等精神现象只能是被"意识到了的""现实生活过程"，它们都随着社会生产力的变化而变化。"那些发展着自己的物质生产和物质交往的人们，在改变自己的这个现实的同时也改变着自己的思维和思维的产物。"在生产力发展的初期，"思想观念、意识的生产最初是直接与人们的物质活动与人们的物质交往，与现实生活的语言交织在一起的，表现在某一民族的政治、法律、道德、宗教、形而上学等的语言中的精神生产也是这样"①。但随着生产力与生产关系矛盾运动的展开，包括文化、艺术、宗教、政治观念、哲学思想等在内的"全部庞大的上层建筑也或慢或快地发生变革"②。马克思由此提出了"观念形态的文化没有历史"的论断，目的在于强调精神生产和精神现象对人们的现实生活过程的依赖性、物质生产活动和生产方式对精神产品的决定性。

　　（二）文化产品的功能

　　马克思恩格斯认为文化产品和文化生产是彰显"人之所以成为人"的特征与本质的方式，是公民应该享有的基本权利，具有教育人民、培育国家精神、推动革命的作用。

　　1. "教育人民的强大杠杆。"马克思认为，资本主义社会进入 18 世纪以后日益分裂为资产阶级和无产阶级两大对立的部分，无产阶级是社会发展的进步力量，代表着未来社会的前进方向，肩负着解放自身和解放全人类的历史使命。无产阶级要完成自己特殊的历史使命必须实现物质武器和精神武器的结合，文化生产和文化实践是这种结合的重要形式。因此，马克思恩格斯在终其一生的理论创造和革命生涯中特别重视无产阶级的教育和启蒙，重视承载着对无产阶级进行教育功能的精神文化产品的生产和传播。恩格斯在《马克思和〈新莱茵报〉》中曾讲道："共产党一分钟也不忽略教育工人尽可能明确地意识到资产阶级和无产阶级敌对的对立"，"每一号报纸，每一个号外……都是在号召人民在准备斗争"③。马克思在《论普鲁士等级委员会》和《第六届莱茵省议会的辩

---

① 《马克思恩格斯文集》第 1 卷，人民出版社 2009 年版，第 524 页。
② 《马克思恩格斯文集》第 2 卷，人民出版社 2009 年版，第 592 页。
③ 《马克思恩格斯选集》第 4 卷，人民出版社 2012 年版，第 2—9 页。

论》中把报刊称作"人民精神教育的强大杠杆"①"人民精神的洞察一切的慧眼""把个人同国家和世界联结起来的有声的纽带"②。这些生动形象的比喻揭示了马克思对报刊功能的认识,并由此决定了马克思对待包括报刊、图书在内一切文化生产的态度。

早在 1848 年之前的几年,马克思恩格斯便预感到欧洲将会爆发一场猛烈的大革命。马克思决定"在洪水到来之前"为无产阶级提供更多更优良的理论武器。因此,我们便可以看到,在 1845 年前后,马克思恩格斯的通信中多次出现了加快理论创作、加快工人阶级教育的语句。比如,"你一定要在 4 月之前写完你的书""你一定要把它完成并设法出版""必须尽快出版"之类。③《资本论》第一卷印刷出版后,资产阶级试图通过保持沉默抵制科学理论的传播。恩格斯为此为《民主周报》《爱北斐特日报》《新巴登报》等八家报纸撰写了《资本论》的书评,以便在更广范围内发挥科学理论对工人阶级的教育指导功能。恩格斯晚年认为,时代发展形势与三十年前已经大不相同,新的革命高潮不会迅速到来,在新高潮到来之前应该翔实做好工人阶级的教育工作。于是,1891 年他在致左尔格的信中宣布了将《法兰西内战》等三部著作每本印行一万册的出版计划。这些论述和设想可以窥测到恩格斯通过文化产业来教育无产阶级的思想。

2. 推动革命发展的力量。马克思认为,在无产阶级推翻资产阶级统治的这一伟大历史运动中,报纸杂志等文化产品具有引导、推动革命运动深入发展的重要作用。马克思不仅通过《新闻报》《泰晤士报》《纽约时报》等著名商业报刊来了解英国、美国、欧洲大陆的革命形势发展,而且注意发挥它们推动革命纵深发展的作用。马克思认为,"报纸最大的好处是每日能干预运动,能够成为运动的喉舌,反映出当前整个局势,杂志的优势在只谈最主要的问题"④。这里"反映""喉舌""干预"形象地表明了文化产品与革命形势之间发生密切关系的形式,表明了文化生

---

① 《马克思恩格斯全集》第 40 卷,人民出版社 1982 年版,第 329 页。

② 《马克思恩格斯全集》第 1 卷,人民出版社 1995 年版,第 179 页。

③ 《马克思恩格斯全集》第 47 卷,人民出版社 2004 年版,第 337 页。

④ 《马克思恩格斯全集》第 7 卷,人民出版社 1959 年版,第 3 页。

产对发动革命、推动革命的重要作用。1830 年 8 月，比利时爆发了争取独立自由的布鲁塞尔革命，比利时报纸、杂志发表大量的新闻报道和理论文章，比利时歌剧院上演了鼓舞民族独立的艺术作品，最终迫使荷兰王国承认了比利时的合法地位。马克思通过大量文献深入研究了比利时革命和出版物的内在关联，对文化作品和文化产业在革命中的积极作用给予褒奖。他认为比利时革命是出版物的革命，具有革命倾向的出版物扮演了比利时革命助产士的角色。"假如比利时出版物站在革命之外，那它就不成其为比利时出版物；同样，假如比利时革命不同时又是出版物的革命，那它也就不成其为比利时的革命。"① 恩格斯在谈到欧洲大陆社会改革运动的进展时，认为领导工人广泛举办报刊、印行小册子对德国革命发展起到了明显的推动作用，相反，当这些文化产品遭遇了书报检查令限制之后，"全国热潮迅速低落"了。

（三）文化生产的特征

1. 文化生产的阶级性。马克思将阶级分析的观点贯彻到了对文化产品和文化内容生产的分析中去，认为随着社会日益分裂为两大敌对的阶级，整个社会政治、经济和文化生活也不可避免地打上阶级对抗的烙印。当资产阶级反抗封建阶级时，他们使用"出版自由"之类的口号号召其他进步阶级共同战斗，一旦当资产阶级掌握了国家政权，文化生产的权力马上变成了资产阶级独享的权力，而无产阶级只有被资产阶级所掌握的报纸、杂志、图书等文化产品所奴役的权力，"革命所争得的一切自由虽然保留下来了，但只是作为贵族阶级的特权保留下来了"②。这时候，资产阶级所鼓吹的"出版自由"和"自由、平等、博爱"的口号一样，成了欺骗人民的工具，成了资产阶级独裁的遮羞布，整个资产阶级的文化生产过程和所有文化产品沦为巩固资产阶级统治的私器。马克思恩格斯一生创办报刊甚多，除少数因资金短缺或编辑理念分歧停办外，多数则是由于资产阶级书报检查制度的迫害而关停。从《莱茵报》到《新莱茵报》，从《工人报》到《社会民主党人报》等都是如此。因此，他们对于文化产业的阶级性有着深刻的体会，对资本主义制度下文化生产的

---

① 《马克思恩格斯全集》第 1 卷，人民出版社 1995 年版，第 153 页。

② 《马克思恩格斯全集》第 12 卷，人民出版社 1962 年版，第 728 页。

虚假性有深刻的洞察。1870 年，俄文杂志《法医学文库》因刊载了《论西欧无产阶级的卫生状况》遭到严惩。恩格斯愤慨地说，每当进行国会选举时，资产阶级所操控的文化产业系统就会"向人民群众倾泻大量令人惊慌的谎言"①，以达到麻痹和统治无产阶级的目的；每当资产阶级维护自己的文化生产权力时，便"露出一副狰狞的面目"。他还以洛霍夫《儿童之友》一书为例，进一步抨击和揭露了资产阶级文化产业的阶级性，认为资产阶级之所以四处推销该书，"目的在于教育农民和手工业子弟愉快地满足于他们的人间的命运，满足于黑面包和土豆，满足于劳役、低微工资"等。②

马克思恩格斯不仅阐述了文化生产上的阶级分裂，还观察到了文化消费上的阶级分裂，从而在更深层次上揭示了文化产业的阶级性。1844 年恩格斯在《英国工人阶级状况》中写道，雪莱、拜伦、边沁和葛德文的读者大多数为工人，资产者尽管有时候也把他们的作品装模作样地摆在居室案头，但他们所阅读的"只是经过阉割并使之适合于今天伪善道德的版本'家庭版'……即使激进资产阶级中有边沁的信徒，那也只有无产阶级和社会主义者才能超越边沁"③。因此，"工人阶级的读物不可能在上层阶级中推广"。他以施特劳斯的遭遇证明这一观点。他说，《耶稣传》写完后，"没有一个有名望的出版商敢于把这本书付印"，"没有一个有身份的人把这本书翻译出来"④，原因就是资产阶级为维护自己的利益不敢也不能跨越文化产业的阶级鸿沟给无产阶级送去精神食粮。最终，这本书的读者只是曼彻斯特、伯明翰和伦敦的产业工人。

马克思认为资本主义条件下的文化生产受到资本的控制，违背了人的自由全面发展的终极目的，已经沦为金钱的奴隶，变成了统治人们头脑的工具。他以德国哲学为例，认为"德国哲学是德国历史在观念上的延续"，现在已经到了这样一个时刻，打破德国哲学的认识迷雾，将德国人解放为真正的人，并指出无产阶级哲学就是这种解放的精神武器。马

---

① 《马克思恩格斯全集》第 22 卷，人民出版社 1965 年版，第 7 页。
② 《马克思恩格斯全集》第 20 卷，人民出版社 1973 年版，第 201 页。
③ 《马克思恩格斯选集》第 1 卷，人民出版社 2012 年版，第 131 页。
④ 《马克思恩格斯全集》第 3 卷，人民出版社 2002 年版，第 498 页。

克思恩格斯还从社会关系的视角论述了精神生产的阶级性问题。他在《关于费尔巴哈的提纲》中指出，人在现实性上是一切社会关系的总和，而人所有一切社会关系中最根本的关系乃是人所处的生产关系，尤其是物质生产关系。这样，人的精神生产和文化消费活动也不可避免地划分了不同的阶级差别。

2. 文化产业的人民性。马克思充分继承了西方文艺复兴运动以来形成的人本主义的思想，把人作为自己理论的出发点和落脚点。他们认为人民群众是历史的创造者，不论物质财富还是精神财富；人民群众是历史前进的推动者，不论过去、现在还是将来。因此，贯穿于马克思文化产业思想的核心是以人为本的精神实质。在谈到文化生产时，马克思特别强调了发展文化产业要坚持以人民为主体、表现人民感情、满足人民精神需求的价值原则。马克思在青年时代就说过，报刊是"无处不在的耳目""维护人民精神的喉舌"①，是"人民日常思想和感情的公开的表达者"②。这种表达从形式上来讲必然采用"生活本身热情的语言"；从内容上来讲必须向着群众利益，表达人民感情，"表现一定人民的精神"；从阶级立场上来讲，"报刊应真诚地同情人民的一切，希望与忧虑、热爱与憎恨、欢乐与痛苦"③。马克思在回忆《德法年鉴》编辑方针时，重申文化生产应该根据时代特点和工人阶级的需求而进行，因为这样不仅会对革命运动产生直接的促进作用，而且有更多"非常切合时宜的现实意义"。这种现实意义在随后的著作中，马克思将之归纳为工人阶级解放所凭借的基本权利。

马克思认为，文化生产是工人阶级打破阶级对立、实现自我解放和社会解放的途径。他认为，每个国家的人民都有政治、经济和文化基本权利，按照自己的意志自由组织文化生产、制作文化产品和享受文化成果的权利是德国人民成为"人"的必要条件，是一切民族的人民实现自由全面发展不可让渡的基本权利。"在报刊这个领域内，管理机构和被管理者同样可以批评对方的原则和要求，然而不再是在从属关系的范围内，

---

① 《马克思恩格斯全集》第 6 卷，人民出版社 1961 年版，第 275 页。
② 《马克思恩格斯全集》第 1 卷，人民出版社 1995 年版，第 352 页。
③ 同上书，第 352 页。

而是在平等的公民权利的范围内进行这种批评。"① 在 1850 年谈到法国报刊的作用时，马克思指出，"它是广泛的无名的社会舆论工具，它是国家中的第三种权利"②。可见，马克思将人们从事图书、出版、报刊等活动的自由视为人民应享有的文化权利，并把这种权利看作对资产阶级国家机器行政权力、司法权力的有力监督。恩格斯在向工人阶级宣传教育时多次将这种文化权利称为工人阶级应该掌握的"武器"，并号召工人阶级坚决捍卫这一武器，"如果有人想夺走这个武器，难道我们能够袖手旁观吗?"③ 马克思恩格斯这一思想既是对 18 世纪西方政治哲学理论关于公民文化权利思想的继承，又是对启蒙思想家"天赋权利"学说的超越，构成了我国当前发展文化产业、保障人民文化权利实践的重要思想支持。

（四）文化产品的价值

1. 人的自由全面发展。马克思主义理论是一种以人为本的学说，马克思主义的根本目的在于实现人的自由全面发展，马克思在《共产党宣言》中认为代替资本主义社会的新社会将是一个自由人的联合体，"在那里，每个人的自由发展是一切人的自由发展的条件"④。马克思恩格斯毕其一生所创作的理论体系都是围绕人的自由全面发展这一核心内容展开的。马克思曾讲道，文化生产是"人民用来观察自己的一面精神上的镜子"⑤。他认为文化产品就是人民群众表现自我精神的中介，是人民表现自己精神世界的"英勇喉舌"。在马克思同时期的其他论述中，有时又将这种权利称为"财产"。他在 1849 年《孟德斯鸠第五十六》一文中写道："我们忍受极大痛苦读完了他在'科伦日报'上发表的全部广告，并把他的精神上的私有财产作为'公共财产'提交普鲁士公众审议。"⑥ 在这里，马克思明确意识到了文化产品所具有的公共性特点，文化产品一经生产出来传播出去，便不再属于作者个人，而是属于全人类的共同财富。这较之"第三种权利"的论述又上升到一个新的层次，标志着马克思试

---

① 《马克思恩格斯全集》第 1 卷，人民出版社 1995 年版，第 378 页。
② 《马克思恩格斯全集》第 7 卷，人民出版社 1959 年版，第 523 页。
③ 《马克思恩格斯全集》第 17 卷，人民出版社 1963 年版，第 450 页。
④ 《马克思恩格斯文集》第 2 卷，人民出版社 2009 年版，第 53 页。
⑤ 《马克思恩格斯全集》第 1 卷，人民出版社 1995 年版，第 179 页。
⑥ 《马克思恩格斯全集》第 6 卷，人民出版社 1961 年版，第 215 页。

图用公共财产理论从另外一个视角解释保障人民文化权利的重要性。马克思恩格斯论述了发展无产阶级自身的文化产业的重要性和途径。因此，他们不遗余力地推动文化产品在工人阶级中的广泛传播。

文化产业的发展大大丰富了工人阶级的文化生活，带来了文化消费的相应增加。恩格斯在深入调查工人阶级状况时，观察到英国工人群体中广泛地阅读新哲学、政治和文学作品，在地质学、天文学等方面显示出良好的素质，赞叹英国工人教育的进步。马克思发现工人在有了一定积蓄之后，开始购买图书报刊等文化产品，扩大文化消费支出。因此，马克思高度赞扬了工人文化支出增加对于工人全面发展的意义，认为这是工人掌握精神武器的良好开始，并号召国际工人协会和德国社会民主党领导人更多地关注工人的精神生活问题。从 1862 年开始，马克思在他的笔记中就把报刊等列入工人生活必需品之列。在他生前发表的最后一批文章中，也将报刊列为"工人日用必需品"的条目之下。

2. 观照现实生活。马克思哲学以科学的实践观为基础构建了辩证唯物主义和历史唯物主义的理论大厦，实现了哲学史上的伟大变革。它指出了实践是沟通客观世界和主观世界的桥梁纽带，认为实践是人主观认识的来源和检验认识是否具有客观真理性的唯一标准。马克思断言，任何理论一旦离开实践就会陷入凌空蹈虚的境地，离开实践的思维将退回到经院哲学的领地。因此，文化产品的生产必须观照现实生活。马克思对此也有论述，"如同生活本身一样，报刊总是常变常新的，永远也不会老成持重。它生活在人民当中"①。文化产品要"像生活本身一样"的思想是马克思恩格斯文化生产理论贯彻始终的思想。马克思恩格斯认为，文学、艺术、新闻报道等各种文化形式均应紧紧依赖于现实生活。这里的"生活"应该理解为包括人的物质生活和精神生活在内的一切客观活动，也就是马克思在《〈政治经济学批判〉序言》和《德意志意识形态》中所反复强调的客观生活活动。在马克思恩格斯晚年，恩格斯在致沃尔夫的信中更为直接地论述了文化产品如何具有吸引力和说服力的问题，即必须严肃认真地回答工人和农民关心的问题，对现实问题答疑解惑，这种解答要比空谈未来社会的特征或演进的细节更具有意义。

---

① 《马克思恩格斯全集》第 1 卷，人民出版社 1995 年版，第 352 页。

　　紧密观照现实生活不仅是马克思恩格斯的一贯主张，也是他们亲身躬行的理论创作原则。我们对十卷本《马克思恩格斯文集》收录的所有著作的统计分析发现，80%以上的文章都是对现实生活中的重大理论或实践问题的解答、批判和指导。马克思在给《纽约论坛报》撰写的500多篇稿件中，几乎全部是针对当时欧洲和美洲革命形势、殖民地半殖民地的民族解放运动、理论界的研究热点问题所撰写的。即使在研究纯粹的历史问题和哲学问题时，马克思也往往结合革命形势的需要做出选择，比如在恩格斯计划编纂一套社会主义历史资料汇编时，马克思就建议"只出版那些其内容到今天仍很有意义的著作"①，其目的还是要对现实问题进行探索。可见马克思恩格斯文化产业理论的一个重大价值取向就是关注时代发展的真问题，关注群众的实际生活。

（五）文化产业的发展要素

　　文化产业发展中涉及文化环境、市场主体、市场规制等很多要素，马克思恩格斯至少论及了政府、科技、资本三个重要要素。

1. 政府

　　文化产业的繁荣必须以自由宽松的产业环境为根本前提，而当时阻碍文化产业发展的最主要障碍是知识税和书报检查制度，它们就像两根绳索分别从资本和制度两个方面限制了文化产业的发展，马克思恩格斯对此进行了猛烈的批判。马克思将书籍报刊等文化产品生产的权利看作人民应该享有的基本权利，认为"每个人都应当有权利写作和阅读"，"新闻出版是个人表达其精神存在的最普遍的方式"②。而书报检查令的存在扼杀掉了作者本人的全部意志和思想。因此，批判书报检查制度、争取文化生产自由成为马克思的重要观点。他尖锐地抨击书报检查制度是"精神的镣铐""不自由的体现""违法和迫害行为"，是"反对人类成熟的一种最明智的办法"③。书报检查制度就像一个不能对症下药的乡下外科医生，他"治疗一切病症都用那唯一万能工具——剪子……它每天都

---

①　《马克思恩格斯全集》第27卷，人民出版社1972年版，第29页。

②　《马克思恩格斯全集》第1卷，人民出版社1995年版，第196页。

③　同上书，第164页，

在有思想的人的肉体上开刀"①。这不仅"剥夺了报刊出版者本人的全部意志",而且导致作者成了"最可怕的恐怖主义的牺牲品"②,有思想的作品被枪毙,空洞无物的出版物反而被当成健康的作品予以通过。恩格斯悲观地预言了资产阶级政府限制文化产业发展将带来的恶果将是"整个出版事业和书籍贸易的毁灭"③。这里,恩格斯明确提到了文化产业的形态之一图书贸易,而且指明了资产阶级政府对文化生产限制的不良后果。因此,"整治书报检查制度的真正办法就是废除它"④。

另外一个制约文化产业发展的重要障碍是知识税。它是英国首先设立后来推广到法国等其他国家的一项专门针对报刊征收的税种。在《印花税法》执行的一百多年中,英国报刊的税负平均增长了7倍,许多报刊停办,反对知识税的斗争从18世纪初一直绵延到19世纪中期。马克思认为,知识税严重妨碍了人民精神自由的交往,威胁着个人自由和发展的实现。该文提到了建议取消一切广告税的吉布森先生的修正案,大段引用了反对征收知识税,特别是反对印花税和广告税的布莱特先生的演讲内容。马克思批判以印花税为核心的知识税是"对以自由精神创作的禁止",是对人民新闻出版自由和获取政治信息的可耻限制。马克思讽刺当时支持印花税的《泰晤士报》是"为了报纸的垄断而斗争"。恩格斯还严厉地质问:"难道你们想把成为英才的特权只赋予个别人吗?"⑤

2. 科技

马克思恩格斯将科学看作"一种在历史上起推动作用的革命的力量"⑥,非常重视科学技术在文化产业发展中的作用。在马克思看来,科学地高度评价了电报等新式传播技术是"大脑的器官""物化的知识的力量"。1855年电报刚刚在英国投入商用,马克思就对电报引起的文化生产方式的变革给予了生动描绘。"各种电报像雪片一般飞来""电报已经把整个欧洲变成了一个证券交易所"。他大胆地预言,由于新式通信产业的

---

① 《马克思恩格斯全集》第1卷,人民出版社1995年版,第178页。
② 同上书,第120页。
③ 《马克思恩格斯全集》第44卷,人民出版社1982年版,第24页。
④ 《马克思恩格斯全集》第1卷,人民出版社1995年版,第134页。
⑤ 同上书,第196页。
⑥ 《马克思恩格斯选集》第3卷,人民出版社2012年版,第1003页。

出现，太平洋将会成为世界交通的主要航线，大西洋的作用将会削弱，甚至蜕变成一个像地中海一样的内海。马克思在 1861 年经济学手稿中，高度评价了科学技术在推动文化生产和人类精神发展中的巨大促进作用，认为"印刷术变成了科学复兴的手段，变成为精神发展创造必要前提的最强大的杠杆"。恩格斯称赞作为文化生产先进机器的印刷机器"在一年当中引起的变化和革命要多过以往整整一个世纪"①。在这里恩格斯明确论述了文化生产在发动革命、推动革命中的重要作用。

在主编《新莱茵报》期间，马克思十分重视最新印刷技术的使用，他抽出自己的部分稿费用于购买当时先进的新型高速印刷机。1859 年又支持《人民报》在霍林格尔印刷厂采用新的印刷形式代替传统的手工印刷。就在辞世前不久，还热情地关注德国和法国两座城市之间建设实验性输电线路的计划进展。恩格斯 1891 年还曾谈到排字机在德国报刊产业发展过程中的作用，并预言德国的文化企业家将会在报刊生产中采用最先进的排字机，因为"纽约和伦敦的各大报纸都越来越多地使用这种机器了"。

3. 资本

文化产业是建立在资本和内容的基础上以市场为推动力的产业业态，资本在文化产业发展和繁荣方面扮演了极其重要的角色。马克思恩格斯一方面充分肯定了资本在文化产业发展中的重要作用，认为在缺乏资本的情况下无法发展大规模的文化产业；另一方面，又以非常警惕和谨慎的心态对资本进行辩证分析，对资本主义制度下资本对文化生产的奴役和对文化自由的异化进行了控诉和抨击。

马克思认为，资本主义制度下，资产阶级通过控制资本使文化生产变成了资本的玩偶，生产什么，不生产什么，都由资本决定。在表面上看，资产阶级消灭了各阶级之间的文化差别和文化不公，使资本家俨然成了文化正义的支持者和仲裁者，使工人阶级获得了对等的文化权利，而实质上，只是"用金钱特权代替以往一切个人特权和世袭特权"②。在资本控制之下，文化生产自由变成了资产阶级专享的特权，"因为出版需

---

① 《马克思恩格斯全集》第 9 卷，人民出版社 1961 年版，第 37 页。
② 《马克思恩格斯全集》第 2 卷，人民出版社 1957 年版，第 648 页。

要钱，购买出版物的人也得要有钱"①。他以法国的图书出版业为例，指出"法国出版物享受的自由不是太多，而是太少"。从表面上看，法国出版产业因检查制度的废除而不再受到政治制度的制约，但由于出版商要缴纳高额的保证金才能进入"大规模商业投机领域"，这实际上制造了一条以资本命名的城墙，广大下层阶级因此而被排除在整个社会的文化生产之外。马克思还结合法国文化产业的地理分布状况指出，正是由于资本作梗，法国的文化生产和文化产品实际上集中在少数大城市和少数阶级手中，可见，资本造成了对普通大众文化权利的剥夺，也间接造成了整个法国文化产业非良性的发展。马克思还以《泰晤士报》为例指出了资本对文化企业的控制，批评《泰晤士报》像是一家唯利是图的企业，"只要决算对它有利，它对决算是怎样做出的毫不介意"。这一论述对于今天在市场经济体制下发展中国的社会主义文化产业尤其具有深远的启示意义。

二　列宁文化革命思想

19 世纪末 20 世纪初，俄国完成了从自由资本主义阶段向垄断资本主义阶段过渡，随之社会发生了巨大变革。1917 年俄国十月革命建立了世界上第一个社会主义国家，实现了苏俄和世界历史上伟大的制度创新。但俄国国内经济文化水平落后，封建式生产方式残留严重，各种思潮混杂。列宁在参加俄国革命的过程中，将马克思主义基本原则应用于对俄国问题的分析之中，在被称为"政治遗嘱"五篇文章中的《论合作社》中首先提出了在经济文化水平落后的俄国实行"文化革命"的设想，初步回答了为什么要实现文化革命、实现什么样的文化革命和怎样实现文化革命的问题。列宁提出文化革命设想后不久逝世，很多原则并没有得到系统阐述，但主要原则都被斯大林为首的俄共中央所采纳，另外一些设想则在执行过程中被异化，导致了苏联文化建设中的悲剧。

（一）实行文化革命的重要意义

1917 年俄国十月革命的胜利和 1922 年苏联社会主义国家的成立标志着俄国和人类历史上重大的政治变革。列宁认为，尽管俄国的资产阶级

---

① 《马克思恩格斯全集》第 2 卷，人民出版社 1957 年版，第 648 页。

在政治上和军事上被打倒了，俄国社会主义革命取得了初步胜利，但是不能满足于这种胜利，因为这种胜利是不全面、不彻底的。资产阶级还掌握着报纸、杂志、图书馆、书店等文化机构和文化生产的主动权，在文化生产方面还有很大优势，他们利用这种优势不断向新生政权进行持续的进攻和诋毁。如果不能解决这个问题就不能使苏维埃社会主义政权得到巩固，就不能使工人阶级的革命成果得到彻底实现。他说："文化落后不能建成社会主义"，苏维埃政权建立后要"补上文化革命的课"。在1921 年 10 月全俄政治教育委员会第二次代表大会上，列宁做了《新经济政策和政治教育委员会的任务》的报告，指出苏联的每一个政治教育工作者面前都摆着这三项任务：共产党员的狂妄自大；文盲；贪污受贿。他继续指出，文盲是实现政治的重要障碍，"文盲是处在政治之外的，必须先教他们识字。不识字就不可能有政治。①" 在这里，列宁把扫除文盲、提高工农阶级的文化素质列为和社会革命同等重要的"政治"这一社会问题的高度，显示了列宁对提高俄国文化水平的迫切心情。1923 年列宁逝世前，一连发表了五次关于实行文化革命的重要论述。在《论合作社》中，他坦陈改变了"对社会主义的整个看法"，应该把工作"重心转移到文化主义上去"②。他还认为，苏俄已经实现的政治革命和军事革命为文化革命的推进奠定了基础，接下来的事情是主要进行全俄范围内艰巨的"文化革命"任务，甚至苏联机关中的缺点和弊端也可以通过文化革命得到纠正，从而变得更加机敏、更有毅力。

（二）文化革命的特点

列宁认为俄国的特殊国情决定了俄国文化革命的特点：复杂性和党性。

1. 复杂性

列宁在《论合作社》中曾指出，"现在只要实现了这个文化革命，我们的国家就能成为完全社会主义的国家了"③。但是，他紧接着又写道："这个文化革命，无论在纯粹文化方面或物质方面，对于我们说来都是异

---

① 《列宁选集》第 4 卷，人民出版社 2012 年版，第 590 页。

② 同上书，第 773 页。

③ 同上书，第 774 页。

常困难的。"① 他说，俄国社会主义制度所继承的是资产阶级文化制度和有几千年历史的俄国文化传统，带有浓厚的斯拉夫主义色彩。这决定了苏维埃在实现文化革命中必然面临积淀不足的问题。同时，俄国资产阶级在革命中既得利益受到损害，必然不支持社会主义制度，以各种各样的形式反对，增加了社会主义制度巩固的成本。在 1917 年苏维埃领导人曾设想通过渐进的办法向社会主义社会过渡，不是取消私人报刊，而是保留私人广告经济政策，使资本家在某种程度上通过国家和私人合作的方式承认、服从于苏维埃的领导，逐渐进入国家资本主义轨道。但事与愿违，"这项法令很快就被踢开了"②。"我们的敌人资本家阶级用完全否认整个国家政权来回答它的这项法令"，"迫使我们进行殊死无情的斗争"③。国家垄断广告业务法令实施的失败进一步说明了在社会变革的潮流中实行文化革命的复杂性。文化革命的复杂性必然导致文化革命是一个长期的过程。在《新经济政策和政治教育委员会的任务》中，他指出，军事任务和政治任务可以突击完成，文化革命则不然。文化革命是与军事革命和政治斗争都不相同的另一场革命，"可能需要一个较长的时期"④。

2. 党性

苏联无产阶级政党在 1903 年建立之时就发生了关于建党原则的激烈争论。列宁为首的布尔什维克派主张建立组织严密、权力集中、高度机密化、高度执行力的无产阶级政党，每个党员都要参加到党的一个组织，定期参加党的活动，接受党的制度和纪律的约束。列宁建党原则的确立对苏联文化建设思想产生了深刻影响。列宁认为，"出版物应当成为党的出版物"。与商业资产阶级举办的报刊相反，无产阶级应该坚持"党的出版物的原则"，"党的出版物应当成为整个无产阶级事业的一部分，成为社会民主主义机器的齿轮和螺丝钉"⑤。"报刊要成为党的机构，向党报告工作情况"⑥。实质上列宁把文化视为经济和军事的附属品，把文化机构

---

① 《列宁选集》第 4 卷，人民出版社 2012 年版，第 774 页。
② 同上书，第 599 页。
③ 同上书，第 600 页。
④ 同上书，第 591 页。
⑤ 《列宁选集》第 1 卷，人民出版社 2012 年版，第 663 页。
⑥ 同上书，第 664 页。

视为党的组织的附属部分，把文化革命看作党的革命工作的附属工作。事实证明，列宁对待文化革命的这一态度在军事斗争激烈、新生制度并不巩固的时代对于巩固捍卫社会主义政权有很大帮助，但同时也应看到，正是这一原则为日后国际共产主义运动中出现残酷的组织大清洗和知识分子批判迫害运动埋下了隐患。

（三）实现文化革命的路径

第一，坚持马克思主义对文化革命的指导。列宁高度评价了马克思主义在人类社会发展历史上的重要地位，充分肯定了马克思主义对于俄国工人运动和文化革命的指导作用。"马克思和恩格斯教会了工人阶级自我认识和自我意识，用科学代替了幻想。"①"马克思主义把工人阶级的经济斗争和政治斗争结合成了一个不可分割的整体"。② 因此，俄国革命过程要坚持以马克思主义为指导，运用马克思主义教育工人阶级认识到自身的历史使命，运用马克思主义的立场和观点分析俄国革命的形势发展，运用马克思主义的价值观改造俄国现有的文化制度和文化生产机构。

第二，坚持批判吸收人类文明一切成果。列宁认为，俄国的社会主义建设不能完全脱离俄国的历史文化传统和现有物质基础而取得进展，必须充分地继承人类一切文明成果，既要继承俄罗斯的民族文化传统，又要继承世界其他民族创造的优秀传统文化，既要继承无产阶级在建国前创造的文化成果，也要继承资产阶级创造的文明成果。他在《苏维埃政权的成就和困难》一文中写道："我们要立刻用资本主义昨天留下来可供我们今天用的那些材料来建设社会主义。""社会主义的困难就在于它要用外人所创造的材料来建立，可是又只有这样才能建立社会主义。"③他在俄国共青团第三次全国代表大会上的报告中指出，俄国的无产阶级文化不是从天上掉下来的，也不是某些聪明个人的头脑中空想臆造出来的，必须确切地了解人类全部文化成果，并加以批判性地改造，有选择性地继承才能创造无产阶级的文化。他还以马克思主义的科学性来说明文化革命的策略，他说马克思主义之所以得到全世界无产阶级的拥护和

---

① 《列宁全集》第2卷，人民出版社1984年版，第2页。
② 《列宁全集》第4卷，人民出版社1984年版，第150页。
③ 《列宁全集》第35卷，人民出版社1985年版，第416页。

信赖就在于马克思主义广泛吸收了人类文明的一切成果，继承了德国、法国、英国的一切先进思想，在此基础上创造出来的科学理论体系，俄国无产阶级文化革命也需如此，如果不能广泛吸收文化成果，社会主义文化革命就不能成功。

第三，充分发挥知识分子在文化革命中的作用。列宁高度重视知识分子在推动俄国文化革命中的重要作用，多次提出要关心教师、报社记者、作家、艺术家等文化工作者的工作和生活状况，要提高他们的社会地位，为他们的文化艺术创造提供良好的物质保障和工作条件。他在《日记摘录》中批评了工作中没有关心文化工作者的失误，我们"没有注意到国家首先要关心的不应是出版机构，而是有读书的人，有更多能阅读的人"[1]，并指出这样做的目的是为了发挥他们"更大的政治影响"，也就是为巩固和捍卫新生的社会主义政权发挥积极作用。"应当把我国国民教师的地位提到在资产阶级社会里从来没有、也不可能有的高度"[2]，我们坚持不懈地做好知识分子的工作，"以便使他们从资产经济制度的支柱变成苏维埃制度的支柱"[3]，从而使他们去争取农民和无产阶级结成稳固的同盟。列宁指出，要放手大胆使用从旧社会接收过来的知识分子，发挥他们的传播知识、教育工人的作用，同时他也多次批判了知识分子身上的"空想病""愚蠢狭隘的观点""脱离实际的习气"[4]，体现了苏维埃领导层对知识分子的狐疑和轻视，暗含了苏共知识分子政策的内在矛盾性。

三　毛泽东新民主主义文化理论

"不管你是爱是恨，是赞扬还是批判，毛泽东比任何其他人物在中国现代留下了远未庞大的身影。"[5] 毛泽东既是中国共产党和中国军队的奠基人，在复杂的革命斗争实践中多次作出了具有深远影响的文化决策，

---

[1]　《列宁选集》第 4 卷，人民出版社 2012 年版，第 764 页。

[2]　同上。

[3]　同上。

[4]　杨凤城：《列宁的知识分子理论述论》，《首都师范大学学报》（社会科学版）2005 年第 2 期。

[5]　李泽厚：《中国思想史论》，安徽文艺出版社 1999 年版，第 943 页。

直接影响到了中国现代历史的走向。同时，毛泽东又是五四运动的参与者和五四遗产的传承人，深受五四精神洗礼，深谙文艺工作领导艺术。他兼具政治家和文学家双重角色，决定了他在现代中国文化研究中具有不可忽视的地位。

（一）文艺创作的根本功能是为政治服务

在半殖民地半封建的旧中国，面对帝国主义列强瓜分豆剖和军阀割据混战，如何打破封建落后的旧式生产关系，实现生产力的解放和中国人民的富裕；如何摆脱帝国主义列强的剥削压迫，实现中华民族的完全独立和中国人民的彻底解放，是时代向中华民族各阶级提出的重大历史任务。这种基本国情和历史任务决定了中国近代的政治、军事和文化等方面的一切建设都应该围绕上述两大任务展开，也决定了半殖民地半封建社会的文化艺术创作必须坚持为政治服务的基本价值取向。只有坚持这一根本的价值立场，才能团结中国最广大的社会阶层共同推翻三座大山开启中国民主富强之门。包括自由主义、实用主义在内的多种文化理论之所以失败，也多因为在这一根本价值立场上的偏谬。毛泽东充分吸收了马克思恩格斯关于生产力决定生产关系、经济基础决定上层建筑的唯物史观原则，认为文化艺术工作是为政治服务、为人民服务的。这一价值原则体现在新民主主义革命的时代就是文化艺术为军事斗争服务、为工农兵服务。在1929年12月召开的红四军第九次代表大会的报告中，毛泽东高度评价了文化宣传工作在红军各项工作中的重要地位，明确提出：红军宣传的目的是"组织群众、武装群众、建立政权、消灭反动派、促进革命高潮"①。这标志着经过大革命失败的中国共产党人开始以更布尔什维克的政治原则组织确立党的文化原则。

为政治服务的核心是为人民群众服务、为工农兵服务。因为工农兵是新民主主义时期完成革命任务的主体力量。这一点在抗日战争时期召开的中国文艺协会成立大会上毛泽东作过明确说明，他提出文艺工作者肩负着到前线参与军事斗争的重大政治任务——"到前线上鼓励战士打败那些不愿停止内战者"②。在延安文艺座谈会上，他再次重申了为什么

① 《毛泽东文集》第1卷，人民出版社1993年版，第81页。
② 同上书，第461页。

人的问题是一个重大问题。他说，我们的文艺是为人民大众的，首先是为工农兵服务的。要求文艺工作者深入群众，向群众学习，并"以工农的思想为思想，以工农的习惯为习惯"。在这一时期发生了著名的"野百合花事件"和"王实味事件"，都可以看作中国共产党文艺政策在这一特殊时期的折射和印证。事实证明，毛泽东对文艺与政治关系的论述对于完成中国近代史的两大基本任务产生了重大指导作用。正是由于坚持了为工农兵为主体的最广大人民群众的利益服务，才团结起了最广泛的统一战线，文化建设所具有的凝聚社会共识、降解社会分歧、统一集体行动的作用发挥得淋漓尽致。

（二）要保持新文化的开放性、包容性

任何一种文化只有兼收并蓄、与时俱进才能保持生命力，不至于被时代抛弃。毛泽东所处的时代是中国旧的封建文化逐步瓦解、西方文化理论东来的大破大立的时代，中国传统文化面临着涅槃重生的历史命运，中国的经济社会发展呼唤创造一种新文化。在构造这种新文化的过程中，毛泽东强调了新文化的包容性、开放性。

1. 洋为中用，古为今用

毛泽东秉承五四精神，并超越了五四运动对待西方外来文化激进主义的缺陷，提出了洋为中用、古为今用的科学原则。他超越了文化保守主义和文化民粹主义的理论视野，肯定了近代西方不仅创造了高度的物质财富，而且创造了高度的精神文明，在这一点上要承认"西方比我们要高"。在实事求是地承认西方文化先进性的基础上，他提出要吸收西方文化中先进的东西、精华的东西。在《新民主主义论》中他提出要"大量吸收外国的进步文化"，"一切真正好的东西都要学"。毛泽东不仅强调了向西方学习，还强调向古人学习、向老祖宗学习。1938 年在《中国共产党在民族战争中的地位》一文中，毛泽东讲道，我们这个民族有着光荣悠久的历史，前人创造了光辉灿烂的文化，留下了宝贵的历史文化遗产，对此我们一定要虚心学习前人创造的经验、尊重前人创造的智慧。"从孔夫子到孙中山都应当给予总结继承。"这一方针经过多年的实践和检验最终成为中国共产党重要的文化理论原则，1964 年，毛泽东在对中央音乐学院的批示中，最终确定了"古为今用，洋为中用"的方针。

2. 百花齐放，推陈出新

1942 年，毛泽东在给延安评剧院做了"推陈出新"的题词。新中国成立后不久，中国京剧界发生了如何对待京剧曲种的争论，毛泽东在中国戏曲研究院成立时，做了"百花齐放，推陈出新"的题词，主张对待京剧等传统文化艺术要继承并创新。这一原则在 1956 年中共中央政治局扩大会议上专门宣布了"百花齐放、百家争鸣"的方针，承认利用行政力量干扰文学艺术领域的自由争论是"有害"的。毛泽东说，艺术问题上要坚持"百花齐放"，学术问题上要坚持"百家争鸣"，这应该成为我国发展科学、繁荣文学艺术长期坚持的基本方针。在 1957 年的《关于正确处理人民内部矛盾的问题》中指出，"百花齐放、百家争鸣的方针是促进艺术发展和科学进步的方针，是促进我国的社会主义文化繁荣的方针"①。"百花齐放，推陈出新"作为中国共产党基本文艺方针政策，在促进文艺繁荣和发展中起到了重要作用，成为中共协调文艺创作和政治形势关系的重要指南。

（三）民族风格和中国特色

中国近代社会的急剧转型造成了传统文化重新评价和认识上的分歧。近代学人围绕如何对待传统文化的问题发生了多次重大争论。五四运动以打倒孔家店、否定旧文化为激烈的口号。胡适在 1929 年《中国今日的文化冲突》一文中，正式提出"全盘西化"一词，认为中国"百事不如人，应死心塌地地去学习人家"。陈序经《中国文化的出路》一书断言"惟一办法是全盘接受西化"。这股思潮在社会上产生了强大影响。毛泽东对此有所反思。他说，中国新民主主义革命的任务不但是要创造新政治、新经济，还要创造新文化。但这种新文化不是全盘接受西方文化，新民主主义的文化是"民族的科学的大众的文化"，他在这里首先强调的是民族性。毛泽东认为，革命文化有其开放性包容性的特点，必须吸收西方和传统文化的优秀成果，同时必须保持中华文化的独立性。在《反对党八股》中提出，洋八股和党八股应该被中国老百姓所喜闻乐见的艺术形式所取代。新中国成立之后，他在《同音乐工作者的谈话》中进一步指出："艺术表现形式要多样化，要有民族形式和民族风格。"毛泽东

---

① 《建国以来毛泽东文稿》第六册，中央文献出版社 1992 年版，第 343 页。

还指出了学习西方文化和继承传统文化的方法：批判、继承、创新。他深刻地总结五四运动中对待外来文化和传统文化的极端倾向的错误。五四运动对待外来文化和传统文化存在一个深刻缺陷，即极端化。"所谓坏就是绝对的坏，所谓好就是绝对的好。"他要求中国共产党人在领导文艺工作的过程中，要引导文艺工作者以科学的态度对待外来事物和传统事物，避免极端化的倾向，要坚持马克思主义辩证唯物主义一分为二的基本原则，批判地继承前人创造成果中的优秀部分，扬弃其糟粕。

四　邓小平社会主义精神文明建设战略

邓小平关于文化建设的思想鲜明体现在改革开放新时期关于社会主义精神文明建设的一系列观点上。邓小平在 1978 年 8 月听取文化部汇报时指出，"文化也是一门行业。随着生产的发展，精神方面的需要就增大了。"[①] 从 1979 年开始，邓小平意识到改革开放的过程必定是思想大动荡的时期，在抓社会主义物质文明建设的同时必须搞好社会主义精神文明建设，两手抓两手都要硬，否则"物质文明建设也要受破坏、走弯路"[②]。因此，他强调"精神文明建设必须狠狠地抓，一天不放松地抓，从具体事情抓起"[③]。邓小平站在时代发展的制高点上，以战略家的眼光高度重视发展文化经济对于我国改革开放、社会主义现代化建设的重要意义。

（一）发展社会主义文化要坚持社会效益第一的原则

改革开放的目标是建立社会主义市场经济体制，文化体制改革的目标是确立市场在文化产品生产、供给中的重要作用。体制激发了人们文化创造和文化经营的热情，尤其是政策允许个体经营以后，大批文化艺术家下海创业，文化生产机制活力大增，在这个过程中不可避免的一些问题，比如有些人对党提出的文艺政策持有异议，对人民群众的感情日益淡漠。邓小平根据这些不良现象提出了社会主义文化生产要坚持社会效益第一的原则。"属于文化领域的东西一定不能一窝蜂地盲目推崇，而

① 《邓小平年谱（1975—1997）》上，中央文献出版社 2004 年版，第 361 页。
② 《邓小平文选》第 3 卷，人民出版社 1993 年版，第 144 页。
③ 同上书，第 152 页。

是要用马克思主义去分辨、去指导。"① 邓小平的这一论述与毛泽东区分"鲜花"和"毒草"的提议是完全同一逻辑，这是符合中国国情的一套行之有效的政策工具，对于克服改革开放初期由于体制转型造成的政治动荡和社会冲突具有重要作用。邓小平猛烈抨击了改革开放过程中出现的放弃马克思主义、社会主义原则的不良社会现象，并将之称为"精神污染"。他认为当时社会上，尤其是文艺界出现了一股歪风，某些表演团体和某些文艺工作者"简直成了唯利是图的商人"②。这些尖锐的批判对于引导文化体制改革的有序开展意义重大，直到今天仍然值得重视。

（二）精神文明建设的根本目的是培育四有新人

中国能否实现现代化，关键在人；办好中国的事情，关键在于党的干部队伍长盛不衰。在 1979 年到 1985 年之间，邓小平系统论述了精神文明建设的战略地位、指导方针、目标任务等一系列基本问题。1983 年会见印度共产党中央代表团时指出，社会主义精神文明建设的根本任务是培育四有新人，"有理想，有道德，有文化，有纪律"③。为使这个目的能够贯彻落实，邓小平提出了几条措施建议。第一，思想教育要从小抓起，从娃娃抓起。第二，要从群众实际理论水平出发，制定切实可行的教育目标和方案。第三，要完善党的知识分子政策，要求文化艺术战线上的工作者必须是"灵魂的工程师"。他认为，社会主义精神文明过程中文艺工作部门对青年的思想倾向和社会的安定团结负有重大责任。他希望"从事教育、新闻、理论工作和其他意识形态工作的同志，都经常地、自觉地以大局为重"④。第四，要发挥报纸、广播、图书等传播媒体的作用。"要使我们党的报刊、广播、电视成为全国安定团结的思想上的中心。"⑤他指出，文学、艺术、哲学、教育等工作者都肩负着重大使命，就是教育人，陶冶人，为社会主义现代化建设培养大批社会主义事业接班人。为此，这些灵魂的工程师必须高举马克思主义和社会主义的旗帜。

---

①　《邓小平文选》第 3 卷，人民出版社 1993 年版，第 44 页。

②　同上书，第 43 页。

③　同上书，第 28 页。

④　《邓小平文选》第 2 卷，人民出版社 1994 年版，第 256 页。

⑤　同上书，第 255 页。

（三）加强党对文化艺术工作的领导

中国共产党之所以在与国民党和其他政治团体的角逐中最终胜出，获得重建国家机器和社会秩序的权力，其重要经验在于建立遍布城乡各地各区域各行业的地毯式组织系统，在于坚强有力的组织原则，以及建立在这两点之上的强大组织动员能力。文化领域被囊括在整个国家组织体系之内的一个部分，在市场逻辑展开之前陷入被质疑的境地。邓小平指出，文化领域的改革和发展也要坚持党的领导，而且是毫不动摇地坚持。在20世纪80年代初，他试图在吸取既往党的文化建设惨痛经验教训的基础上，重新界定党的领导和文化自主发展之间的界限。在1979年10月召开的中国文学艺术工作者第四次代表大会上，"党对文艺工作的领导，不是发号施令，不是要求文学艺术从属于临时的、具体的、直接的政治任务，而是根据文学艺术的特征和发展规律，帮助文艺工作者获得条件来不断繁荣文学艺术事业"[①]。他实事求是地承认了党在文化建设上的若干失误，要求改善党对文艺工作的领导，干部要与文化工作者"平等地交换意见"；"党员作家起模范作用，团结和吸引广大文艺工作者一道前进"；"必须抛弃衙门作风和行政命令主义"[②]。但是，作为一个体制内成长起来的领导人，他鉴于以往革命实践的经验，执着地强调党的领导作用。"在今天的中国，决不应该离开党的领导而歌颂群众的自发性。党的领导当然不会没有错误，而党如何才能密切联系群众，实施正确的和有效的领导，也还是一个必须认真考虑和努力解决的问题，但是这决不能成为要求削弱和取消党的领导的理由。"[③] 要把中国共产党建设成为"领导全国人民进行社会主义物质文明和精神文明建设的坚强核心"[④]。这就要求从中央到地方的各级党委的主要负责人高度重视文化建设工作，重视研究思想理论问题，避免埋头经济工作，忽视社会主义精神文明建设的错误倾向。

---

① 《邓小平文选》第2卷，人民出版社1994年版，第213页。
② 同上书，第213页。
③ 同上书，第170页。
④ 《邓小平文选》第3卷，人民出版社1993年版，第39页。

第三节 西方学者关于文化资本和 文化软权力的理论

自西方古典经济学以降，许多经济学家对于文化因素在经济增长和社会发展中的地位和作用进行了探索。亚当·斯密和萨伊分别论述到了个体道德和社会习俗在推动经济贸易发展中的作用。德国经济学家李斯特首次提出了"精神资本"的概念。[①] 20 世纪 80 年代以后，西方经济学流派出现了向古典经济学复归的趋势。索罗模型充分肯定了教育水平和劳动者素质等因素在推动经济增长中的作用；卢卡斯模型认为人力资本积累是经济持续增长的决定性因素；熊彼特构建了包括价值观念系统在内的系统的创新理论。本书关注的是布迪厄、约瑟夫·奈、科斯、库兹涅茨、罗斯托等思想家。

一 皮埃尔·布迪厄的文化资本理论

皮埃尔·布迪厄是法国当代著名社会学家、哲学家和人类学家。他在继承维特根斯坦、胡塞尔、韦伯和涂尔干等西方哲学传统的基础上，将传统社会学、人类学的理论和观点整合到自己的理论体系中，构筑了总体性实践经济学的理论体系，首创了惯习、场域、文化资本和象征暴力等概念。布迪厄最重要著作《区隔：品位判断的社会学批判》论述的文化资本理论更是成为他个人对社会学和经济学界的重要理论贡献。

（一）文化资本的内涵和形态

1986 年，布迪厄在《资本的形式》一文中首次提出了"文化资本"的概念，继而在《文化生产的场域》和《艺术的规划》两部专著中进一步阐述和丰富了文化资本理论。所谓文化资本是指任何与文化及文化活动有关的有形及无形财产，它有身体化形态、客观形态和制度化形态等三种类型。身体化形态的文化资本是指个体通过家庭、学校等场域获得知识、技能、趣味、品质、品德、修养等肉体与精神有机统一的资本。比如处置突发事件的心理素质和应对能力。这种资本能够通过后天学习

---

① 李斯特：《政治经济学的国民体系》，陈万煦译，商务印书馆 1961 年版，第 121 页。

而积累。它无法由其他人替代而获得，因此身体化形态的文化资本往往是潜在的经济资本，只要通过恰当的桥梁，这种资本能够顺利转化为物质财富。客观形态的文化资本属于有形资本，比如图书、绘画、工艺制品等物化状态的资本。这类资本往往容易通过金钱购得，但仅有金钱往往难以完全取得，必须辅以一定的文化修养为基础，比如艺术收藏品。藏书固然可以通过金钱购买，但是藏书版本的甄别、挑选，图书的保存、流转、拍卖等每一个环节无不需要一定的文化修养和较高的艺术鉴赏水平为基础。制度形态的文化资本是介于身体形态和客观形态之间的一种文化资本，它是个体"掌握的知识与技能以某种公认的社会化形式得以确认后形成的一种资本"[①]，比如文凭。布迪厄在《区隔》一书中指出，父母将孩子送入学校接受各种教育是为了获得知识和技能等身体化形态的资本，为此投入大量金钱资本，但仅靠金钱资本不足以成功，学业结束后必须以制度资本的形式将学习经历和水平给予制度化确认。学位证书、各类专业技能证书、各类职业资格准入凭证都属于制度形态资本的范畴。布迪厄认为：在后工业社会，发达国家文化资本日益在经济社会发展中占据重要地位，文化资本同经济资本、社会资本等一道共同构成了社会财富的重要内容，也成为划分各个不同社会阶层的重要依据。

（二）文化资本的生产

文化资本的生产不是一个简单的机械复制过程，而是由掌握了不同制式体系的多方共同参与协调的创造过程。作为"一种知识与地位的再生产，它受到时间、转换和实践行为这三大因素的制约"[②]。布迪厄在论述文化资本生产形式与生产过程时引入了"再生产"和"场域"的概念。他认为文化资本的再生产主要集中在两种场域中：家庭和学校。

家庭是最初也是最重要的文化资本生产场域。父母的文化修养、家庭文化氛围共同构成了孩子文化资源积累的最初土壤。孩子通过潜移默化地学习模仿其他家庭成员的行动来传承家庭文化资本，同时形成自身身体状态的文化资本。布迪厄以音乐和美术为例论述了父母艺术修养对孩子未来迷恋相应艺术之间的密切关系。他指出，出身音乐世家的孩子

---

①　朱伟珏：《布迪厄文化资本论研究》，博士学位论文，复旦大学，2005 年，第 36 页。

②　朱伟珏：《资本的一种非经济学解读》，《社会科学》2005 年第 6 期。

较之后天在学校通过正规教育习得音乐技能的孩子往往表现出不同的艺术品位、艺术水准和不同的发展前景。关于这一论点，我们可以从欧洲巴赫家族和库普兰家族的世代沿袭中得到验证。据《新格罗夫音乐和音乐家辞典》记载，自 16 世纪到 19 世纪末的近 300 年中，欧洲著名音乐世家巴赫家族 7 代人 260 多个家庭成员中有 78 人从事音乐事业，其中 14 人是卓有建树的音乐家。法国库普兰家族 5 代人中走出了十几名享誉欧洲的知名音乐家，其中 7 人连续担任了巴黎著名教堂齐尔维大教堂的风琴手。这充分证明了布迪厄关于家庭在文化资本积累和传承中重要作用的论断。

学校是另外一个重要的文化资本生产场域。布迪厄与帕斯隆合著的《继承人》和《再生产》两书中研究了法国的教育体制，认为"学校是一个生产与再生产社会不平等的主要场域"[1]。这一论断在欧美学界引起了很大轰动。布迪厄认为，尽管 20 世纪法国教育实现了很大程度的普及，但以培养精英为目标的高等教育机构和以培养普通公民为主的专门学校的对立依然清晰。大学生因为学校类型的不同而发生阶层分化，而学校又是培育个体文化资本的重要场域，因此，学校的分立造成了学生文化资本不平等问题的加剧。布迪厄通过大量的统计数据和个案研究证明了高校在文化资本分配中的差异，揭示了教育不平等的再生产机制，批判了学校作为一种"使既存的社会模式永久化的最有效手段，也即是使社会不平等正当化和提供人们对文化继承的认知"[2]。

总之，布迪厄文化资本理论作为一个庞大的社会学理论体系，内容十分丰富，论述视角十分新颖，已经对社会学、经济学和哲学的研究产生了广泛影响。这一研究对于我们发展文化产业弥合社会阶层鸿沟、缩小收入差距、深化教育体制改革、培育文化创意产业人才等具有重要启发意义。

二 约瑟夫·奈的软权力学说

20 世纪 70 年代末，美国的全球产值份额从二战之后初期的 1/3 下滑

---

① ［英］安东尼·吉登斯：《社会学》，赵旭东等译，北京大学出版社 2003 年版，第 652 页。

② 张意：《文化与区分》，《文化研究》（第 4 辑），中央编译出版社 2003 年版，第 47 页。

到 1/5，从世界最大债权国变成最大债务国，同时尼克松政府宣布美国从越南撤军、停止美元与黄金挂钩的布雷顿森林体系，这一系列重大变化引起了学界对大国兴衰问题的讨论。保罗·肯尼迪提出了"帝国过度扩张理论"，认为美国继苏联之后将陷入持续衰落。[①] 英国学者苏珊·斯特兰奇说"我们对世纪末衰落的关键特征的认识是一致的"[②]。赫伯特·布劳克和西蒙·库兹涅茨甚至描绘出了 1900 年以后美国衰落演变的曲线。在此背景之下，一部分美国学者开始重新建构关于国家竞争和国际关系的理论。著名的政治学家、哈佛大学教授约瑟夫·奈提出了一种新自由主义理论学派的"软权力"理论。

（一）软权力的基本内涵

按照传统国家竞争理论，军事和经济实力是一国竞争力大小和国际话语权的主要内容，持续强大的军事作战能力和科技创新能力往往是检验国家强弱的重要指标。回顾近代 500 年大国崛起的历史可以发现，16 世纪西班牙所依赖的主要权力资源是金银、殖民地贸易和雇佣兵军队；17 世纪荷兰崛起依赖的是自由贸易和强大的海军；18 世纪法国依赖农业经济和公共管理；19 世纪英国依赖工业革命、财政、自由开放贸易体系等。随着信息社会和知识社会的来临，世界大国所凭借的权力资源发生了巨大变化。技术、教育和经济增长在国家实力构成中的地位日益突出，传统的地理、人口、自然资源等因素随之弱化。早在 20 世纪 70 年代末，约瑟夫·奈就提出了国家综合实力"复杂相互依赖"的模式，认为军事、经济、生态、社会的各种实力之和构成了国家的综合实力。[③] 约瑟夫·奈在《注定领导》（*Bound To Lead*）一书中最早提出了"软权力"（Soft Power）的概念，认为除了军事和经济实力等硬实力之外，还存在"权力的第二张面孔"，即"该国实现世界政治目标的方式、确定议程、吸引其

---

① Paul M. Kennedy，*The Rise and Fall of the Great Powers：Economic Change and Military Conflict from 1500 to 2000*，Newyork：Random House，1987，p. 444.

② Susan Strange，"The Future of the American Empire"，*Journal of International Affairs*，No. 42，1988.

③ 罗伯特·基欧汉、约瑟夫·奈：《权力与相互依赖》，门洪华译，北京大学出版社 2002 年版，第 11 页。

他国家改变的能力"①。奈进一步指出，这种软权力主要与一些无形权力资源相关，如"具有吸引力的文化、政治价值观念和政治制度、被视为合法的或有道义威信的政策等"②。因此，美国的强大不再表现为核武器为代表的美国军事实力和石油、煤炭等自然资源，而是在于能够建立和控制国际秩序，使其他国家按照美国的意图行事，在于美国拥有其他国家所希冀的价值观念体系和强力的政策制度，能够吸引友邦或盟国心悦诚服地在合法的国际组织框架之内处理各种国际事务和其他共同关心的问题。

（二）软权力的来源

约瑟夫·奈在《软权力》一文中，将"软权力"又称为"同化权力"，也就是说一国同化其他国家的能力，其主要来源于"文化和意识形态吸引力、国际机制的规则和制度、大众文化等"③。约瑟夫·奈按照传统权力资源的指标体系对英国、美国、日本、苏联等7个大国进行比较发现，论人口美国不如中国，论领土美国不如苏联，论高科技产品出口和外贸总额美国和日本相当，论核武器数量和军队数量美国甚至不如苏联。④ 可见，按照传统国家权力理论，美国有衰落之嫌。由此，奈提出了权力转型的问题。奈在比照上述有形资源之后，又比照了上述国家在国家凝聚力、文化普世性和国际机构数量等三大指标，发现美国在无形资源方面占全面优势。我们以最新一组数据可以印证奈的上述理论。首先以大型跨国公司总部为例，世界500强公司中没有一家在北京设立总部，而在美国纽约和英国伦敦的国外跨国公司总部分别达到18家和15家。其次以金融业、高新技术和文化创意产业为例，这三个产业所吸引的就业人口占东京、纽约和伦敦总就业人口的50%左右，北京仅占到17%。最后以留学生占比为例，2010年赴美留学的中国学生占到了美国留学生总数的18%，同期，来华留学的美国学生仅占来华留学学生总数的7.9%。

---

① 约瑟夫·奈：《硬权力与软权力》，门洪华译，北京大学出版社2005年版，第6页。

② 同上。

③ Joseph S. Nye. Jr, "Soft Power", *Foreign Policy*, Issue 80, No. 4, 1990.

④ 约瑟夫·奈：《美国注定领导世界？——美国权力性质的变迁》，刘华译，中国人民大学出版社2012年版，第88页。

大众文化是构成软权力的一个重要来源。奈认为评价美国文化产品时往往有偏见，认为它对本国人民缺少吸引力，实则不然。美国文化产品的外贸长期保持强势，美国的文化产品与计算机高科技产品一样是出口顺差重要项目。美国广播电视节目几乎在全球任何一个地区落地，北美、欧洲、大洋洲都是美国电视节目收视率较高的地区。强大的世界文化市场份额加上遍布全球的文化贸易网络，这足以证明美国文化的吸引力。奈同时分析了日本和中国的文化软权力。2004 年奈在日本权威期刊《外交论坛》上著文指出，"日本软权力不仅限于禅宗和空手道，而是通过动画漫画传播着日本的价值观"[①]。他指出中国目前软权力的增长很快，但仍不能与经济上的成就匹配，中国大学的教育水平和创新能力、中国文化产业的竞争力、中国文化生产能力不能与美国同日而语，这主要是市场列宁主义模式的内在缺陷阻碍着软权力潜能的发挥，因此，"中国要想拥有与美国等同的软权力资源，还有很长的路要走"[②]。

（三）软权力的变迁

在信息社会，军事实力在国家权力结构中依然占据重要位置，但是现代国家的竞争与合作远远超出了军事和经济范围，解决国际冲突和矛盾如果采用军事手段，要比几十年之前付出的代价高得多，运用军事力量过程的各种风险也日益不可控。美国入侵伊拉克的战争和美国在阿富汗的反恐行动都已证明。同时，经济战也成为代价昂贵的另一种传统竞争手段。奈举例说，法国总统绝不会对德国产品进行大规模贸易战，主要是因为德法经济日益融合，乃至整个欧洲都成为一个经济政治和生活共同体。一国经济政策很难单独对另外一个国家产生影响，一国经济政策的生效范围也难以控制在对象国之内。这样一来，大国所拥有的传统权力资源的控制能力和控制范围遭到了极大削弱。随着现代技术的普及、先进武器的制造和民族主义的日益复兴，武力不足以应付世界政治经济形势的新变化。"新的权力资源，如有效交流的能力，发展和运用国际制度的能力等"日益重要，国家权力来源的重心逐步从传统的军事、技术和经济领域转移到无形权力领域——"国家凝聚力、普世文化和国

---

①　约瑟夫·奈：《硬权力与软权力》，门洪华译，北京大学出版社 2005 年版，第 11 页。

②　约瑟夫·奈：《权力大未来》，王吉美译，中信出版社 2012 年版，第 245 页。

际制度"①。奈进一步指出，一国文化和意识形态的吸引力、说服力越大，该国在国际交往中的交易成本就越低，该国国际行动目标就越容易得到实现。

奈的软权力理论将一国价值体系、外交政策和国际事务话语权等内容统一到软权力这一概念之下，不仅否定了美国新一轮的"霸权衰落论"，还表现出了美国官方政治学者对本国文化和意识形态的高度自信、对本国价值体系的优越感。这一理论再次揭示了文化建设在构筑国家综合国力中的重要作用，对于本书讨论的文化产业发展问题具有重要启发意义。

三 科斯的思想市场理论

20 世纪 70 年代，科斯将市场竞争、供需、生产、管制等经济学的基本范畴应用到对知识生产和理论创造的分析之中，发表了《商品市场和思想市场》《经济学家和公共政策》《经济学家应该如何选择》等论文，逐步形成了独树一帜的思想市场理论。在科斯晚年针对中国问题撰写的《变革中国》一书中清晰坚定地阐述了思想市场对于中国等后发市场国家经济可持续增长的极端重要性。科斯的上述观点已经引起了大陆学者的热议。

（一）对思想市场供给需求的一般分析

科斯认为，就像物质商品的生产、流通、交换、消费一样，以文字符号和思想观点为主要形式的经济学理论也是一种商品，即思想产品。思想产品、思想生产者、消费者、供需机制、竞争机制等共同构成思想市场。科斯以经济学理论为例，认为不同观点的思想家就是思想市场上的生产者、供给商，学生、政府职员等一切思想的接纳者构成了思想产品的消费者群体。不同立场、观点的经济学理论最终通过竞争决定胜负，思想生产者也因此得到回报。与物质产品相比，思想产品具有公共性、不确定性和外部性。一件物质商品只能由一位消费者占有和使用，而思想产品并不妨碍多位消费者共同分享。思想产品从第二件产品开始其边

---

① Joseph S. Nye Jr, "The Changing Nature of World Power", *Political Science Quarterly*, Vol. 105, No. 2, 1990.

际效用为零。思想产品不能使用数理计量的办法精确测量，只能通过打包的形式整体测度。很难说一个发表了二十几篇论文的教授比只有一篇论文的教授提供了更优秀的思想产品，并因此获得更为丰厚的报酬。因此思想市场具有很大的不确定性，一种观点刚一产生可能并不会受到热捧，它逐步被消费者接受可能是几十年之后的事。科斯通过对经济学思想史上多个著名经济学说命运的演变对此作了深刻分析，认为哈耶克的自由竞争理论之所以被凯恩斯主义所击败，主要是由于后者理论对当时现实问题的解释更具有说服力。

（二）对政府垄断思想产品行为的批判

科斯认为思想市场和商品市场十分类似，理论家从事的科研工作与工商界从事的产品生产研发也无二致。工商界付出劳动和管理收获的是金钱，理论家即便是没有实现自身货币收入的最大化，但也会收获"自尊""声誉"等无形收入。一位作家或理论家著作被翻印和传播得越多，他就越是受到追捧，他相应得到的自我满足也就越多，享受到的"声誉"报酬也就越高。所以，思想市场通过自由竞争机制达到供需平衡。科斯考察了思想市场中的政府管制问题，认为"思想市场和商品市场并无本质不同"[①]。政府不能以思想市场消费者更愚昧和防止欺骗行为为理由对思想市场进行不当干预。以弥尔顿《论自由》为例，科斯批判了美国政府广播政策中的政府管制行为，在《变革中国》一书中对中国思想市场的开放问题提出了中肯的建议。

（三）对中国思想市场问题的建议

科斯从回答"钱学森之问"入手，认为解决这一问题的根本之道在于繁荣思想市场。毛泽东时代由于政府对思想市场的垄断，造成了"那些拥有批判思维和独立思想的人被贴上标签"[②]，受到打击或被边缘化，最终导致毛泽东时代政治领域的尖锐对抗和社会关系的冲突。改革开放后，中国在繁荣商品市场的同时松绑思想市场取得了很大成绩，但由于政府仍

[①]　［美］科斯：《论生产的制度结构》，盛洪，陈郁译校，上海三联书店1994年版，第313页。

[②]　［美］科斯、王宁：《变革中国：市场经济的中国之路》，徐尧，李哲民译，中信出版社2013年版，第254页。

然垄断着思想市场，导致了中国产品在国际市场上竞争的不利地位，美国、日本、韩国都拥有一批世界知名的品牌，而中国很少。科斯批评了那种认为中国成功经验在于"强大政党"和"强大政府"的谬论，进一步阐释了思想市场垄断不仅造成经济创新体系的低效，更会危及"中国和谐社会建设与传统文化重建"。最后，科斯得出结论，放松思想市场或许会出现暂时的混乱，但从长远来看，减少政府对思想市场的干预和垄断，不仅符合中国社会发展的长远利益，也符合人类社会演进的普世之路。思想市场培育了多样性，促进了实验和创新，最终将导致中国崛起为一个世界强国。

四　库兹涅茨产业结构演变理论

经济学家科林·克拉克把农业、种植业等部门称为第一产业，制造业、建筑业等称为第二产业，金融、会计、流通运输等部门称为第三产业。克拉克研究发现，一国的收入、劳动力和就业人口会随着经济增长阶段的不同而在不同产业部门中流动。一般来说，劳动力先从第一产业向第二产业转移，再从第二产业向第三产业转移；国民收入在不同产业部门之间也有相应的变动，即国民收入达到一定水平之后，第一产业的国民收入占比将会下降，第二、第三产业的国民收入占比将会增加。这就印证了威廉·配第在《政治算术》中揭示的产业变动思想。经济学界将这一规律称为配第—克拉克定理，该定理揭示了一国经济发展过程中三次产业结构演化的基本规律，认为劳动力在不同产业之间的分布是该国经济转型的必然表现，是推动产业升级的内在动力。

西蒙·库兹涅茨是20世纪著名的俄裔美国经济学家，他在继承威廉·配第和科林·克拉克研究成果的基础上，使用历史文献研究法和统计研究法研究了1800年至1960年间世界不同类型国家的经济增长历史，从而揭开了经济增长的基本规律，以及影响不同类型经济体经济增长效率的复杂因素。其产业思想主要体现在《现代经济增长：速率、结构与扩展》和《各国的经济增长：总产出和生产结构》两本著作中。在继承克拉克研究成果的基础上，库兹涅茨从劳动力在三次产业之间的分布以及国民收入在三次产业之间的分布两个方面，对40多个国家经济增长过程中的产业结构变化进行了深入研究。

首先，库兹涅茨从历史纵向研究的视角着重探讨了劳动力在各部门

之间的分布变动。库兹涅茨将农业、农业服务、林业、渔业等划分为 A
部门；采矿业、建筑业、制造业、运输通信业和公用事业划分为 I 部门；
贸易、金融、保险和房地产、私人服务等划分为 S 部门。库兹涅茨认为，
"在现代经济增长过程中，人口和产值的高速增长总是伴随着多种产业比
重在总产出和所使用的生产性资源方面的明显变动"[①]。库兹涅茨统计美
国、英国、法国、德国、比利时、瑞典、丹麦、芬兰等国家的历史数据发
现：1896 年—1963 年间，除了加拿大以外，美国、法国、德国等发达国家
的平均工时数普遍降低。以美国民用经济部门的从业人数为例，1869 年 A
部门、I 部门和 S 部门的从业人员占全部从业人员数的比例分别为 48.5%、
29.0%、19.4%；经过 90 年左右的演变，A 部门、I 部门和 S 部门的从业人
员占全部从业人员数的比例变为 9.5%、40.9%、38.6%。可见，第一部门
从业人口下降最多，降幅达到 39 个百分点；第二部门从业人数上升 11.9 百
分点；第三部门从业人口上升 19.2 个百分点。就业人口明显地从第一部门
转向第二和第三部门。就平均工时数而言，1869—1909 年 A 部门、I 部门
和 S 部门的平均工时数均为负增长，其中第三部门的负增长的幅度是第一
部门负增长幅度的 2.5 倍。这表明，第三部门劳动效率比之第一部门劳动
效率有大幅提高，相应消耗的工时数下降更为明显。

表 2—2　　美国民用经济主要部门年度平均从业人数和工时数变动

项目	分类	1869 年	1909 年	1957 年
从业人数	A 部门	48.5%	30.5%	9.5%
	I 部门	29.0%	39.1%	40.9%
	S 部门	19.4%	26.0%	38.6%
每 10 年平均工时数变动	\	1869—1909	1909—1957	1869—1957
	A 部门	−0.1%	−2.2%	−1.2%
	I 部门	−2.2%	−5.5%	−4.0%
	S 部门	−3.8%	−7.9%	−6.1%

资料来源：［美］西蒙·库兹涅茨：《各国的经济增长》，常勋等译，商务印书馆 2009 年版，
第 72—73 页。

---

① ［美］西蒙·库兹涅茨：《各国的经济增长》，常勋等译，商务印书馆 2009 年版，第
9 页。

除美国之外，其他国家的从业人口变动和平均工时数变动呈现出与美国相似的变动趋势——在长期内都呈下降趋势。法国从 1896 年到 1963 年间，每十年平均工时数下降 3.9%，德国下降 3.7%。库兹涅茨认为，一个国家每十年平均工时数下降 3%—4% 之间是符合经济增长规律的，在特殊时期内也有可能下降幅度超过 4%。

其次，库兹涅茨从历史纵向研究的视角考察了总产值在各部门之间的变动。在考察了横截面上人均产值与三次产业部门份额之间的联系后，库兹涅茨以英国、法国、德国、比利时、荷兰、日本等 13 个发达国家和菲律宾、埃及、洪都拉斯等几个保持长期记录的欠发达国家为样本，进一步探讨了国民生产总值在三次产业部门之间的分布，认为"在发达国家的增长进程中，这些部门在国民生产总值或国内生产总值或国民生产净值中所占份额的趋势是 A 部门的份额显著下降、I 部门和 S 部门的份额显著上升"①。

表2—3　　　　英国国内生产总值中主要部门的份额变动

	1801 年	1851 年	1907 年	1963 年
A 部门	34.1%	19.5%	6.4%	3.4%
I 部门	22.1%	36.3%	38.9%	54.6%
S 部门	43.8%	44.2%	54.7%	42%

资料来源：[美]西蒙·库兹涅茨：《各国的经济增长》，常勋等译，商务印书馆 2009 年版，第 72 页。

对十几个发达国家和几个欠发达国家历史文献的统计研究表明，包括英国在内所有的发达国家 A 部门的总产值在国内生产总值中的占比都呈持续下降趋势，英国、比利时、荷兰等国下降幅度较小，其他大多数国家降幅均在 20%—30% 之间。至 20 世纪 60 年代，除丹麦、意大利、澳大利亚等少数国家之外，大多数研究对象的 A 部门总产值在国内生产

① [美]西蒙·库兹涅茨：《各国的经济增长》，常勋等译，商务印书馆 2009 年版，第 168 页。

总值中的占比已经降低到 10% 以内。与此同时，大多数研究对象的 I 部门和 S 部门的总产值在国内生产总值中的占比显著上升，平均从"前现代经济时期"的 22%—25% 上升到了现代经济时期的 47%—60% 之间。英国 I 部门的总产值在 1801—1901 年 100 年中平均上升了 22%，在 1901—1963 年之间上升了 27%。另外，像德国、荷兰、挪威、瑞典等国家均与英国的演变相似。德国 1850—1859 年 A 部门的总产值在国内生产总值中的占比 40.9%，I 部门和 S 部门的总产值为 59.1%；1935—1938 年 A 部门的总产值在国内生产总值中的占比已经降低为 13.6%，I 部门和 S 部门的总产值上升为 84.4%。丹麦 1870—1879 年 A 部门的总产值在国内生产总值中的占比为 45.0%，I 部门和 S 部门的总产值为 55.0%；1950—1951 年 A 部门的总产值在国内生产总值中的占比已经降低为 19.6%，I 部门和 S 部门的总产值上升为 80.4%。日本 1861—1870 年 A 部门的总产值在国内生产总值中的占比 54.3%，I 部门 20.3%，S 部门 25.4%；1963—1967 年 A 部门的总产值在国内生产总值中的占比已经降低为 13.1%，I 部门 47.1%，S 部门 39.8%。上述历史数据表明，在发达国家经济增长过程中，尽管有些国家 A 部门的总产值占比下降幅度较小、服务部门占比上升相对较慢，但对于绝大多数国家来说，A 部门国内生产总值的占比会持续下降，I 部门和 S 部门国内生产总值的占比会持续增加，这一降一升的趋势不可逆转，该过程和上文所述劳动力在产业间分布的演变趋势是基本一致的。

1971 年，库兹涅茨在获得诺贝尔经济学奖的演讲中将现代经济增长的表现概括为六大方面：总产量和人口增加、生产效率的增长、经济结构的升级、社会结构和思维方式的转变、国家间的贸易依赖、世界经济的分化，并重申了发达国家农业部门产值份额下降、非农业部门产值份额迅速上升的规律，为后世分析产业结构升级问题提供了理论依据。

五 罗斯托主导部门思想

美国经济学家罗斯托在继承德国历史学派、美国制度经济学派以及凯恩斯、熊彼特经济思想的基础上创立了独树一帜的经济成长阶段理论。该理论的核心思想在于，认为人类社会发展要经历不同的阶段，每一个成长阶段对应不同的主导部门，每个主导部门又同它们的"新的人物"

及其利益、兴趣和欲望等心理因素密切地联系在一起。正是这些综合因素，共同地推动着一个社会或一个经济体主导部门的演变，也推动着不同成长阶段之间的交替。①罗斯托成长阶段理论主要体现在 1953 年出版的《经济成长的过程》和 1960 年出版的《经济成长的阶段：非共产党宣言》两部专著中，书中所着重阐释的主导部门思想对于研究区域新经济增长点的选择和培养具有重要启示意义。

1. 不同经济成长阶段必然有不同的主导部门。罗斯托认为，人类社会发展共经历若干个阶段：传统社会阶段、起飞前阶段、起飞阶段、成熟阶段和居民高额消费阶段。罗斯托把牛顿以前的社会统统定义为传统社会，即成长过程的第一阶段。该阶段没有现代科学技术，主导经济部门是农业和畜牧业，家庭和氏族组织在社会生产中占有重要作用，因此生产力水平低下、生产效率不高。起飞前阶段是人类进入工业社会之前的阶段，属于前工业化时期。该阶段的主导部门是工业、商业、服务业等部门，农业生产率在技术进步的推动下有了显著提高，为工业化阶段的到来奠定了坚实基础。这一阶段一般都伴随着强大的中央集权制政府、大幅度的技术创新、健全的税收和财政制度、丰厚的资金积累，使自然的利用率得以显著提高。起飞阶段是六个成长阶段中的关键阶段。该阶段在前一阶段大规模技术创新的基础上，进入产业革命时期，社会生产力突飞猛进，劳动生产率大幅提高，旧体制的瓶颈得以破解，整个社会的经济发展水平和文明程度就像飞机升空一样迅速。各个国家在该阶段的主导部门是不一样的，瑞士在起飞阶段的主导部门是木材产业，德国在起飞阶段的主导部门是机械制造业，英国是棉纺织业，日本是缫丝工业。而且进入下一个阶段后，这些主导部门相应地更换成了其他部门。

第四个阶段是成熟阶段，即现代科技成果广泛应用到整个经济领域的阶段。一个国家或经济体是否进入成熟阶段，主要看这个国家或经济体是否把科学技术应用到其他产业部门的生产中，并带动起其他关联产业的崛起。成熟阶段之后，一个社会会出现高度繁荣的"高额消费阶段"。依照罗斯托的观点，美国在 20 世纪 20 年代进入"高额消费阶段"，

① 《财经大辞典》编委会编：《财经大辞典》（第 5 卷），中国财政经济出版社 2013 年版，第 273 页。

日本 20 世纪 50 年代进入该阶段。以汽车等耐耗品为主要标志的高端大额消费支出成为整个社会经济部门生产的主要趋向。但是高额消费阶段并不能无限持续下去，在高额消费阶段末期会出现"减速趋势"，居民对大宗物品和耐耗品的消费需求下降，居民开始追求生活质量的提高，即步入"追求生活质量阶段"。以美国为例，罗斯托认为美国自 20 世纪 50 年代起出现了"减速趋势"，居民由高额消费阶段步入追求生活质量的阶段。居民对汽车和耐耗品的需求逐步下降，导致汽车等工业部门再也不能像成熟阶段一样迅速发展了。这就客观上迫使美国政府必须扶持新的主导部门取代汽车工业等传统主导部门。罗斯托 1971 年于上述五阶段论基础上在《政治和成长阶段》一书中又增加了"工业社会中人们生活的真正突变"的"追求生活质量阶段"，即第六个成长阶段。该阶段的主导产业是公共服务业和私人服务业，包括教育、卫生、医疗、养老、社会福利、文化娱乐等部门。

表 2—4　　　　　罗斯托经济成长六阶段及其各自对应的主导部门

传统社会阶段	起飞前阶段	起飞阶段	成熟阶段	居民高额消费阶段	追求生活质量阶段
农业、畜牧业	工业、商业、交通等	制造业	钢铁、铁路、工业设备部门	汽车、建筑等耐耗品业	教育、卫生、文化等公共服务业

资料来源：[美]罗斯托：《经济增长的阶段——非共产党宣言》，郭熙保、王松茂译，中国社会科学出版社 2001 年版，第 9 页。

2. 不同经济成长阶段中主导部门的选择

罗斯托认为，主导部门就是指一个国家或经济体经济成长过程中发挥主导作用的部门。至于究竟哪种产业能够成为一国或一个经济体的主导部门，罗斯托借鉴凯恩斯投资总量、储蓄总量和收入总量三指标分析法，在宏观经济学总量分析和微观经济学个体总量分析的基础上提出了部门总量分析法。根据这种分析法，罗斯托认为，主导部门往往是该经济体中具有庞大经济总量的某种部门，即采用了先进技术，具有较高生产率，对其他产业部门或其他地区的产业产生回顾影响、前瞻影响和旁侧影响，"能够有效带动整个国民经济的发展"的部门。在不同的经济成长阶段必然会产生不同的主导产业，不同主导产业对于不同成长阶段之间的更替具有决定性意义。罗斯托认为，除了主导部门之外，还有人类欲望更替的心理因素也在一国成长阶段演化过程中起着重要作用。他引用德国小说《布登波洛克家族》中"布登波洛克现象"来类比国家成长阶段，认为不同时代的家庭成员具有不同的需求层次，而不同的需求层次又决定该家族成长阶段的变迁。

首先，主导部门必须具有显著的回顾影响。回顾影响（Backward Looking Influence）是罗斯托为分析主导部门而使用的一个新概念，主要指主导部门对为之提供生产资料的部门的一种关联带动影响。比如英国起飞阶段的主导部门是棉纺织产业，该产业对于与棉纺织相关的棉花种植、交通运输、纺织机械制造、染料生产等部门起到了协同拉动作用，棉纺织产业的兴起一次性带动了多个相关产业的共同繁荣。再如，美国成熟阶段的主导产业是汽车产业，该产业对于与汽车有关的采矿业、交通运输业、钢铁产业、煤炭产业、玻璃产业、石油化工产业等十几个相关产业起到了协同拉动作用，并维持了后者二十多年的高速持续增长。

其次，主导部门必须具有显著的旁侧影响。旁侧影响（Side Influence）也是罗斯托为分析主导部门而使用的一个新概念，主要指主导部门对所在地区的其他部门的推动刺激影响。比如，20世纪以来，钢铁产业是美国五大湖地区着重发展的主导产业，其部门产值一度占到五大湖地区国内生产总值的30%左右，钢铁产业的振兴刺激了该地区煤炭产业、稀有金属冶炼产业、机械制造与自动化产业、轨道交通制造产业等多个产业的兴起，形成了该地区跨产业的联合和融合。

最后，主导部门还必须具有较为明显的前瞻影响。前瞻影响（Forward Looking Influence）是罗斯托分析主导部门使用的第三个重要概念，主要指一定成长阶段的主导产业对未来新兴产业的诱导作用。罗斯托对瑞典、日本、俄国和美国主导产业演变历程进行了比较分析，发现主导部门的兴起往往会造成技术和生产的矛盾，为技术创新创造了突破口，随之而来的是大批新兴产业部门的涌现。比如，20世纪下半期，日本钢铁、汽车等主导部门的高速发展引发了现代通信技术、精密仪器制造产业、玻璃纤维产业、海洋产业、机械自动化产业等多个部门的兴起，使日本成为一个技术创新大国，这就是成熟阶段主导产业带来的前瞻影响的生动体现。

第四节 几点评论

1. 以科学的态度对待马克思主义文化理论

如何对待马克思主义的问题是自从马克思主义传入中国之后就争论不休的重大问题。如何评价马克思主义文化理论，也构成了当前中国文化研究不同学派分歧的重要焦点。本书认为，马克思主义文化理论具有特殊的时代背景和理论基础，科学理解马克思主义文化理论不能忽视其浓厚的欧洲工业革命时代的烙印。马克思恩格斯生活年代介于工业革命和电力革命之间，此时市场经济体制基本确立并渗透到文化生产领域，马克思观察到了资本对报刊等文化生产部门的雇佣、奴役和异化，对文化生产的阶级性、精神生产的不平衡做了初步阐述。同时也应该承认，马克思恩格斯逝世以后世界发生了天翻地覆的变化，马克思晚年尚未看到文化的大规模机械复制，恩格斯晚年尚未见证边际分析工具对经济学大厦的翻造。他们观察、分析文化现象的理论工具不可避免地具有时代局限性，有些观点已经被苏联的文化建设所证伪。同样，列宁的文化革命理论不仅带有斯拉夫传统色彩，还有一定的封建军事性质，造成了苏联在70多年文化斗争中始终未能超越美国。因此，要按照"与时俱进地理解马克思主义"的办法，重新思考马克思主义的文化理论遗产，真正用这些遗产的精髓指导当前文化产业的发展。

2. 马克思主义文化理论为东北文化产业发展提供了科学理论指南

马克思主义文化理论作为马克思主义理论体系的科学组成部分之一，起源于英国政治经济学的精神生产力思想，其基本原则均涵盖在辩证唯物主义和历史唯物主义之内。马克思在《德意志意识形态》《资本论》等著作中所阐述的经济基础和上层建筑的关系原理，为科学理解当代中国社会主义文化建设的内涵、本质和旨归等问题奠定了根本的理论基石，构成了马克思主义文化理论发端的重要标志。列宁在领导苏联社会主义建设过程中所提出来的文化建设的若干原则和设想，形成了无产阶级文化革命理论，并论述到了在贫困落后的后发展中国家开展社会主义文化建设的复杂性和长期性，继承、检验、完善了马克思恩格斯的文化思想。

文化巨人毛泽东提出的新民主主义文化理论，作为中国共产党人集体智慧的结晶和中国共产党集体行动的指导理论为中国新民主主义革命的胜利奠定了基础，成为马克思主义文化理论在中国新民主主义革命时期与中国革命相结合取得的重要理论成果，直接影响到了新中国成立以后社会主义文化建设的开展。邓小平的精神文明建设思想成为中国共产党人根据时代特征和中国国情对马克思主义文化理论的新发展和新贡献。从马克思主义诞生170年来发展历史看，尽管马克思主义文化理论在世界各国共产党或社会党的实践中出现过若干惨痛的教训，发生过包括中国"文化大革命"在内的重大历史错误，总体来说，马克思主义文化理论不但过去一百多年对人类文化发展历程产生了重要影响，直到今天仍然是当代中国文化建设的根本指导思想。东北地区等欠发达经济区域开展文化建设和发展文化产业，必须充分发挥马克思主义文化理论对文化建设的指导作用，必须积极探索社会主义文化建设的本质规律，无疑，马克思主义文化理论提供了最重要的理论指南。

3. 以辩证的眼光对待现代西方产业变迁理论

邓小平在谈到西方文化艺术发展时，曾实事求是地承认中国在某些方面的落后。鉴于以往政治发展的需要，中国在很长的一段时间内未能实事求是地学习其先进成分。对西方的学习，仅限于科学技术、管理经验等非意识形态的内容。实际上，包括西方马克思主义理论在内的许多观点，如萨义德的文化帝国主义理论、鲍德里亚符号消费理论、奈的软实力理论，均已引起学界的重视。中国共产党近年多次论述到国家软实力和国家文化产业安全的问题，可以看作对西方现代文化理论的认可和借鉴。

布迪厄文化资本理论和奈的文化软实力理论表明，一个国家或地区的软实力是构成综合竞争力的必要内容，也是开放经济条件下吸引国际资本和国际企业的重要砝码。东北地区拥有悠久的历史文化资源、特色的民族民俗资源，这为大力发展文化产业奠定了前提基础，要进一步增强文化产业活力和竞争力，就要在占有文化资源的基础上推进文化资源向文化软实力的转化，将潜在的文化资源变成区域文化竞争力和区域综合竞争力。无疑，布迪厄的文化资本理论为文化资源的转化提供了一种思路。

　　科斯思想市场理论表明，一个国家或地区的繁荣发展离不开一个竞争性、开放性的思想市场，这对于东北地区的发展更具有强烈的现实针对性。东北地区在计划经济年代曾经创造过经济增长的辉煌成绩，这表明东北地区在经济增长方面是有潜力可以挖掘的，在改革开放时期出现的"新东北现象"则折射出东北发展面临的深层次复杂矛盾。破解东北地区发展瓶颈，尤其是推动文化产业成为新经济增长点，必须破除旧思想、旧体制，这离不开思想市场的培育和形成。可以说，一个充分竞争的思想市场的形成是东北地区文化产业振兴的必要前提，是破除阻碍文化产业发展的深层障碍的必然选择。

　　库兹涅茨的产业结构演变理论对于东北地区发展文化产业也有重要启示意义。该理论表明，随着经济水平的不断提高。一个国家或地区的产业结构必然向高端化方向升级。东北地区在巩固提升原有重工业、化学工业、石油等传统产业基础上，也需要向高端第三产业升级。可以说，文化产业成为东北地区未来产业转型升级的一个必然选择。

第三章

东北地区文化产业发展历程和现状

　　研究东北地区文化产业发展有一个亟须解决的前提：东北地区文化产业的源头究竟应该从何时算起。第一种观点认为，东北地区文化产业是 20 世纪末伴随着中国文化体制改革的纵深而出现。第二种观点认为，东北地区文化产业起源于改革开放之初，有了文化生产的商业活动就算是有文化产业。第三种观点认为，东北地区文化产业开始于新中国成立前，伪满洲国时期的满洲映画株式会社是"东北地区文化形成产业的开端"①。向勇把中国文化产业的开端追溯至 20 世纪初，并划分为"神话期""冬眠期""浪漫期""史诗期"②。本书认为，东北地区文化产业的源头可以追溯到清末民初时期。随着现代文化企业的形成，新式生产技术和管理制度率先在新闻出版业得以推广，因此新闻出版业也率先成为最早形成产业的文化部门。近百年来，东北文化产业既经历过清末的萌芽和民初的短暂繁荣，也经历过伪满时期的扭曲发展，既经历过高度集中政治经济体制下的非商业化时期，也经历过改革开放之后的快速崛起，其发展历程绵延长久，其发展成绩可圈可点。

第一节　东北地区文化产业发展的历史演进

　　东北文化产业发展可划分为五个阶段：清末和民国时期是东北文化

---

　　① 修远：《中国东北地区文化产业发展研究》，博士学位论文，吉林大学，2012 年，第 69 页。

　　② 向勇：《中国文化产业十年进程：一个实践分析框架研究》，《福建论坛》2009 年第 8 期。

产业产生时期，从各种新式文化企业的诞生到逐渐形成一定规模；满洲
国时期是东北文化产业在日本人扶植和控制下扭曲发展时期，进步民族
文化事业和产业惨遭禁毁，而亲日文化机构和文化产品大行其道；解放
战争时期和新中国成立初期是东北人民在文化废墟上建设新国家、新文
化的艰苦奋斗时期；计划经济体制时期是东北文化在高度集中的管理体
制之下全面非商品化、非市场化时期；改革开放 30 年是东北文化体制改
革由起步到深化的时期，也是文化生产重新市场化、经济化和产业化的
时期。

一　清末和民国前期（—1931 年）：东北文化产业的萌芽

鸦片战争以后，外患频仍，国门洞开，现代企业和现代科技在中国
东南沿海城市陆续出现，现代报刊、印刷机构纷纷随之涌现。上海的
《申报》《新闻报》、徐园又一村、商务印书馆等现代文化企业、文印机构
和娱乐场所都曾名噪一时。在京津沪粤大城市逐步形成了一定规模的文
化产业。东北地区现代文化机构兴办较晚，东北第一家现代报刊、第一
家影院、第一家现代书社等直到清末时期才出现，广播电台和现代图书
馆则更是 20 世纪 20 年代末以后的新生事物。总体上说，东北地区文化产
业的萌芽主要有两种形式：一是传统文化生产场所由于采用新式生产设
备、更新生产技术而日益呈现出现代企业色彩，逐步过渡到现代文化企
业。二是大量新式文化企业和文化机构的创办造成了推动东北文化产业
发展的新型市场主体，为文化生产在传统格局之外开辟了新领域。

在文化产业众多分支中，最早呈现生产现代化的领域是新闻出版业。
作为清朝入关之前的行政中心和文化中心，沈阳在清末已经聚集了大批
文化生产机构。许多书店、印社、书场等，无论是从生产规模，还是产
品质量，均与国内其他大城市堪相媲美。清末时期东北地区的文印出版
机构大多以堂、山房、书局、印书局等为名。规模较大的如辽宁锦州三
元堂和锦湖书局，沈阳会文山房和关东印书局；黑龙江魁升堂、吉庆山
房、龙江商务印书馆和墨林堂印书局；吉林的吉林印书馆和吉东印书社
等。这些印书机构兼具编辑、印刷和发行三位一体的功能。其中有些企
业在国内也具有一定代表性，如丹东诚文信书局和大连大中印书馆。前
者由刘子善 1908 年创办于辽宁丹东，采用铅字印刷机承制戏报、单据、

请帖、唱本、教材、书籍等。1931年增设单独印刷流行小说的印刷厂，产品远销上海、宁波、广州、香港等地，在沈阳、哈尔滨、天津等地开设分厂，成为民国时期东北地区一家颇具影响力的文化企业。大连大中印书馆1922年由傅立渔等人发起成立，在民国时期出版发行过进步刊物《新文化月刊》，代销过《共产党宣言》《俄国共产党党纲》《资本论》等红色书籍，以及鲁迅的《野草》和苏联的进步文学作品，一度影响很大。这些印刷机构中的一部分在清末时期实现了传统印刷作坊向现代文印企业的转型。至1911年，东北全境有大小书局100多家，除少数采用铅字印刷机外，绝大多数还停留在传统印刷技术阶段，且多分布在沈阳、哈尔滨、齐齐哈尔等大城市，除此之外的广大农村地区和大多数中小城镇还没有现代文化企业和现代化的文化生产。到20世纪20年代，许多中小型现代文化企业已经涌现，采用设备、技术已与清末时期大不相同。

东北文化产业兴起的第二条路径是新办。既有官办，也有民办；既有社会团体集资创办，也有私人企业家出资兴办；既有中国人创办，也有外国人创办。实事求是地讲，外国人在东北文化产业萌芽过程中起到了重要的引导作用，东北有些现存的文化企业仍然可以追溯到100多年前外国人的创业。1898年，沙俄攫取了中东铁路修筑权和经营权，大批俄国人迁居东北，形成了以哈尔滨为中枢的中东铁路异域文化带。1901年，俄国人洛文斯基主办了俄文版的《哈尔滨每日电讯广告报》，这是东北最早的现代报纸。1903年中东铁路公司创办了俄文版《哈尔滨日报》。1906年又创办了中文版的《远东报》，这是哈尔滨历史上第一家中文报纸，也是东北最早的现代中文报刊之一。十月革命后，大批俄国贵族、地主、资本家和传教士、知识分子避祸北部边境，东北文化产业更趋发达。中东铁路印刷室1904年从德国购入当时世界最为先进的二回转铅印机、四开高台印刷机、铸字机等20多台，招收印刷工人210多名，成为整个东北应用铅印技术最早、印刷能力最大的印刷厂，承印俄国机关、团体和中国商人交付的报纸、杂志、书籍和其他文印品。1928年东北易帜之前，工人已增至336人，成为具有影响力的一家大型文化企业，出版发行了《北满与东省铁路指南》《远东矿产》《东省铁路统计年刊》《哈尔滨指南》《中国农业》《北满铁路之建筑》等一批重要书籍。1922年俄国人还设立了东省文物研究会，实地勘察测绘中国国土数据、搜集情报，出版了《中国财政图书目录》等。1904 年日俄战争后，日本人充分认识到了东北地区在其称霸计划中的战略意义，日本学者田敏雄所著《满洲建国在文化史上的意义》一书曾露骨地还原了当时日本人的野心，该书认为加快在东北范围内建设一个新政权意义极大，"新满洲国的文化真髓实质上是日本之文化，即大陆版的日本文化建设"的渗透。[1] 为配合侵略扩张活动，日本政府以官方、半官方或商业的形式举办了许多洋行、商会、报社和研究会等文化机构，对中国的政治、经济、军事、历史、地理和文化进行全面研究，为大规模侵华做准备。随之出版了《北满之产业》《全满洲的木材市场状况》《哈尔滨便览》《呼伦贝尔事情》《北满草创》等书。日本南满铁道株式会社成为日本进行"中日亲善""满洲独立"鼓吹的喉舌，公开为日本侵略扩张和奴化文化涂脂抹粉，成为日本文化殖民的重要先锋。

中华民国成立后，长期混乱的政局恢复了短暂的平静。东北政府推出了鼓励发展资本主义工商业的积极措施，东北地区随之涌现出了近百家现代报刊，出现了文化事业发展的繁荣景象。这一时期所办报刊的经费来源大致有官府补贴、集股合资、私人投资等三类。官办报刊往往经费充足，实力雄厚，报刊不面向市场出售，经由各级官府组织定向发行至各机关和行政长官手上。比如吉林省官报局主办的东北较早的现代报刊《吉林白话报》在第 6 期上曾刊登了《本报价目》，"每日出两册，每册 7 角 5 分，全年 9 元"，代销本报 "50 册以内按报价扣 2 成，100 册以外扣 3 成"[2]。这是现在可查的东北地区最早的现代报刊价目和利润分割方案。民办报刊大多经济匮乏，经常面临经费不足之虞，往往需要申请官府补贴。集股办报大多采用股份有限公司的形式，规定官股与私股的比例，私股中又分清各股东的股份份额，按照股份收益分成。广告多，发行量大，则收益多，否则经费困难，难以持久运转。所以，这一时期的报刊大多短命，较为持久的如创办于 1912 年的《东陲商报》和 1916

①　黑龙江地方志编纂委员会：《黑龙江省志（52 卷）·出版志》，黑龙江人民出版社 1996 年版，第 55 页。

②　吉林省地方志编纂委员会：《吉林省志（42 卷）·新闻事业志·报纸》，吉林人民出版社 2006 年版，第 19 页。

年的《黑龙江报》。前者由王目空集资 5000 元筹办，"采纯粹的商办性质，所有办法全按照股份有限公司律实行"①。后者由魏毓兰招股 1100 元在齐齐哈尔创办，以"提倡殖边、促进教育、代表舆论、拥护国政"为宗旨，② 出版到 1000 多号，广告盈余较多，影响较大。

这一时期，除报刊、出版等呈现产业化发展特征外，电影和广播作为最早的电子文化产业形态也开始出现。1906 年，日本冈山孤儿院募金团在大连举办慈善音乐电影会，留下了在东北地区放映电影的最早记录。随后，日本人在营口设立"营口座"，内设电影馆，对中国人开放，成为东北最早的电影院；日本人在大连设立放送局，是辽宁最早的广播电台。1923 年设在哈尔滨的东三省无线电台开始试办无线通信业务，1926 年 10 月中国人自办的第一座无线广播电台——哈尔滨广播无线电台正式播音，成为东北广播事业的开端。1928 年东北无线电长途电话监督处提议设立了中国历史上继京、津、哈之后的第四座公办广播电台——沈阳广播电台。监督处还公布了《广播无线电条例》《装设广播无线电收听器规则》，体现了当时东北政府对文化产业的重视和有效管理，这与北洋政府颁布的同类法规相差不到两年。

二　伪满洲国时期（1931—1945 年）：虚假繁荣表象下的扭曲发展

"九一八"事变之后，日本人通过扶植傀儡满洲国政权实质上控制了东北全境。日本人操控伪满成立"国务院弘报处""文化研究会"等文化管理机构，逐步控制了东北的文化生产活动和文化机关团体，使东北地区刚刚兴起的现代文化事业和文化产业遭到严重扭曲。1932 年伪满洲国建立了"资政局弘法处"，鼓吹伪满是新兴独立国家，残酷打击抗日活动，迫害民主进步文化人士。该机构负责管理伪满洲国新闻、出版、广播、电影等文化活动，并监督检查全东北一切出版物，控制满洲境内舆论和新闻出版物发行，成为伪满文化统治的中枢机构，兼具搜集情报的功能。1941 年太平洋战事扩大以后，弘法处职能随之扩张。除具体负责

---

① 黑龙江地方志编纂委员会：《黑龙江省志（50 卷）·报业志》，黑龙江人民出版社 1993年版，第 29 页。

② 同上书，第 32 页。

满洲国文化政策制定、全东北境内文化出版物生产流通、舆论监控引导
之外，还把治安部、民生部、交通部等机构涉及文化生产和管理的广播
监听、对外宣传、文化产品审查等职能划入，成为日本在满洲国战时文
化统治中央指挥部。这一机构统治满洲文化事业的主要办法可以归纳为：
"毁""控""扶"三种。

　　所谓毁，就是残酷打击具有抗日爱国思想的进步文化人士、中共党
员，捣毁进步文化机关，查封销毁进步民主人士所办文化刊物和文化作
品。据1932年《满洲国出版法》规定：若有变动日伪国家组织的大纲、
危及国家存亡基础等内容的出版物，一律查封销毁。① 据统计，1932年3
月至7月间，伪满政府焚烧进步刊物650万册，1935年至1938年间，禁
行7445种报纸、2315种杂志，包括《大公报》等36种关内进步报纸和
《良友》等18种关内进步期刊。② 在日伪严酷打击下，进步刊物难以立
足，红色刊物难以发行，民族文化事业被严重扭曲。在东北地区文化中
心城市沈阳，除《醒时报》由于经办人是回族，日伪出于笼络少数民族
的需要予以保留之外，绝大部分原有民族文化事业和文化产业或被查封
捣毁，或限制供应印刷物资被迫停产。东北民族文化产业陷入冰封期，
进步文化事业遭到重创，日伪政权操控的报纸、新闻社、书店、电影院、
戏院却出现了虚假繁荣。

　　所谓控，就是控制全满洲的一切文化活动和文化生产。1932年伪弘报
处操控成立了弘报协会，将满洲国通讯社（前身"满蒙通讯社"）等一批
主要文化机构控制起来，规定"凡满洲境内新闻媒体只能使用满洲国通讯
社发布的消息，其他通讯社的稿源一律不能采用"，而满洲国通讯社稿件主
要译自日本共同社、同盟社等。满洲国通讯社按照日本国内新闻机构设置
办法建立，设董事长、经理、监事等职位和总务局、编辑局等专业职能部
门，表面看来是为了保证伪满新闻来源的可靠性，实质上是日本人企图控
制满洲新闻来源，施行愚民文化政策，以便于钳制舆论。伪满政府还规定
报刊出版前必须送交伪警察机构检查备案，审查通过则加盖验讫章，否则

---

　　① 辽宁省地方志编纂委员会：《辽宁省志·文化志》，辽宁科技出版社1999年版，第
24页。

　　② 孙乃民：《吉林通史》（第三卷），吉林人民出版社2008年版，第449页。

不能浇版印刷，实质上是由日本人控制了满洲境内文化产品的流通和意识形态。日本对东北地区广播的掌控更为严格，"九一八"事变之后收管了东北所有广播媒体，成立了伪满电信电话株式会社，垄断满洲广播事业。除了间接操控以外，日本人还直接兴办了大型文化机构，如近泽洋行。该行主要是倒卖印刷物资、文印设备，发行图书等。据统计，伪满时期东北境内流通的图书70%—90%是由日本引进的原版或译著。1936年从日本输入图书58.7万册，1938年突破1000万册，1940年2200万册，1941年3440万册。日本人开设的印刷企业有一百多家，遍布东北全境。

所谓扶，就是扶持亲日的文化机构和文化企业。比如《大同报》《大新京日报》《新京日日新闻》等。其中，最著名的是《满洲新闻》和《盛京日报》。《满洲新闻》1938年在《北满日报》和《新京时报》基础上创办，日本人吉田琢磨和田日出吉先后出任社长，聘请了武者小路实笃等名流任撰稿人或评论员，该报之后收买《延边晨报》等三家报纸，成立了满洲最大新闻社——满洲新闻社，在新京等城市设立150多个发行站，销量较大。《盛京时报》1906年在沈阳创刊，是日本人在东北的重要喉舌，也是旧中国沈阳出版寿命最长的报纸，其编辑发行与日本人的操控支持有密切关系。

日本人在伪满洲国还极力推动电影产业的发展。1937年，伪满洲国设立了株式会社满洲映画协会，其目的在于"借映画协力于国策之贯彻"，宣传"日满亲善、东亚共荣"，为日本侵华张目，"对内对外打思想战、宣传战"。该会成立伊始下设总务部、业务部、制作部等机构，至1944年年底已扩张至12个部门，除了上述专业技术部门，还附设青年学校和映画科学研究所等教育科研机构，发展成为东北地区最大的电影集团，也是东亚地区最具实力的电影制作发行机构之一。为配合日本侵华行动，该社先后出资设立了"中华电影公司"和"华北电影公司"，与伪华北政府和伪华中维新政府勾结。1941年年底，三大机构已经控制了中国长江以北的260多所影院。满洲映画在1937年成立时只有100多人，至1944年年底已经扩张至1857人，其中日本人占57.9%，中国人占39.4%。① 该社拍摄了许多为伪满政府和日本歌功颂德的纪录片和故事

---

① 吉林省地方志编纂委员会：《吉林省志（第39卷）文化艺术志·电影》，吉林人民出版社1996年版，第8页。

片,如《新兴满洲全貌》《光辉的满洲国军》《黎明西部满洲》《雄健的马蹄》《铁血慧心》《壮志烛天》等,描写伪满政权机关官僚业绩,宣扬伪满军队勇敢精神和日本武士道文化。实事求是地说,该社也拍摄了一些反映底层社会生活、批评社会现实的影片,具有一定的历史价值和文化艺术水准,如《风潮》《流浪歌女》《水浒》《白马剑客》等。与此同时,伪满政府严格限制美国片和欧洲片的进入,1944 年年底,日本片比"九一八"事变时期增长了 15 倍以上,欧美片反而下降了不少。伪满还建立了巡回放映制度,对警察、学校、政府机关等要求自组织放映,对农村、矿场等地则轮番放映,保证伪满政府和日本制作影片对人民群众的灌输愚民效果。

三　解放战争与新中国成立初期（1945—1955 年）：由灰烬走向繁荣

抗日战争末期,苏联红军进驻东北,接管了沈阳等大城市日伪掌控下的军事和文化基础设施。日本宣布投降以后,国民政府在美国掩护下速即抢占了东北大城市和交通枢纽。中共同时派出大批干部抵达东北,抢占广大农村和沈阳、佳木斯、牡丹江等重要城市。面对国家前途的命运分歧,国民政府试图继续执行大地主大资产阶级统治路线,阻碍进步文化事业发展。中共党人则提出和平建国、组织联合政府的政治主张,美苏斡旋不成,两党大打出手,东北再次陷入战火硝烟。

为了团结社会各阶级共同抵抗国民政府、争取新中国的光明前景,中共东北局成立后,速即创办了各种机关党报,印行大批不定期出版物。据不完全统计,解放战争初期,仅吉林地区复办、新办党报党刊 60 多种,建立报社 40 多家,其中县级以上重要党委机关报 25 种,群众团体办报 8 种,军队报纸 1 种。在黑龙江地区的滨江、合江、牡丹江、嫩江等 5个省地新建立了 20 多家地市级党报党刊,如中共滨江地区工委在接管苏军《情报》的基础上创办了《松江新报》,中共合江省工委在接管国民党《佳木斯民报》基础上创办了《合江日报》,牡丹江地区工委创办了《牡丹江日报》,嫩江省委创办了《新嫩江报》,形成了以省级党报为核心、地市级报刊为外围的多层次、多种类的党报体系。这一时期的代表性报纸是 1945 年在沈阳创办的《东北日报》。该报由于战事推进,先后搬迁到本溪、海龙、长春、哈尔滨等地,随军印刷出版,1948 年迁回沈阳出版。该报及时配合军事斗争宣传中共中央和东北局的政策主张，对东北地区的武装斗争、政治建设、农村、青年、文教工作给予指导，配合军事斗争和土改运动，采写了大量经典新闻报道，涌现出了刘白羽、华山等一批著名战地记者。中国共产党重视通过书店等文化机构进行宣传鼓动和信息传播。抗战胜利后，中共党组织在东北建立了东北书店、大众书店、兴华书店、辽东建国书店、兆麟书店等。东北书店 1945 年 11 月在沈阳开业，曾因战事搬迁到本溪、吉林、哈尔滨、佳木斯等地，在动荡的战争时期出版图书 300 多种，还发行了 6 卷合订精装本的《毛泽东选集》两万多册。同年，大众书店在大连创办；翌年光华书店在大连、丹东等地创办。中共另外创办的一些报纸、杂志、书店等，由于战时文印物资匮乏、经费紧张等问题，出版时间或经营时间都难持久，有的两年或一年，有的甚至只有几个月或一期。总的来说，解放战争时期是东北地区文化产业发展的低谷，大批文化基础设施遭到战火毁坏，许多文化人士隐居避祸或死于非命。伪满映画在兵临城下时期遭到严重破坏，上千人的大公司在长春解放时只剩下 7 人。同时，中共东北党组织通过发展人民报刊事业，初步积累了一些办报办刊的经验，培养了一批专业技术人才和经营管理人才，为东北全境解放后兴办人民文化事业和文化产业、恢复和繁荣东北文化提供了物质上、组织上和思想上的宝贵准备。从这个意义上说，新中国成立后东北地区的文化事业和文化产业是从废墟上重建起来的。

1948 年东北全境解放以后，东北率先进入和平发展新时期。中共深入发动组织群众，先后开展了土地改革、三反五反、镇压反革命和抗美援朝等运动，迅猛地摧毁了旧式生产关系，打破了几百年来束缚生产力发展的制度桎梏，迅速恢复发展国民经济，迎来了经济和文化的繁荣。中国人民政治上翻身当家做主，经济上分得了宝贵的土地资源，激发了建设新中国的热情。惨遭破坏的文化基础设施得以快速重建，惨遭扭曲的文化产业格局得以快速纠正。文化生产的性质、方向、指导思想、主体、对象都焕然一新。东北迎来了文化发展历史上的第一次繁荣。1950 年 10 月，中央出版总署做出了《关于国营书刊出版印刷发行企业分工专业化与调整公私关系的决定》，从此编印发三者分开。东北局根据这一文件精神，创立了东北人民出版社、春风文艺出版社、黑龙江人民出版社、吉林人民出版社、延边人民出版社等一批重要出版机构。1951—1954 年间，东北人民出版社出版各类书籍 494 种，发行 1700 万册，[①] 成立了编辑部、出版部和经理部三大部门，招工 200 多人。另出版大量画册、丛书、活页。代表著作有《我们的最高理想：共产主义》《太平天国运动》《谁是最可爱的人》等，以及《工人之家》《新农村》《东北文艺》等重要期刊，是东北规模最大、实力最强的出版机构。东北人民出版社迁回沈阳后，黑龙江党委在留守文化机构基础上组建了黑龙江通俗出版社和黑龙江人民出版社。黑龙江通俗出版社坚持"面向人民群众办社"的宗旨，以"地方化、通俗化、文图并茂、便于携带"为标准，[②] 发行了大量普及读物，对于宣传重要路线政策获得了良好效果，得到国家出版总署的表彰。

新中国成立以后，东北地区的广播事业有了长足发展。东北新建广播电台积极调整节目内容，针对"三反五反"和"抗美援朝"等重大政治事件开展创作，依靠沈阳广播电台、东北人民电台等大台组建了东北广播网络。据统计，1950 年东北人民广播电台的节目内容共 289 小时，新闻报道占到 24%，讲述占 32%，文艺占 22%，其他 21%。沈阳人民广播电台总计播出 1078 小时，新闻报道占 25%，讲述 19%，文艺 26%，其他 27%。[③] 同时，沈阳新华广播电台附属的无线电修造厂也恢复生产，成为东北唯一的国营广播器材工厂。到 1952 年年末，已经招工 250 多人，年生产收音机 700 多台，小喇叭、永磁高音喇叭等若干。1950 年，全东北共有收音机 23 万台，至 1955 年年末，已经增加了三倍。东北地区初步形成了以辽宁台、吉林台、黑龙江台三大省台为核心，各地市级广播电台为中坚，各专业频道为支撑的多级无线广播网。1952 年开始，东北有线广播试点工作也在庄河、台安等地陆续开展，至 1955 年年底，东北地区提出将用 5 年左右时间建立农村广播网络的口号，拉开了东北广播普

[①] 辽宁省地方志编纂委员会：《辽宁省志·出版志》，辽宁科技出版社 1999 年版，第 16 页。

[②] 黑龙江地方志编纂委员会：《黑龙江省志（52 卷）·出版志》，黑龙江人民出版社 1996 年版，第 82 页。

[③] 辽宁省地方志编纂委员会：《辽宁省志·广播电视志》，辽宁科技出版社 1998 年版，第 22 页。

及化运动，翻开了东北电子文化事业发展的新篇章。

四 计划经济体制时期（1956—1978 年）：文化生产的全面非商业化

1955 年全国范围内的社会主义改造基本完成，东北文化机构与文化企业的命运随之发生重大转变。一部分企业通过公私合营成为国家文化事业的组成部分，文学艺术家转变为国家文化机构公职人员，相应的文化企业转变为政府机构管理下的非营利性文化生产机构。另有一部分企业则退出了历史舞台，其企业主到政府机关及其附属机构挂职或者自谋职业。我国按照苏联社会主义经验建立起了一套高度集中的政治经济体制，文化事业成为附属在国家机器上的一颗螺丝钉，文化基础设施全部收归国有或集体所有，文化艺术家成为隶属于某一文化事业单位的国家公职人员。在这一时期，吉林省某些地区曾自发组织起民间二人转社团，在农闲时"卖票演出"，遭到了吉林省委的严厉批评，最终取缔。① 这表明，在高度集中政治经济体制下，文化生产的公益性、非营利性和高度的政治化不允许有任何文化生产的市场化现象存在。尽管如此，东北文化事业在党的正确领导下仍然取得了一些宝贵的成绩，二人转、话剧、京剧等表演艺术形式成立了许多新兴社团，创作了一批经典剧目，涌现了一批杰出艺术家。

东北地区的表演艺术事业迎来了勃发期。东北白山黑水的文化地理造就了豪爽大气、泼辣风趣的艺术风格，加之东北地广人稀、平原低地居多，人口以农民、手工业者为主，社会阶层较为单一，因此，二人转等大众文化娱乐形式受到热烈欢迎。事实上，东北具有表演艺术的深厚基础。早在民国初年，沈阳地区就形成了粗犷豪放风格的地方新戏种——奉天落子。著名艺人高景山曾率队赴上海、南京、汉口等地演出《花为媒》《马寡妇开店》等经典剧目，受到热烈欢迎，为南方观众送去了关外文化艺术的盛宴。二人转在民国前期曾有短暂辉煌，伪满时期跌入低潮。伪满政府以"有伤风化"为由对二人转严加限制，迫使许多艺人返乡务农，许多艺术团体被迫解散，"虽未净绝根除，然亦不如从前之

---

① 吉林省地方志编纂委员会：《吉林省志·文化艺术志·社会文化》，吉林人民出版社1992 年版，第 89 页。

盛也"①。社会主义改造完成后，二人转有了长足的发展，形成了东西南北四派，几百个二人转文化艺术团体活跃在松花江和辽河流域的田间地头、大街小巷，密切结合"抗美援朝""农业生产合作社"等主题，创造了许多脍炙人口的新作品，成为深受人民群众喜闻乐见的一种大众文化娱乐形式。

　　东北地区的京剧、评剧、话剧也有了长足发展。具有东北地方特色的海城喇叭戏、阜新蒙古剧、吉剧、龙江剧等地方戏种也兴盛起来，出现了沈阳京剧团、前郭尔罗斯县蒙古剧团、哈尔滨话剧团等较大的艺术团体，对满足人民群众的多样性文化需求起到了重要作用。东北文化事业呈现出了"百花齐放、百家争鸣"的生动活泼局面。在沈阳召开了东北地区第一届戏剧、音乐、舞蹈观摩演出大会上，东北全境 15 个代表团 3000 多人出席，上演 394 场 145 个代表性节目，话剧《春风吹到诺敏河》、京剧《雁荡山》、歌剧《小二黑结婚》、评剧《小姑贤》、儿童剧《小小科学家》等获得表彰，集中体现了东北文化艺术发展的最高水平。大会提出了端正文化生产的政治目标，以马克思主义历史唯物主义指导文艺生产创作的口号，要求以服务人民群众为宗旨的艺术创作方向，体现了东北文化艺术对政治意识形态的臣服。根据大会精神，东北掀起了一股整理传统剧目、改编传统节目、创新艺术形式的运动。著名编剧徐菊华编写的京剧古典舞剧《雁荡山》夺得全国第一届戏曲观摩表演大会一等奖，被周恩来称赞为"东北演出的《雁荡山》给京剧武戏开辟了一条道路"②。在 1965 年召开了东北地区京剧现代戏观摩演出大会上，东北境内 17 个京剧团上演了 27 个剧目。《杜鹃山》《红灯记》等改良新戏受到欢迎。会后黑龙江省、吉林省分别举办了京剧新戏短期培训班和二人转短期培训班，学习中央文艺路线政策，挖掘整理传统戏剧作品，创作及改变传统题材作品。在五六十年代出现了东北文化艺术的繁荣。黑龙江省先后组织了 5 次全省文艺会演，发展民间艺术团体 58 个，其二人转

---

　　① 黑龙江省地方志编纂委员会：《黑龙江省志（第46卷）·文学艺术志》，黑龙江人民出版社 2003 年版，第 408 页。

　　② 辽宁省地方志编纂委员会：《辽宁省志·文化志》，辽宁科技出版社 1999 年版，第 118 页。

节目占到节目总量的40%。吉林省在60年代初,有200多个业余剧团,在农闲季节组织文艺娱乐活动。

东北话剧有了较大突破。在解放战争时期,东北地区成立了东北鲁艺文工团等重要时政话剧表演团体。这些话剧团在中国共产党的正确领导下,从表演内容到表演形式,从演员素质到道具和技术,都有了明显进步。新中国成立后,东北话剧赢得了更广阔的发展空间。沈阳成为全国著名的话剧艺术重镇之一。东北人民政府在东北鲁艺文工团、东北鲁艺实验剧团、东北文教队、东北文工团四个艺术团体的基础上成立了东北人民艺术剧院,这是东北第一个综合大型剧院。该院下设歌剧团、话剧团、音乐舞蹈团、少年艺术队和舞蹈美术队,设立艺术教育处、创作研究室等机构,共有职工和艺术家760人,是全国重要的艺术表演团体。东北行政区撤销后,该团随之改名辽宁人民艺术剧院。从新中国成立到80年代初,共排演新戏200多出,其中由本剧院独创的有60多出。五六十年代成为东北地区话剧艺术发展的黄金时期,创作了许多名作,如反映农村合作社运动的《春风吹到诺敏河》、苏联话剧《曙光照耀莫斯科》,以及《兵临城下》《第二个春天》《雷锋》等,轰动一时。到1965年年底,东北三省共有话剧团近20个,从业者千余人,总计演出场次突破一万场。① 话剧艺术成为东北地区文化名片。

电影艺术在政府大力支持下也取得了丰厚的成绩。1955年文化部批准东北电影制片厂改名为长春电影制片厂,开启了东北电影发展的新里程。1955—1965年间,该厂共拍摄故事片109部,戏曲艺术片20多部。② 包括《平原游击队》(1955)、《上甘岭》(1956)、《刘三姐》(1960)、《甲午风云》(1962)、《冰山上的来客》(1963)、《女跳水队员》(1964)、《英雄儿女》(1964)等具有较高艺术价值的片子。1966—1976年间,拍摄故事片18部,戏曲艺术片2部,样板戏2部。1958年全国范围的"大跃进"风潮之后,电影界出现了"急躁冒进"的错误倾向,提

---

① 辽宁省地方志编纂委员会:《辽宁省志·文化志》,辽宁科技出版社1999年版,第120页。

② 吉林省地方志编纂委员会:《吉林省志(第39卷)文化艺术志·电影》,吉林人民出版社1996年版,第50页。

出了"鼓足干劲、急起直追，促使电影事业相应地跃进，争取文化建设高潮的到来"的冒进口号。在这一左倾路线的指导下，"用打擂办法确定生产数量和拍摄速度，盲目追求数量，忽视质量，致使粗制滥造的影片大量出现"①，违背了艺术创作的规律，导致电影放映场次和观影人数两个指标大幅下滑。据《辽宁统计年鉴》数据显示，1966 年"文革"开始后，放映场次逐年减少，发行放映总收入随之下降，至 1972 年降至历史最低，此后逐渐回升。1975 年才重新恢复到"文革"之前的水平。这表明了"文革"错误文艺政策对电影业发展的显著挫折。

总体上来说，"文化大革命"期间，东北地区文化生产遭到了极大破坏，陷入低谷。历史表明，计划经济体制之下的文化体制背离了市场导向，割断了人民群众需求与市场动力之间的内在联系，把文化需求交由一个特定政治团体来代表统摄，国家既是文化生产的组织者、监管者，也是文化产品唯一的采购者和文艺水准的评判者，抹杀了文艺生产的积极性和创造力，与高度集中的宏观经济体制一样终致丧失活力，在经过一段时期的高速发展之后不得不面临被迫改革的历史命运。

五　改革开放时期（1978—2007 年）：文化体制改革与文化产业重新起步

"文革"期间，文化领域是重灾区。江青等人通过《林彪同志委托江青同志召开的部队文艺工作座谈会纪要》所炮制的"文艺黑线专政论"，全盘否定了新中国成立十七年来文化艺术工作的显著成就，成为阻碍中国文化事业发展的精神枷锁。粉碎"四人帮"以后，如何打碎意识形态束缚、重新确立党的科学的文化工作方针政策，成为摆在全党和中国面前的一项急迫文化任务。邓小平在第四届中国文学艺术工作者代表大会上第一次全面总结了新中国成立三十年来文化艺术工作的历程和经验，重新提出了中共在新时期的文化指导思想和方针，明确了新时期文化工作的基本任务，实现了中国文化政策的拨乱反正。改革开放伊始，我国

---

① 吉林省地方志编纂委员会：《吉林省志（第 39 卷）文化艺术志·电影》，吉林人民出版社 1996 年版，第 49 页。

采用了经济改革为先导、政治改革和社会改革后续推进的改革策略,在经济体制改革取得重大成功后,原有的文化体制已经远远不能满足经济社会发展和人民群众的需要,新型文化形式和文化产业又受到旧体制的束缚而难以振兴,文化体制改革开始提上日程。

1980 年 2 月召开的全国文化局长会议首次提出了对国有表演艺术团体进行管理制度改革的任务,要求推行以承包经营责任制为主要内容的文化管理体制改革,打破分配上的平均主义、人事制度上的身份流动限制。此后,又提出了实行国家扶持少数全民所有制院团与多种所有制艺术院团多元并存、平等竞争、共同发展的"双轨制"办法。经过 1992 年南方谈话和 2001 年加入世贸组织两次重大发展契机,中国文化体制改革真正进入深水区。2000 年十五届五中全会通过了《中共中央关于制定国民经济和社会发展第十个五年计划的建议》第一次以中央正式文件的形式提出了"文化产业"的概念,标志着文化体制改革的深入,文化产业正式得到了官方的承认。2003 年 6 月,中央文化体制改革工作正式推出,囊括了 9 省 35 家试点单位。2006 年《关于深化文化体制改革的若干意见》对社会主义文化建设的布局做出重大调整。中国共产党十六大报告正式区分了"文化事业"和"文化产业"两个概念,将社会主义文化建设划分为两个部分。文化建设最终实现了文化产业与文化事业的分离,形成了文化事业和文化产业两轮驱动的发展格局。文化产业正式得到中国共产党的认可,成为社会主义文化建设的重要方面。在这一时期,东北地区文化产业的主题一是文化体制改革;二是文化产业的培育和壮大。

改革开放 30 多年来,东北地区文化建设在中国共产党的领导下取得了巨大成绩。东北地区文化体制改革从局部微调到整体变迁、从形式创新到内容创意、从管理改革到制度创新,不断深入,逐步走出了一条富有东北地域特色的文化体制改革和文化产业发展之路。形成了统一、开放、竞争、有序的文化市场体系和文化市场监督管理体系,新闻出版、广播电视、影视娱乐、文化旅游、广告会展等产业共同发展,出现了"本山传媒现象""吉林现象",涌现出了本山传媒集团、吉林歌舞剧院集团、北方联合出版集团等一批骨干文化企业。其中,吉林省文化产业增加值年均增长 20%，① 走在了全国文化体制改革的前列。

东北小品和二人转。以赵本山为代表的东北小品军团连续 20 多年登上春晚舞台，从最初的《相亲》《红高粱模特队》到《昨天·今天·明天》和《卖车》系列，刻画了东北农民憨厚朴实、狡黠机智、幽默乐观的形象，展现了新时期中国社会各阶层的新变化、新风情和新面貌，涌现出了赵本山、高秀敏、宋丹丹、范伟等一批表演艺术家，东北小品已经成为东北地区文化产业发展的重要艺术形式。二人转同样成为东北地区文化的著名品牌。随着"绿色二人转"理念的推广，更多更优秀的二人转作品被创作出来，形成了一个创作、编排、演出、后期制作、衍生品开发等一条龙的产业链。这个产业链每年在东北地区带动旅游、出版、会展等相关产业的发展，直接经济效益达上百亿元人民币。据保守估算，仅沈阳市内二人转剧场每年就可盈利 0.5 亿元，② 整个东北的二人转剧场每年盈利不下 3 亿元人民币。

东北农村题材电视剧。改革开放发轫于农村。经过三十多年的改革，农民的精神面貌和文化需求发生了天翻地覆的变化，反映农村、农民、农业问题的电视剧题材也不断增多。东北作为中国重要的商品粮生产基地，是农民文化的重要组成部分。东北近年来也相继拍摄了许多以东北地区为背景的农村题材电影和电视剧，傅百良导演的《圣水湖畔》、张新建的《闯关东》和赵本山的《刘老根》系列、《马大帅》系列、《乡村爱情》系列等都曾创造地区或中国的收视纪录。③ 这些现实主义题材的农村大剧既符合时代发展趋势，又能够满足人民群众精神文化消费需求，既符合精神文明建设的内在规律，又具有人民群众喜闻乐见的形式，成为近年来我国推动基层公共文化服务均等化和社会主义新农村文化建设的重要形式。

吉刊现象。东北地区经济水平相对落后，出版产业长期存在"结构不优、质量不高、效益不佳"的症状。2003 年以后财政部、中宣部、海

---

① 艾灵：《吉林省文化产业增加值年均增长 20% 左右》，《新文化报》2012 年 4 月 25 日，第 8 版。

② 严烁：《二人转每年赚入五千万》，《中国经贸》2009 年第 11 期。

③ 张小国：《探寻文化产业"吉林现象"崛起的支点》，《经济日报》2009 年 9 月 23 日，第 14 版。

关总署等部委先后通过三批试点单位，决定吉林省长春市、通化市、辽源市等地和吉林省广播电视信息网络集团有限责任公司等单位为全国文化体制改革试点单位。吉林省政府根据中央文化体制改革精神，将出版业作为文化体制改革的重要突破口。经过改革，在吉林省下属230多种期刊中，期发行量超过10万份的已达20种，超过50万份的5种。销量最高的《意林》已过170万份，成长为与国内热销杂志《读者》《青年文摘》《南风窗》等齐名的名牌刊物，成为中国励志图书第一品牌。以《意林》为核心的意林传媒集团下设4刊2网，已经成为跨地区、跨行业经营的大型文化产业集团，"在全国300多家书店设有专柜，年销售码洋7000多万元，集团整体的年销售收入近2亿元"①。吉林省出版集团有限责任公司作为全国出版体制改革的试点单位之一，经过改革已经成为集出版社、报刊社、印刷厂、物资站为一体的大型文化产业集团，该公司所出品的图书已经连续5年在全国整体图书市场上占有率排名第二。吉林省出版产业这种通过调整期刊结构、实施精品工程、提高期刊质量、扩大市场占有率所取得的成功被业内称赞为"吉刊现象"。

第二节　东北地区文化产业发展的现状分析

2007年年底，由美国次贷危机引发的全球金融海啸对东北地区经济社会发展产生了显著影响。从2008年第四季度开始，东北地区经济发展的多项指标，包括GDP增速、经理人采购指数、对外贸易盈余等均出现了明显下降。与实体经济部门不同，中国文化产业整体上呈现出了逆势增长的态势，东北地区也不例外。经过后金融危机时期十年的发展，在深化文化体制改革所带来的改革红利推动下，东北地区文化产业的增加值、就业人口、劳动者报酬和生产税净额均有大幅提高。东北地区的表演艺术产业、广播影视产业、新闻印刷产业均形成比较优势，东北地区生产的艺术作品夺得国内飞天奖、华表奖等多个专业大奖，形成了沈阳棋盘山、哈尔滨中央大街等多个文化产业集聚区和产业带。根据东北三省与中国其他地区文化产业数据的横向比较可以发现，东北地区的表演

---

① 季欣雯：《百花齐放共争春：令业界瞩目的吉刊现象解读》，《新长征》2010年第7期。

艺术产业、电影电视产业、动漫游戏产业、印刷出版产业属于具有比较优势的产业，与国内发达地区发达城市的发展差距较小，会展产业、广告产业、文化旅游等产业则属于需要进一步挖掘潜力的产业。①

一　表演艺术产业

表演艺术产业是东北文化产业中最有竞争力的产业门类之一。在过去几十年中，东北地区发展形成了京剧、歌剧、话剧、大众流行音乐、民间戏曲等多元化的演艺市场体系，每个艺术种类都有经典演艺项目创作。2007 年金融危机爆发后，东北地区的文化体制改革进入加速阶段，辽宁省和吉林省在演艺产业发展方面走到了全国前列。"十一五"期间，按照中央政府提出的文化体制改革部署，东北地区国有文艺院团改革深入推行，区域内艺术表演场馆数量有所减少，大批国字号的文化事业单位转企改制成为真正自负盈亏、平等参与文化市场竞争的市场主体，因此艺术表演场馆的总收入和上缴利税总额都有一定幅度下降。东北三省2010 年艺术表演场馆总数比 2009 年减少 3 个，艺术表演场馆收入和观众人数与 2009 年基本持平。辽宁省艺术表演场馆创收数额由 2006 年 10687万元下降到 3926 万元，主要由于辽宁省在此期间推行了国有文艺院团转企改制，因短期内制度变迁和机构调整造成了生产增加值的下降。至2012 年年底，东北三省克服了资金短缺、观念僵化等问题，深入推进国有文艺院团体制改革，取得了丰硕成果，辽宁省、吉林省国有文艺院团转企改革基本完成，黑龙江省国有文艺院团转企改革临近尾声。辽宁省全省 61 家国有文艺院团，除中央批准的 3 家文化单位保留事业体制之外，其余所有文化单位实现了市场化改革。其中，25 家转为自主经营、自负盈亏的文化企业，22 家撤销合并或重组，实现了新中国成立以来辽宁省历史上规模最大、强度最高、涉及人员最多的一次体制改革。

通过表 3—1 可以看出，2008—2012 年东北三省艺术表演场馆和艺术表演团体数量均有大幅变动。吉林省 2012 年艺术表演场馆比 2007 年减少一半还多。辽宁省 2013 年艺术表演场馆比 2009 年减少近一半。黑龙江省

---

① 李俊、兰传海：《基于区位商的区域优势文化产业选择：以东北地区为例》，《经济问题探索》2012 年第 5 期。

2013 年艺术表演场馆比 2008 年减少近 1/3。这就是东北地区国有文艺院团大规模改革的一个缩影。

东北地区在推行文化体制改革过程中，形成了一批全国知名的大型以艺术表演为主营业务的文化企业。辽宁大剧院、营口辽河大剧院、吉林东方大剧院和黑龙江北方剧场四家东北剧院与北京天桥剧场和世纪剧场联合成立了中国北方剧院联盟。该联盟通过联合演出、票房分账、整合资源等手段，将东北地区特色文化艺术资源和北京大都市的现代演艺渠道整合起来，建立了统一的票务销售系统，共建了演出资源交流平台，共同推出优势演出剧目，为东北地区文化艺术产业化、商业化提供了平台和渠道，为东北地区演艺产业上游内容制作的提升找到了依托。联盟成立八年来，已经成长为与中国东部演出联盟、中国西部演出联盟等并列的区域性演艺集团。经过改革，催生了辽宁省演艺集团、辽宁歌舞团、沈阳演艺集团、沈阳杂技团等国内知名演艺团体，形成了辽宁芭蕾舞团、大连杂技团等 464 家文艺表演团体。"2011 年演出收入突破 4 亿元，同比增长 24%。"① 辽宁省歌舞团 2012 年赴美国、墨西哥等地演出，开启了该团建立以来首次海外演出活动，成为辽宁文化产业发展史上的标志性事件。2011 年，"刘老根大舞台"连锁剧场全年演出 1744 场，演出收入突破 2.2 亿元，上缴税收 7000 余万元。目前已经发展成为集表演艺术、地产开发、文化旅游、餐饮娱乐为一体的大型文化产业集团，连续推出了数十位家喻户晓的演艺明星，成为中国版的"名人殿堂"。辽宁省经过整合全省院团资源，2016 年全省形成剧院联盟 31 家，演艺联盟 38 家，全省民营演艺团体 318 家。全省演艺产业收入 9.9 亿元，这是历史最高值，也是大刀阔斧文艺体制改革结出的硕果。

吉林省 2012 年年初，召开了全省文化体制改革攻坚动员大会。根据 2011 年该省制定的《吉林省国有文艺院团体制改革实施意见》以及《吉林省文化体制改革攻坚战总体方案》要求，对全省 67 家大型国有文艺院团进行登记注册和重点帮扶，督促相关国有文艺院团定期汇报改革进展。2013 年年初，所确定的所有文艺院团在人员编制、资产清查、身份转化

---

① 何勇：《辽宁国有文艺院团转企改制任务全面完成》，《人民日报》2012 年 6 月 28 日，第 8 版。

等方面完成了改革工作，成立了吉林省歌舞团有限责任公司、吉林市歌舞团、延边歌舞团三家具有较强市场竞争力的大型艺术表演企业。吉林省歌舞团创作的大型民族时尚歌舞《长白神韵》在国内演出引起较大反响，赴哈萨克斯坦和俄罗斯等地演出。黑龙江省于2012年6月在省歌剧院、曲艺团、杂技团、北方剧场四家单位基础上成立了黑龙江省演艺集团有限责任公司，成为黑龙江省一家以舞台艺术创作和演艺为主营业务、兼有文化用品生产和租赁功能的大型文化集团，成为该省文化产业发展的重要里程碑。

经过体制改革，一批转企改制的文化企业开始释放市场化带来的改革红利，原来的国有文化企业通过改组改制增强了机制活力，提高了文化生产能力，一批民间艺术表演团体破土而出，其数量和经营状况均有显著提升，这不仅证明了东北地区贯彻中央文化体制改革战略的成效，也为东北地区文化企业走出东北、跨出国门参与更广泛的市场竞争提供了条件。如表3—1所示，辽宁省艺术表演团体的增加值由于文化体制改革而获益，一直处于稳步增加状态。辽宁省艺术表演团体的产值和表演场次2010年比2006年翻了一番还多，吉林省和黑龙江省艺术表演团体表演场次与"十一五"初期基本持平，但总收入有较大提高，这同样是由于两省在执行文化体制改革方面的成效所致。除此之外，东北民间艺术表演团体也逐步发展壮大起来。在光明日报、经济日报等媒体联合评选的五届中国文化企业三十强名单中，本山传媒集团公司连续四届当选，先后被中央有关部门授予首批"国家文化产业示范基地"和"国家文化旅游重点项目"等荣誉。

表3—1　　　　　　　东北地区艺术表演产业发展

省份	年份	艺术表演场馆			艺术表演团体		
		数量（个）	增加值（千元）	观众（千人次）	增加值（千元）	演出场次（千场）	从业人员数（人）
辽宁	2006	／	106877	30093	101360	8	4111
	2007	40	18149	1699	137460	6	4526
	2008	45	28814	1195	171823	19	7871

续表

省份	年份	艺术表演场馆			艺术表演团体		
		数量（个）	增加值（千元）	观众（千人次）	增加值（千元）	演出场次（千场）	从业人员数（人）
辽宁	2009	60	33125	3584	239158	19	6344
	2010	58	39267	3310	/	/	6002
	2011	61	/	2826	/	13.5	4299
	2012	111	/	5029	/	14.8	5414
	2013	33	/	1516	/	18.1	/
	2014	33	/	1345	/	15.7	/
	2015	105	/	3820	/	24.0	/
吉林	2006	/	25739	54625	101302	6	4204
	2007	66	30251	1959	131711	7	4200
	2008	59	34751	1805	158118	7	4177
	2009	33	29372	1423	177582	8	4103
	2010	32	22883	1158	/	/	4101
	2011	29	/	1033	/	9.0	4043
	2012	37	/	1424	/	6.7	2803
	2013	26	/	1785	/	6.4	/
	2014	28	/	1500	/	5.9	/
	2015	49	/	2042	/	6.0	/
黑龙江	2006	/	6799	904	149932	10	5543
	2007	46	9409	989	211748	10	5487
	2008	47	9884	1268	227887	9	5229
	2009	44	11454	1080	251381	11	5205
	2010	44	12805	1729	/	/	5211
	2011	44	/	1029	/	11.2	5152
	2012	43	/	773	/	8.5	5010
	2013	35	/	546	/	5.0	/
	2014	34	/	559	/	5.7	/
	2015	38	/	536	/	7.8	/

资料来源：根据《中国统计年鉴2012》《中国统计年鉴2016》等统计。

二　广播影视产业

"十一五"以来，东北地区广播影视产业有了大幅提升，该产业的传统优势地位继续保持，多项指标高于全国平均水平。总体上来说，在电子文化产业三大类别中，东北地区在电视和电影产业方面具有发展优势，在广播方面则相对较为滞后。以 2010 年为例，东北地区共开设地市级以上广播电视播出机构 69 家；广播覆盖率和电视覆盖率均超过 98%，（如表 3—2）远高于全国平均水平，接近东南沿海发达地市水平；全年广播电视经营收入 112.63 亿元，成为东北文化产业中重要的增长点。2010 年，辽宁省地市级以上广播电视播出机构 22 家，制作广播电视节目 101 套，总共从业人口 2.6 万人。[1] 广播影视系统总计创收 49.38 亿元，其中广播电视网络创收 16.28 亿元，广播电视台创收 18.09 亿元，[2] 辽宁省广播电视台成立了"北方节目制作中心"，实行制播分离，为辽宁全省广播电视一张网的改革设想奠定了基础。2014 年，辽宁省广播电视产业全年实际创收 70.88 亿元，其中广告 30 亿元，有线电视网络收入 29 亿元，电影票房 11 亿元，均是历年最高值。吉林省地市级以上广播电视播出机构 20 家，制作广播电视节目 140 套，创收 24.55 亿元。其中，吉林省最大的广播电视公司吉视传媒股份有限公司全年营业收入 12.71 亿元，同比增长 30%。[3] 黑龙江省有地市级以上广播电视播出机构 27 家，整个广播电视系统从业人员 2.6 万人，总营业收入 38.9 亿元，[4]《叶文有话说》《本山快乐营》成为黑龙江广播电视产业的著名栏目。

东北地区编剧、投资、拍摄的农村题材电视剧和电影在国内具有一定影响力。根据国家广播电视总局 2012 年公布的《电视剧制作许可证（甲种）》机构名单、《广播电视节目制作经营许可证》机构名单、《全国〈国产电视剧发行许可证〉目录》统计，2012 年在国家广

---

[1]　国家广播电影电视总局：《中国广播电视年鉴 2011》，中国广播电视年鉴社 2011 年版，第 81 页。

[2]　同上书，第 81 页。

[3]　同上书，第 83 页。

[4]　同上书，第 83 页。

播电视总局审核公布的 130 家全国电视剧制作许可证机构中，东北地区的长春电影制片厂、吉林电视台、辽宁广播电视台、哈尔滨电视台等 9 家机构上榜，占全国总数的 6.9%。在国家广播电视总局审核公布的 5363 家广播电视节目制作经营许可机构中，辽宁有 112 家，吉林有 54 家，黑龙江有 66 家，东北地区总共 232 家，占全国的 4.3%。2008 年东北地区生产制作的电视剧共有 31 部拿到国家广播电视总局下发的发行许可证，占当年全国电视剧的 6.2%。2009 年东北有 27 部，全国 402 部，东北占全国的 6.7%。2010 年东北有 25 部，全国 436 部，东北占全国的 5.7%。2011 年东北有 29 部，全国 469 部，东北占全国的 6.2%。2012 年东北有 23 部，全国 473 部，东北占全国的 4.9%。上述电视剧涵盖了现实题材、历史题材和重大题材三大选题范围，其中农村题材电视剧的生产制作在东北地区的电视剧生产中具有重要地位。

东北农村题材电视剧通过剪辑中国广大农村乡土社会上发生的日常故事，塑造了中国电视荧屏上具有强烈东北地域特色的人物形象，不仅展现了新时期中国农民新的物质生活场景和精神面貌，透过农民朴实的思想和行动展现各阶层典型人物的丰富内心世界，还通过细微镜头表现了当代中国农村社会主义现代化建设中的巨大变革，切实实现了"以高尚的精神塑造人""以优秀的作品鼓舞人"。东北农村题材电视剧也因此成为中国当代农村题材影视剧的生产中坚力量，培养了一批重大农村现实题材影视剧制作发行的重要机构。吉林省拥有国家农村题材电视剧生产制作基地，农村现实主义题材影视剧成为东北影视剧产业中的重要创收项目。辽宁省拍摄的电视剧《永不回头》，吉林省影视剧制作集团制作的《永远的田野》《花开的美丽季节》《天地民心》，黑龙江拍摄的《孟二冬》《北大荒》《乡村爱情》等电视剧和电影先后在中央电视台播出，引起较大反响。辽宁北方联合影视集团拍摄的电影《潘作良》荣获中美电影节特别大奖，黑龙江电视台和本山传媒联合制作的《乡村爱情 3》获得央视春节期间电视剧收视冠军。

表3—2　　　　　　　　　东北地区广播电视产业发展

省份	年份	广播			电视			广播电视从业人员数（人）
		电台数（座）	覆盖率（%）	节目制作时间（小时）	台数（座）	覆盖率（%）	节目制作时间（小时）	
辽宁	2006	15	98.2	459060	16	98.3	184511	24783
	2007	15	98.2	/	16	98.2	/	/
	2008	15	98.4	471941	16	98.5	188061	25494
	2009	15	98.23	459060	16	98.29	184511	24783
	2010	15	98.48	457602	13	98.59	188895	26392
	2011	4	98.51	442709	5	98.64	184320	27332
	2012	4	98.59	432646	5	98.68	176710	28531
	2013	4	98.63	393806	5	98.72	184836	28436
	2014	/	98.81	389989	/	98.96	178639	/
吉林	2006	9	97.6	198497	9	98	70820	17876
	2007	9	97.6	215141	9	98.1	65960	18599
	2008	9	96.1	220435	9	98.4	79558	19066
	2009	10	98.26	233005	10	98.48	84234	19794
	2010	10	/	/	10	98.59	/	20666
	2011	/	/	/	/	/	/	21039
	2012	/	/	/	/	/	/	20096
	2013	/	98.59	/	/	98.71	/	20759
	2014	/	98.62	/	/	/	/	/
黑龙江	2006	14	98.5	166244	14	98.7	60910	21832
	2007	14	98.6	171592	14	98.8	72607	22507
	2008	14	98.6	157200	14	98.8	73333	23186
	2009	14	98.6	161925	14	98.8	72778	24185
	2010	14	98.6	170420	15	98.8	81482	25777
	2011	14	/	243608	15	/	976669	18559
	2012	14	/	232625	15	/	108144	18333
	2013	12	/	/	13	/	107224	18807
	2014	14	/	292229	15	/	109622	/

资料来源：根据《中国广播电视年鉴2011》《中国广播电视年鉴2015》等统计。

表3—3   中国电影票房收入前10名地区   单位：万元

序号	2010 年		2011 年		2012 年		2013 年		2014 年 *	
	地区	票房收入	地区	票房收入	地区	票房收入	地区	票房收入	地区	票房收入
1	广东	162434	广东	186554	广东	237120	广东	296886	广东	307615
2	北京	119676	北京	134952	北京	161160	江苏	202054	江苏	210970
3	上海	97512	上海	110339	江苏	156348	北京	186041	浙江	178538
4	江苏	75635	江苏	109007	浙江	137511	浙江	180368	北京	161186
5	浙江	73802	浙江	101413	上海	134865	上海	157877	上海	150482
6	四川	62224	四川	67106	四川	87232	四川	113566	四川	116829
7	湖北	44666	湖北	58643	湖北	81265	湖北	107472	湖北	106884
8	辽宁	37414	辽宁	48446	辽宁	65747	辽宁	82793	辽宁	82005
9	重庆	30399	重庆	42908	山东	57476	山东	75538	山东	81855
10	山东	29853	山东	40418	重庆	55420	福建	72013	河南	78130

资料来源：根据国家广播电视电影总局官方网站《全国城市电影票房统计》统计。

注：＊2014 年数据实际仅为1—9 月份数据。

三 新闻出版产业

传媒产业是现代文化产业的核心，其发展状况往往是一个地区文化产业发展水平的重要标志。对于东北而言，传媒产业内部各业态发展并不平衡，印刷出版产业和电影产业相对比较优势。而报纸、广播、互联网产业则不具备优势。"十一五"期间，东北地区深入推动文化体制改革，报刊发行体制改革取得新进展，非时政类报刊转企改制基本完成，高等学校附属出版社分级改制试点取得较大成绩。"十一五"期间东北三省共出版图书9.7 万种总计 20.7 亿册；杂志 800 多种总计 11.38 亿册；报纸 190 多种总计 175 亿份。[①] 形成了辽宁出版集团、吉林出版集团和黑龙江出版集团等大型综合出版企业，以及辽宁日报集团、辽沈晚报集团、吉林日报集团、黑龙江日报集团、辽宁发行集团等大型传媒集团，建成了沈阳胡台新城东北包装印刷产业园等国内规模领先的文化产业园区。

辽宁出版集团有限公司是中国出版界第一家真正实现政企分开、政事分开的出版产业集团，下辖辽宁人民出版社、春风文艺出版社等 9 家

[①] 国家统计局：《中国统计年鉴 2011》，中国统计出版社 2011 年版，第 903 页。

大型出版社，其中辽宁电子出版社、音像出版社等具有国内最为先进的音频、视频编辑设备，在电子文化读物发行配送方面具有比较优势，其子公司辽宁发行集团具有国内最强大的发行网络，是北方电子文化产品物流的重要基地。北方联合出版传媒股份有限公司与天津出版集团、内蒙古新华发行集团以资本为纽带联合重组，实现中国文化产业领域跨地区、跨行业合作，为推动传统出版业态的转型，实现中国出版产业的数字化、一体化奠定了基础。辽宁出版集团有限公司及其控股的北方联合出版传媒股份有限公司在国家图书奖、"五个一工程"优秀图书奖、中国图书奖的三项大奖评选中保持强势，是东北地区最为重要的文化企业，也是国内最重要的出版发行企业之一。吉林出版集团是东北地区另一家大型出版企业，该集团下辖24家子公司，是集编辑、出版、印刷、仓储为一体的大型文化企业。据统计，"截至2010年12月，吉林出版集团所出版图书市场占有率4.4%，在全国各类出版集团中排名第二"[①]，其中在少年儿童类、生活类、教辅类三个大类上"图书市场占有率"居同类企业第一名。辽宁报业传媒集团是在辽宁日报报业集团基础上于2009年11月成立。该集团下属的《辽宁日报》是"全国优秀党报"，下属的《辽沈晚报》《半导晨报》均闯入"全国晚报都市报20强"，下属的辽宁新闻印刷集团连续六年进入"全国印刷企业100强"，《时尚生活导报》荣获"全国城市周报十强""全国最具成长性城市周报"。

在国家新闻出版总署组织的多次出版物评选和出版机构评选中，东北地区的文化企业获得较好成绩。在2009—2013年每年一次的"向全国青少年推荐百种优秀图书"评选中，东北地区共有28种图书入选，占获奖总数的5.6%。在2013年首届"向全国青少年推荐50种音像电子出版物"评选中，东北地区有一项入选；2014年一项；2015年，辽宁音像出版社《西柏坡来电》、吉林音像出版社《东北抗联》、沈阳电子出版社《实地见证雷锋正能量》、大连软电子出版社《快乐兔宝宝》等5项上榜。

在2010年开始的连续四届"国家出版基金资助项目"评选中，东北地区共有50个项目获得资助，占全部获助项目的6.0%。2015年，东北地区共有22家获得资助，包括辽宁人民出版社、辽宁教育出版社、延边

---

① 柳斌杰：《中国出版年鉴2011》，中国出版年鉴社2011年版，第459页。

人民出版社等，占所有受资助单位的 6.3%。在 2013 年首届数字出版转型示范企业评选中，东北地区共有 5 家企业上榜，包括了辽宁报业传媒集团、辽宁中国组织工程研究杂志社、吉林延边晨报社、吉林大众汽车杂志社和黑龙江新青年期刊社。在 2012、2013 年连续两届国家印刷复制示范企业评选中，沈阳美程在线印刷有限公司以年销售收入 10.25 亿元的业绩成为东北地区唯一一家上榜企业。在 2006—2012 年连续四届"中华优秀出版物奖"评选中，东北地区共有 57 项图书、音像电子游戏出版物和学术论文获奖，在全国按地区排名中，次于华东、华北和华南地区。国家新闻出版总署 2009 年首次对全国 500 多家经营性图书出版机构综合评估，根据业务量、业务水平和综合竞争能力评选出全国 100 家最具有竞争力的图书出版机构，东北地区有长春出版社、吉林出版集团、东北财经大学出版社和吉林美术出版社四家当选，充分显示了东北地区新闻出版产业的竞争力。

表 3—4　　　　　　　　东北地区印刷出版产业发展

省份	年份	报纸出版种数（种）	报纸出版总印数（万份）	杂志出版种数（种）	杂志出版总印数（万册、份）	图书出版种数（种）	图书出版数（万册）
辽宁	2006	123	159117	324	8025	7370	12355
	2007	122	268855	326	10793	5533	6686
	2008	81	179132	322	10033	7216	13588
	2009	75	144362	317	8424	8682	17000
	2010	75	157000	317	4507	9060	14705
	2011	73	161277	316	10003	9885	15149
	2012	69	166000	312	9840	9998	11683
	2013	70	163232	315	10000	10737	12000
	2014	/	151000	315	8964	11942	12713

续表

省份	年份	报纸出版种数（种）	报纸出版总印数（万份）	杂志出版种数（种）	杂志出版总印数（万册、份）	图书出版种数（种）	图书出版数（万册）
吉林	2006	78	93404	/	8946	4800	13122
	2007	78	94458	/	9329	5855	13547
	2008	78	95002	/	10014	7881	18234
	2009	52	95909	/	10100	9719	26402
	2010	52	99100	/	11100	15553	22619
	2011	52	78425	/	32000	15963	34400
	2012	52	111000	/	38000	22263	40300
	2013	52	99827	/	38100	21770	25500
	2014	52	93000	/	/	21565	/
黑龙江	2006	72	89458	307	3870	2667	5520
	2007	72	78166	309	4996	3099	5285
	2008	72	71658	313	5289	3182	6185
	2009	70	76000	/	5300	3408	6114
	2010	70	78000	/	5253	3515	/
	2011	69	79235	/	5502	4430	8284
	2012	69	79000	/	5640	4218	6353
	2013	68	74931	/	5789	5247	6636
	2014	68	69000	/	5279	5043	7426

资料来源：根据《中国统计年鉴2012》《中国出版年鉴2015》等统计。

表3—5　　　　　　　　东北地区印刷出版产业的获奖情况

项目	年份	全国	东北	占比
向全国青少年推荐百种优秀图书	2009	100	6	6%
	2010	100	6	6%
	2011	100	4	4%
	2012	100	7	7%
	2013	100	5	5%
	2014	100	1	1%
	2015	100	4	4%

续表

项目	年份	全国	东北	占比
向全国青少年推荐音像电子出版物	2013（首批）	50	1	2%
	2014	50	0	0
	2015	100	5	5%
国家出版基金资助项目	2010	95	7	7.4%
	2011	187	11	5.9%
	2012	205	11	5.4%
	2013	340	21	6.2%
	2014	317	12	3.7%
	2015	346	22	6.3%
全国百佳图书出版单位	2009	100	4	4%
数字出版转型示范企业	2013（首批）	70	5	7.1%
	2015（二批）	100	5	5%
国家印刷复制示范企业	2012（首批）	29	1	3.5%
	2013	30	0	0
	2014	30	1	3.3%
	2015	15	1	6.6%
中华优秀出版物奖（含提名奖）	2006（首批）	188	6	3.2%
	2008（第二批）	289	14	4.8%
	2010（第三批）	340	14	4.1%
	2012（第四批）	384	23	6%
	2015（第五批）	338	16	4.7%
	2016（第六批）	338	14	4.1%

资料来源：根据国家新闻出版总署官方网站有关表格统计。

四 动漫游戏产业

动漫游戏产业是文化产业新兴业态中增长最为强劲的分支。2006 年，国务院转发了财政部等十部委《关于支持国产动漫产业发展的若干意见》，明确鼓励各级电视台、互联网等电子媒体增加国产动画播出时间；决定从中央财政中设立扶持动漫产业发展的专项资金对重点企业进行扶持；消除各类社会资本进入动漫产业的壁垒；对于优秀动漫企业和原创动漫作品给予税收优惠政策；加大银行金融业对重点动漫出口企业的信贷支持；严格动漫产业知识产权保护等措施。根据上述精神，文化部、信息工业部、国家税务总局、国家广电总局等部门开展了一系列扶植项目。在文化部 2008、2009 年两次"原创动漫扶持计划"中，东北地区有《白山神》《乾坤》《招财童子之大拜年》《童话世界》等作品入选。在文化部、国家广电总局、新闻出版总署共同实施的"国家动漫精品工程"中，哈尔滨圣文动画有限公司和大连乾豪数字科技有限公司各有一部作品入选。从 2008 年开始，文化部、财政部、国家税务总局等联合开启了对全国动漫企业、重点动漫企业、重点动漫产品、进口动漫开发生产用品免征进口税收动漫企业的认定工作。截至 2013 年年底，共认定了四批 500 家动漫企业（含国家级重点动漫企业 34 家）、国家级重点动漫产品 66 个，进口动漫开发生产免税资格企业 22 家。东北地区共有沈阳哈派动漫有限公司等 32 家企业通过认定，其中黑龙江新洋科技有限公司成为东北地区唯一一家上榜的国家级重点动漫企业；黑龙江新洋科技有限公司制作的《雪娃》和哈尔滨品格文化传播有限公司制作的《云奇飞行日记》成为东北地区仅有的两部国家级重点动漫产品；目前东北地区还没有进口动漫开发生产免税资格企业。

表 3—6　　　　　　　　东北地区动漫游戏产业发展情况

批次	企业名称	时间
国家认定的动漫企业	大连水晶石数字科技有限公司等 5 家	2009（首批）
	辽宁非凡创意动画制作有限公司等 20 家	2010
	沈阳哈派动漫有限公司等 6 家	2011
	黑龙江新洋科技有限公司 1 家	2012
	黑龙江哈尔滨极光文化传播有限公司等 9 家	2013
	吉林众方阳光传媒集团等 5 家	2014
国家级重点动漫企业	0 家	2011（首批）
	黑龙江新洋科技有限公司 1 家	2012
	黑龙江哈尔滨品格文化传播有限公司 1 家	2013
国家级重点动漫产品	0 项	2011（首批）
	黑龙江新洋科技有限公司《雪娃》1 项	2012
	哈尔滨品格文化传播有限公司《云奇飞行日记》1 部	2013

续表

批次	企业名称	时间
原创动漫扶持计划	《童话世界》等6项	2009（首批）
	吉林省凯帝动画科技有限公司《白山神》等4项	2009
	春风文艺出版社《小布丁知识漫画》等2项	2012
	黑龙江美术出版社《向日葵男孩》等4项	2013
	吉林出版社《水浒传》等2项	2014
	黑龙江美术出版社《世说新语》等3项	2015
	吉林出版集团《道德榜样》等4项	2016
国家动画产业基地	吉林动画学院1家	2004
	大连高新技术产业园区动画产业园等2家	2005
	——	2008
	沈阳高新技术产业区动漫产业园	2017

资料来源：根据国家广播电影电视总局官方网站有关表格统计。

　　东北地区的动漫游戏生产能力大大提高。大连高新区动画产业园、黑龙江动漫产业基地成为东北地区动漫产业发展的重要支持力量。截至2009年年底，大连高新区动画产业园区共引入韩国NHN游戏公司、美国甲骨文DWP中心等国际著名动漫游戏企业132家，年产动画片9000多分钟，[1] 运营的手机游戏、在线网络游戏、单机游戏超过400多款，获得了中国游戏产业的最高奖项金凤凰奖。沈阳浑南新区获得"国家级动漫产业发展基地""国家动画产业基地""国家文化艺术科技创新基地"等荣誉。截至2010年年底，共入驻160多家企业，其中动漫原创企业80多家，年产动画1.5万分钟，产值25亿元人民币。黑龙江平房国家动漫产业基地荣获"国家文化产业示范基地""国家火炬计划新媒体特色产业基地""国家级文化和科技融合示范基地"等三项国家级荣誉。截至2012年年底，入驻企业300家，年产动画3万分钟，拥有57项自主知识产权。2011年生产制作原创动画片9部5323分钟，排全国第10位。2012年，在国家广播电视总局公布的国家动画产业基地国产电视动画片生产情况中，大连高新技术产业园区动画产业园生产3部3272分钟，成为东北地

---

[1]　呆树等：《大连年鉴》，大连年鉴出版社2010年版，第405—406页。

区动漫产业的龙头；沈阳浑南高新技术产业区动漫产业园生产 8 部 2643 分钟，位居第二名；黑龙江动漫产业（平房）发展基地生产 2 部 825 分钟。大连卡秀数字科技有限公司生产 2 部 3920 分钟，成为 2012 年全国原创电视动画片十大生产企业；辽宁省生产 12 部 7227 分钟动漫位列 2012 年全国 31 个行政区中国产电视动画片生产第八位；但东北没有任何一个城市进入 2012 年全国原创电视动画片生产十大城市名单。2016 年，辽宁省动漫游戏产业总产值 67.93 亿元，16 家企业认定为国家级动漫企业，3 家动漫企业入选国家动漫企业资源项目库。

五　文化旅游产业

2012 年颁布的文化产业分类标准明确了文化旅游作为文化产业的一个重要组成部分，使文化旅游在文化产业中的地位开始凸现出来。文化旅游近年来在东北地区文化产业发展中扮演着愈来愈重要的角色。值得澄清的是，文化旅游不能等同于旅游业的全部。文化旅游是传统旅游业中真正依托于人文旅游资源开发发展起来的一个分支，它不同于自然观光旅游，也不同于文化体验。它在产业发展的基础上成功嫁接起了"文化"和"旅游"两个领域，以现实旅游为物质载体"创造并销售文化和文化符号"。

（一）东北地区文化旅游产业逐步崛起

2010 年以来，中国旅游产业的发展步入快车道，文化旅游项目不断增多，人文旅游资源不断挖掘，旅游产业成为拉动服务业快速发展的一个重要部门。2015 年全国旅游产业接待国内游客 40 亿人次，收入 34195 亿元；接待境外游客 13382 万人，收入 569 亿美元。其中，境外游客中包含香港入境游客 7945 万人，澳门入境游客 2289 万人，台湾入境游客 550 万人，外国游客 2599 万人。在全国旅游产业蓬勃发展的带动下，东北地区旅游产业也迎来了春天。据《2015 年辽宁省国民经济和社会发展统计公报》，辽宁省全年接待国内外旅游者 39974 万人次，其中接待国内旅游者 39710 万人次，接待入境过夜旅游者 264 万人次。全年旅游总收入 3722.7 亿元，其中国内旅游收入 3622.7 亿元，旅游外汇收入 16.4 亿美元。据《2015 年吉林省国民经济和社会发展统计公报》，吉林省全年接待国内外旅游者 14130.90 万人次，总收入达到 2315.17 亿元。其中，接待入境旅游人数 148.10 万人次，旅游外汇收入 7.24 亿美元，国内旅游人数 13982.80 万人次，国内旅游收入 2269.55 亿元。据《2015 年黑龙江省国民经济和社会发展统计公报》，黑龙江省全年接待国内外旅游者 1.3 亿人次，实现旅游业总收入 1361.43 亿元。2015 年东北三省旅游业总收入同比增长 20%，高出全国平均水平。上述旅游产业发展取得的成绩近半要归功于文化旅游产业。辽宁省以沈阳故宫和昭陵福陵永陵为代表的清朝历史文化遗迹旅游、以北票遗址牛梁河遗址为代表的远古遗迹旅游、以九一八历史博物馆和雷锋博物馆为代表的近代红色旅游成为重要的人文旅游景观，年接待游客同比增长 17.6%。吉林省以四平战役纪念馆为核心的四平市红色旅游系列景区、以七道江遗址为核心的白山市红色旅游系列景区、以全国最大的朝鲜族聚集地长白山民俗文化为核心的长白山人文旅游景区成为新兴的旅游热点。黑龙江以最美雪乡为主题的"哈尔滨—亚布力雪乡"线路等成为冬季旅游产品推介会上的热门线路。

（二）特色文化旅游资源开发驶上快轨

2012 年中共十八大以来，东北各省均把深入挖掘本地文化资源作为振兴本地文化旅游产业的重要抓手，尤其是 2016 年 12 月国务院公布《"十三五"旅游业发展规划》之后，辽宁省、吉林省和黑龙江省均提出了发掘本地特色文化旅游资源的具体措施。吉林省在旅游产业十三五规划纲要中提出，要紧紧抓住 2022 年冬奥会的宝贵契机，重点做好冰雪资源开发利用工作，大力振兴冰雪赛事和冰雪旅游产业，建设一批融滑雪、登山、徒步、露营等多种旅游活动为一体的冰雪旅游综合基地。同时，大力推进历史遗迹、民俗风情、红色旅游、节庆会展等相关的旅游资源的规划和开发工作。为此，吉林省累计推出了 30 多个投资过亿元的人文旅游项目，包括长春汽车文化园展示中心（6.9 亿元）、伪满皇宫改造及东北沦陷馆（2.0 亿元）、四平战役纪念馆（1.4 亿元）、白山市鲜明朝鲜族民俗村（1.8 亿元）、四保临江纪念馆（1.0 亿元）等特色文化资源。黑龙江省 2015 年旅游产业发展规划提出，要以"一带一路"战略和 2022 年冬奥会为契机做好冰雪旅游专项规划工作。黑龙江省先后举办了雪乡书画赛、千人雪乡徒步、雪乡体育赛事等一系列文化体育活动。同时开发具有本地特色的民俗文化和创业文化，充分挖掘北方先民的森林文化，设立了大海林局雪乡文化展览馆，展示社会主义建设新时期林业工人的创业历史和奋斗精神，成为黑龙江冬季旅游的一张新名片。黑龙江上述红色旅游活动选择的景点具有丰富的红色文化底蕴，良好的基础设施，突出的教育功能，得到了中央部委的肯定，也形成了跨界整合生态旅游、人文景观、历史传统和乡村风俗等多项资源的一种开发模式，推出了一批深受市场欢迎的复合型旅游产品。辽宁省旅游局在2015年工作报告中提出，要启动文化旅游市场的供给侧改革工程，优化文化旅游产品结构，创新文化旅游产品体系，深入培育文化和旅游相结合的人文体验旅游，扶持旅游与文化产品开发相融合，打造本地传统节庆旅游品牌。在这一部署下，辽宁省在做大传统的沈阳国际旅游节、鞍山千山旅游节、大连服装节等节庆项目的基础上，又推出了沈阳皇寺庙会、清文化国际旅游节、冰雪旅游节、中国（抚顺）满族风情国际旅游节、朝鲜族民俗文化节、抚顺赫图阿拉旗袍文化节、阜新蒙古族民俗体验活动、东亚（辽宁）国际旅游博览会暨丹东鸭绿江国际旅游节、国际海滨温泉旅游节等新生旅游项目，将会展和旅游结合起来，以节带游、以游促会，培养了富有东北特色的一批旅游项目。

（三）文化旅游网络得到不断完善

构建高品质的文化旅游网络是各地区提振文化旅游的重要措施。东北各地政府均在推出旅游精品线路、拓展旅游网络方面取得了成绩。东北地区形成了以沈阳大连为核心的辽宁旅游网络、以长春延吉为核心的吉林旅游网络，以哈尔滨为核心的黑龙江旅游网络，囊括了东北地区70%以上的旅游资源。2015年，辽宁省在广泛调查的基础上，根据市场需求、专家评审和政府把关的原则评选了第一批旅行社品质保障示范线路，囊括了73条品质保障示范线路，其中省内游23条，国内游24条，境外游26条。这些精品示范线路中，沈阳市旅行社38条，大连市旅行社17条，占了精品线路中的75%，丹东、铁岭、抚顺、盘锦、葫芦岛等地旅行社占20%。国内线路覆盖范围包括北京、南京、广州、成都等主要国内旅游城市，国际线路覆盖范围包括美国、欧洲、澳大利亚、土耳其、日本等主要旅行集散地。在评选上述精品旅游线路的同时，政府部门与相关旅行社签订了品质保障承诺书，要求各旅行社严格遵守国家法律法规相关规定，积极协调解决旅游投诉和纠纷，并建立了相关的退出机制和惩罚措施。吉林省自2009年以来先后推出了四大主题旅游产品、7条精品旅游线路，形成了以蛟河红叶谷为代表的金秋红叶之旅、以长白山为代表的五花山色之旅；以龙井市金达莱朝鲜族民俗村为代表的田园之旅。吉林省还针对黄金周和春节重点打造了 10 条精品旅游线路，包括以长春（净月潭、伪满皇宫）—吉林（松花湖、雾凇岛）—延边（朝鲜族民俗村）—长白山为代表的东线；以长春—松原（查干湖）—白城（科尔沁草原）为代表的西线；以中国珲春—俄罗斯海参崴市—朝鲜罗津市—中国珲春为代表的国际线等。上述线路在 2016 年黄金周期间接待游客 790 万人，占到全省接待游客总数的 66.9%，实现旅游收入 48 亿元，占到全省旅游收入的 64%，两项指标同比增长都超过 20%。黑龙江省利用精品旅游线路把本省独特的历史人文旅游资源串联起来，把北方少数民族民风民俗文化和现代都市文化结合起来，形成了多条精品旅游线路。包括以文化生态为特色的哈尔滨（中央大街、太阳岛风景区）—阿城（亚布力滑雪旅游度假区）—尚志—海林（威虎山影视城、杨子荣烈士纪念馆）—牡丹江—绥芬河旅游线路、以东北地域文化为特色的哈尔滨（欧式建筑群）—佳木斯（松花江冰雪大世界）—同江（三江湿地、赫哲民族风情园）—抚远（乌苏镇）旅游线路和以北极风光为特色的哈尔滨—大庆—齐齐哈尔—漠河旅游线。

六　会展广告产业

东北地区的会展经济起步较早，早在 20 世纪 80 年代沈阳工业制成品博览会、大连服装博览会和哈尔滨贸易洽谈会等就已经成为全国知名的重要会展活动。21 世纪以来，东北地区会展经济几经起落，尽管保持了良好的发展势头，但与国内发达地区的差距越拉越大。

（一）科学规划激发会展产业活力

辽宁省早在十五规划纲要中就写入了关于积极引导和推动会展业发展的条款。2012 年辽宁省商务厅积极引导会展企业成立了辽宁省会展联盟，为辽宁省会展产业的发展搭建了平台，目前已经拥有 50 多家会员单位。2013 年辽宁省在沈阳市召开会展联盟发展研讨会，制定通过了《辽宁省会展行业联盟章程》《辽宁省展览行业诚信联盟公约》，为本省会展产业发展制定了中期规划和运行制度。为全面贯彻落实国务院《关于进一步促进展览业改革发展的若干意见》，辽宁省 2015 年印发了《关于印发〈加快辽宁会展业发展的意见〉的通知》，沈阳市、本溪市先后出台了本地推动会展产业发展的意见。在一系列政策引导下，辽宁省 2004 年至 2015 年十多年间，会展经济以每年 10% 以上的速度增长，形成了沈阳和大连两个会展中心。仅 2014 年，沈阳市就举办各类展览 300 多场次，全年展出面积近 300 万平方米，实现交易额 2270 亿元，在全国 15 个副省会城市中名列前茅。在 2016 年中国会展业年会上，沈阳被授予 "2016 年度中国十佳品牌会展城市" 称号，会展业已成为沈阳经济最具活力的增长点之一。

"十二五" 期间，吉林省举办的会展数量每年以约 15% 的速度稳健增长，会展专业化、品牌化和国际化水平得到显著提高，这与该省一贯支持会展产业发展、重视会展产业规划有密切关系。早在 90 年代初，吉林省政府就提出过搞好会展项目的建议。2015 年，吉林省根据国务院《关于进一步促进展览业改革发展的若干意见》，印发了《关于加快吉林省展览业改革发展的实施意见》，提出要在坚持市场化导向、机制体制创新、开发开放和多元发展四大原则前提下，重点围绕汽车、石化、农产品加工三大主导产业以及装备制造等传统优势产业突出规划好十大系列的会展项目，努力构建以长春市为核心的会展产业集中展示区，以长春、吉林、图们为轴线的会展经济带，打造包含农产品、石化等多个产业门类在内的系列展会项目，确保吉林省展览业年均增速超过 10%，形成东北会展产业新的增长点。该实施意见的出台，全面明确了吉林省会展产业发展面临的形势、挑战和任务，为吉林省会展经济的发展提供了蓝图。

表 3—7　　　　　　　　　　2014 年中国城市展览百强市

排名	城市	数量（场）	面积（万平方米）
1	上海	769	1279.00
2	重庆	662	601.30
3	北京	431	608.19
4	南京	394	398.00
5	广州	392	858.57
6	沈阳	300	290.00
18	长春	108	132.24
19	大连	95	110.00
29	哈尔滨	63	202.58

排名	城市	数量（场）	面积（万平方米）
49	锦州	37	11.22
59	鞍山	26	18.05
62	盘锦	25	12.20
72	抚顺	19	6.10
84	本溪	13	4.45
85	辽阳	13	2.80
86	铁岭	11	35.2
90	丹东	10	13.70
94	朝阳	8	2.00
96	葫芦岛	7	2.60

资料来源：中国会展经济研究会主编：《中国展览行业发展报告（2015）》（http://www.ccpit.org）。

（二）涌现出品牌展会

积极培育和壮大本地展会品牌是东北各地政府长期以来重点关注的工作。按照政府、专业展览公司和商户协力合作的原则，东北三省政府全方位培育了装备制造、汽车船舶、现代轨道交通、高科技产品、建材及农业新产品、周边贸易等各个层次的会展品牌，形成了辽宁特色产品采购订货会、沈阳国际农业博览会、长春国际农业食品博览会、中国国际汽车博览会、国际装备制造业博览会、中俄博览会、中韩贸易博览会等著名品牌。中俄博览会起源于1990年开始举办的"哈洽会"，已经连续举办了24届，由国家外经贸部主办、黑龙江省人民政府承办，几经易名但一直没有中断，已经成长为面向东北亚、辐射全世界的区域会展品牌。沈阳市政府举办的中国国际装备制造业博览会，吸引到国际500强企业近100家，连续展出了辽宁省在重型装备制造业方面的新技术和新产品，其中国家高新技术装备展区、重型工业装备展区、机床及零部件展区已经成为近几年来的热门展区。除此之外，东北三省政府还结合国内供给侧改革的趋势和消费结构升级趋势，积极吸引境外高端博览会，近年先后引进了日本商品博览会、中韩贸易商品展、中国瑞士冰雪项目展等多个涉外项目，逐步培育起中外合作的知名展会品牌。

长春国际汽车博览会是中国唯一的以推介国内尖端汽车品牌和一流技术的国际级汽车博览会。至 2016 年已经连续举办了 13 届，仅 2016 年就展出车辆 1300 多台，招徕游客和客户 68 万人，销售 3 万台，成交额 59 亿元，成为中国五大汽车展会之一。长春市政府从 1992 年开始依托长春电影制片厂举办长春电影节，已经连续举办了 13 届，成为国内与金鸡百花电影节、上海国际电影节、珠海电影节齐名的"中国四大电影节"之一，产生了巨大的经济效益和社会效益。吉林省在做强会展"存量"的同时坚持做大会展"增量"，先后推出了汽车博览会、农产品博览会、东北亚博览会、消夏节、冰雪节等会展项目，围绕新能源、新材料、光电信息、农产品、汽车相关产品等项目上打造了一系列展会新品牌。其中第 12 届汽车博览会，累计吸引到观众 67.2 万人次，成交额达 57.25 亿元；第 14 届农博会累计吸引观众 60 万人次，签约金额达 164.3 亿元；第 10 届东北亚博览会引资总额达 2201 亿元人民币。[1]

表 3—8　　　　　　　　　东北地区品牌展会

名称	地点	届数
中国国际装备制造业博览会	沈阳	2016 年（第 15 届）
中国沈阳国际汽车工业博览会	沈阳	2016 年（第 15 届）
中国沈阳国际农业博览会	沈阳	2016 年（第 16 届）
中国国际软件和信息服务交易会	大连	2015 年（第 13 届）
中国大连国际海事展览会	大连	2016 年（第 12 届）
中国国际家具（大连）展览会	大连	2016 年（第 21 届）
中国（本溪）生物医药高新技术交易会	本溪	2015 年（第 7 届）
中国锦州农业科技博览会	锦州	2016 年（第 20 届）
中国沈阳动漫电玩博览会	沈阳	2016 年（第 8 届）
长春电影节	长春	2016 年（第 13 届）
中国长春国际农业食品博览会	长春	2016 年（第 15 届）
中国长春国际汽车博览会	长春	2016 年（第 13 届）
中国延吉图们江国际投资贸易洽谈会	延吉	2016 年（第 11 届）

[1]　中国国际贸易促进委员会：《中国展览年鉴 2015》，中国社会科学出版社 2016 年版，第 71 页。

名称	地点	届数
中国哈尔滨国际经济贸易洽谈会	哈尔滨	2016 年（第 27 届）
中国哈尔滨国际科技成果展交会	哈尔滨	2016 年（第 6 届）
中国哈尔滨国际冰雪节	哈尔滨	2017 年（第 33 届）

资料来源：根据辽宁省商务厅、吉林省商务厅、黑龙江省商务厅官方网站信息统计。

（三）具有一定竞争能力的大型会展企业不断涌现

北京、上海、深圳、广州等会展强市的发展经验证明，一个地区会展的持续快速发展离不开一批有竞争实力的会展企业的出现。在政府机构改革日益专业化、精细化的今天，通过市场将政府需要的会展服务外包给会展企业，是培优会展产业发展的必然途径。东北地区会展产业的发展离不开大型会展企业提供会展服务及其配套措施。"十二五"期间，辽宁省积极支持本土会展企业发展，通过市场化途径组建了沈阳展览集团，引进了国内著名会展企业，提高了本地会展资源优势。截至 2015 年年底，全省共有会展企业 1300 多家，政府优先培养大型会展企业 200 多家，累计办展超过 1000 家的会展企业 40 多家，带动相关产业公司 300 多家。[①] 吉林省商务厅出台了《关于推动省内外经贸企业参加国内外重点展会的实施意见》《吉林省企业参加境内外重点展会目录》，加强对区域会展企业发展引导，对于全年参加多个展会的企业提供资金支持，国内展会 10 万元，国际展会 30 万元，鼓励一批会展企业走出本省开拓业务。截至 2015 年，全省会展企业共 195 家，累计办展超过 1000 家的会展公司 26 家，带动物流公司、广告公司等 200 多家。黑龙江省共有会展企业 306 家，政府重点培育 50 多家，形成了一批代表性会展企业。

---

① 中国国际贸易促进委员会：《中国展览年鉴 2015》，中国社会科学出版社 2016 年版，第 77 页。

第 四 章

东北地区培育文化产业成为新经济
增长点面临的问题与制约因素

正如本书第二章所述，一个国家或地区的新经济增长点必须具有增长速度快、创新能力强、产业关联效应强等特点。东北地区在过去几十年中，曾经培育发展过钢铁、煤炭、石油、化工、重型装备制造等产业作为地区经济增长点，遇到了不少问题，也积累了不少宝贵经验。作为知识经济时代一种崭新的产业分支，文化产业要成为区域经济发展的新增长点，除了面临着传统产业培育过程中常见的政策规制、产业规模、产业组织等方面的诸多问题之外，还面临价值链条低端化、产业发展不平衡等特殊问题。造成上述问题的因素有自然地理环境、地域文化传统、核心技术创新、人力资源等多个方面。

第一节　东北地区培育文化产业成为
新经济增长点面临的问题

概而言之，东北地区要将文化产业培育为区域经济发展的新的经济增长点，面临如下五大问题。一是文化产业管理机构设置不合理，产业法规不健全；二是文化产业规模较小，产业竞争力不强；三是文化产业产品链条不完整，价值链条低端化；四是文化产业还存在传统业态与新兴业态、中心城市与边缘城市和农村、骨干大型文化企业和中小微型企业之间的三大发展不平衡现象；五是文化产业发展动力不足。

一　政府文化管理职能尚不完善

文化政策是国家开展文化建设、进行意识形态渗透的重要指针，是凝聚民族精神、团结社会力量的重要纽带。文化产业政策作为一国文化政策的重要组成部分，是调整经济结构和产业结构的重要推手，是进行国家文化管理体制改革、完善文化市场体系的重要手段。日本、韩国等国文化产业振兴的经验表明，设置科学高效的文化产业管理和服务机构、制定科学的文化产业政策对于助推本国产业结构调整升级、指导本国文化产业发展具有重要意义。换言之，如何进一步推进文化管理机构改革和文化治理体制改革，也是东北地区文化产业振兴过程中面临的重大挑战之一。

（一）文化产业管理服务机构的设置有待完善

韩国文化产业振兴的过程就是一个不断调整和设置文化管理和服务机构的过程，日本在文化内容产业振兴方面一直重视官方文化管理机构和非政府组织的建设。中国目前文化体制是从苏联高度集中的计划经济体制向社会主义市场经济体制转型过程中的一个特殊混合体，它兼具计划经济的成分，又有市场经济的色彩，还很不健全、很不成熟。典型的问题是文化机构的分立设置和功能重合。比如，文化、广播电影电视、新闻出版等文化业态归属一定的文化行政部门规划和管理，文化部门负责文化艺术事业和文化产业的管理，新闻出版部门负责纸质出版物和电子出版物的审核发行，广播电影电视归属于广电部门，各自规划、各自管理。但实质上，上述部门都涉及国家意识形态建设，又都有各自的产业附属机构。有些灵活有效的文化政策和法规均需协同广播电影电视、新闻出版、财政、税务、旅游等部门共同协商，过程烦琐，耗时较多，不利于形成扶持文化产业发展统一有序的行政管理体制。这一机构分置的体制弊端在中央层面一直延伸到基层行政机构中，这种文化管理体制对于人手少、事务多的基层组织来说，造成了文化管理效率的低下，往往多个部门分散管理一个文化市场主体却不能取得理想的效果，同时又造成了文化管理部门自身体质的臃肿，不断增加编制仍不能有效克服文化治理中的现实挑战。有文化企业反映，企业要争取一项税收优惠政策往往要跑文化局、税务局、工商局、街道办、版权局等十几个部门，手续烦琐，企业积极性不高。东北地区文化产业的振兴离不开文化管理机构的深入改革和系统创新，能否建立统一功能的"大文化管理体制"是东北文化产业跃升的重要抓手。

（二）文化产业配套法律法规缺少系统性和可持续性

金融危机以后，随着文化产业成为国家重点支持的战略性新兴产业和新的经济增长点战略的实施，中国文化产业政策的制定进入快车道。2001 年文化部制定了《文化产业发展第十个五年计划纲要》标志着社会主义专项文化发展规划的正式出台。为配合国家文化体制改革的推进，东北地区根据自身文化体制改革进程和文化产业发展实际，也出台了一批重要的文化产业法律、行政通知和发展规划。（如表 4—1）吉林省通过了国有文艺院团体制改革实施意见和非时政类报刊出版单位体制改革实施意见，扶植培育吉林歌舞剧院集团、长影集团、吉林出版集团等文化市场主体，打造"吉林动漫""吉刊""农村题材电视剧"等特色文化产业品牌。辽宁省根据《关于深化文化体制改革加快文化产业发展全面推进文化建设意见的通知》，提出要规划设计辽沈抚中部城市群文化产业综合示范区、大连丹东沿海沿江文化产业带和辽西特色文化产业区等三大区域板块，并重点突出了辽宁的出版印刷、演艺娱乐、新闻传媒和特色旅游等九大主导文化产业。黑龙江省根据《关于建设边疆文化大省的实施意见》的战略规划，提出保证"文化产业投入资金高出同期财政收入实际增长 1.1 倍"的"硬"目标。这些法规多为解决本地目前文化产业发展的实际问题而推出，具有很强的现实针对性和指向性，但缺乏系统性和可持续性。不少文化产业项目往往随着主管部门人事变化而变化，甚至因为个别机构负责人规划思路的调整而导致一些文化产业园区得不到持续的优惠政策。有学者运用面板数据模型研究了中国目前实施的文化产业发展规制的时效性问题，发现中央文化产业政策和地方文化产业政策之间存在严重时滞。[①] 根据上文对东北各级政府文化产业规制的统计梳理发现，同样存在政策时滞问题，并已经影响到本地文化产业竞争力的提升。

① 王凤荣：《中国文化产业政策变迁及其有效性实证研究》，《山东大学学报》（哲学社会版）2016 年第 3 期。

（三） 文化产业发展规划缺乏前瞻性和协同性

一项科学的文化产业发展规划不仅应该具有前瞻性、系统性和现实针对性，还应注意不同地区、不同业态发展规划之间的统筹和协调，对于东北地区而言尤其如此。东北三省共处一隅，自然环境相似，地理位置相邻，历史传统相近，文化资源相交。各省优先扶持的优势文化产业业态和依赖的自然文化资源高度趋同。比如，满族朝鲜族民风民俗和餐饮文化是东北地区特有的文化资源，满族发源于吉林省长白山地区，吉林市是满族文化重镇。后金统一满洲各部之后将沈阳作为行政中心和文化中心，辽中和辽南成为全国著名的满族聚居地。满族剪纸这一宝贵的非物质文化遗产由辽宁新宾、河北丰宁、吉林省吉林市和吉林省长白山等地共同申报获得的世界非物质文化遗产。在辽宁省抚顺市和吉林省吉林市的文化产业发展规划中都提出通过设立政府专项扶植基金和引入社会流动资金的办法加强对满族民俗剪纸的商业化开发，至于各地之间应该开展什么样形式的合作、构建什么合作机制和平台都没有论述。这就阻碍了满族剪纸这一重要非物质文化遗产进行商业化、产业化开发的步伐。

表 4—1 　　　　　　　　　东北地区重要文化产业法规

省份	名称	时间
辽宁	"十一五"时期文化发展规划纲要	2007
	关于促进电影产业繁荣发展的通知	2010
	关于打击侵犯知识产权和制售假冒伪劣商品专项行动实施方案	2010
	知识产权战略实施推进计划 2012—2015	2012
	辽宁省文化产业振兴规划纲要	2011
	关于贯彻落实党的十七届六中全会《决定》加快建设文化强省的实施意见	2011
	关于促进文化产业发展的若干政策规定	2011
	辽宁省"十二五"文化改革发展规划	2012
	辽宁省非物质文化遗产保护条例	2014
	关于振兴辽宁地方戏曲实施意见	2015
	辽宁省文化领域供给侧结构性改革实施方案	2016

续表

省份	名称	时间
黑龙江	关于支持文化体制改革和文化产业发展若干意见	2007
	关于推动我省动漫产业发展的实施意见	2007
	关于开展 2009 年游艺娱乐场所审批工作的通知	2009
	黑龙江省加快推进文化体制改革工作实施方案	2009
	黑龙江省广播电视网络整合转企改制实施方案	2010
	关于推动文化大发展大繁荣的行动规划	2010
	黑龙江省知识产权战略纲要 2011—2022	2011
	关于加强战略性新兴产业知识产权工作若干意见的通知	2012
	黑龙江省文化产业发展"十二五"规划纲要	2013
	黑龙江省重点文化企业认定管理办法	2013
	关于促进文化旅游深度融合推动演艺市场繁荣发展的通知	2014
	黑龙江省文化产业重点项目扶持资金管理办法	2014
	黑龙江省关于贯彻推动文化金融合作意见的实施意见	2014
	黑龙江省推动文化文物单位文化创意产品开发若干措施	2016
吉林	支持文化体制改革和文化产业发展若干政策	2009
	吉林省深化文化体制改革总体方案	2009
	吉林省中小企业成长规划 2010—2012	2010
	关于促进发行放映产业繁荣发展的实施意见	2010
	关于落实国务院文化产业振兴规划的意见	2010
	关于加快资本市场发展的若干意见	2010
	关于加快培育和发展战略性新兴产业的实施意见	2011
	吉林省支柱优势产业跃升计划 2011—2015	2011
	吉林省社会事业发展"十二五"规划	2012
	吉林省旅游产业壮大计划	2012
	关于进一步促进小型微型企业发展的意见	2012
	关于进一步强化金融服务小型微型企业发展的指导意见	2012
	关于加强战略性新兴产业知识产权工作的实施意见	2012
	吉林省文化产业示范基地管理办法	2014
	吉林省省级文物保护补助资金管理办法	2016

省份	名称	时间
重点城市	沈阳市促进文化产业发展的若干政策措施	2007
	沈阳市 2008—2012 年文化产业发展规划纲要	2008
	沈阳市人民政府关于推动文化大发展大繁荣的决定	2008
	沈阳市"十二五"文化产业发展规划	2011
	智慧城市总体规划 2016—2020	2015
	关于加快发展体育产业促进体育消费的实施意见	2016
	关于进一步壮大战略性新兴产业实施意见	2016
	沈阳市文化创意产业"十三五"规划	2016
	长春市文化事业与文化产业发展规划：2008—2012	2009
	长春市关于促进文化事业与文化产业发展的若干意见	2009
	哈尔滨市关于促进群力新区金融商务文化产业建设发展的若干意见	2009
	大连市文化产业发展规划：2011—2015	2011
	哈尔滨市文化产业发展布局规划（2013—2020）	2013

资料来源：根据历年辽宁省人民政府公报、吉林省人民政府公报、黑龙江省人民政府公报统计。

二 文化产业整体竞争力不强

衡量一个国家或地区文化产业的竞争力有多重指标，宋彦麟在题为"辽宁省文化产业竞争力研究"的论文中构建了包括生产要素、需求状况、产业集群、企业战略和政府行为在内的 5 大要素 58 个指标作为考察辽宁省文化产业竞争力的标准。[1] 顾江通过对构成文化产业竞争力的 4 个一级指标 7 个二级指标 21 个三级指标进行量化分析，认为上海、广东、江苏、北京等发达地市构成了中国文化产业发展的第一方阵；湖南、河南、辽宁、黑龙江等地市构成了第二方阵；天津、山西、重庆、吉林等地市构成了第三方阵。[2] 上述文献对东北三省文化产业竞争力的估算与三省政府发布的文化产业发展规划的定位，基本上是一致的。本书不致力

---

① 宋彦麟：《辽宁省文化产业竞争力研究》，博士学位论文，哈尔滨工程大学，2006 年，第 80 页。

② 顾江：《我国省际文化产业竞争力评价与提升：基于 31 省市数据的实证分析》，《福建论坛》2012 年第 8 期。

于构建文化产业竞争力的指标体系，只从文化产业增加值、文化产业劳动者报酬等 5 个基本指标来分析东北地区文化产业的总体竞争力。

（一）文化产业增加值

2007—2012 年之间，我国文化产业增加值保持了年均 20% 以上的增速。2010 年文化产业增加值首次突破万亿元大关，占到同期 GDP 的 2.75%；2011 年达 13479 亿元，占 GDP 比重达 2.85%。[①] 2011 年，辽、吉、黑三省文化产业增加值分别为 688.1 亿元、274.13 亿元和 285 亿元，分别同比增长 20.97%、31.34% 和 35.71%；文化法人单位增加值分别为 426.74 亿元、237.68 亿元和 262.96 亿元，分别同比增长 17.81%、19.23% 和 34.16%；文化产业增加值占各省 GDP 比重的 3.10%、2.59% 和 2.27%。辽宁、吉林和黑龙江分别在全国 31 个行政单位中排名 12、21、23 位，辽宁可归为第二梯队，吉林和黑龙江排第三梯队。

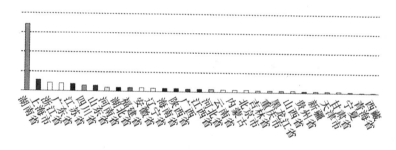

图 4—1　东北三省文化产业增加值排名

资料来源：据中国统计出版社《中国统计年鉴 2010》统计数据绘制。

（二）文化产业劳动者报酬

劳动者报酬是吸引劳动者进入某一行业就业的重要刺激因素。文化从业者的报酬问题在计划经济体制下往往得不到充分回报，极大阻碍了文化从业者从事文化生产创作的积极性。经过近年来文化体制改革的深入推进，东北地区文化产业劳动者所获得的货币形式或实物形式的工资、奖金、津贴以及其他福利等形式越来越丰富，数额越来越与劳动者的劳

---

① 文化部财政司：《2011 年中国文化文物统计年鉴》，国家图书馆出版社 2011 年版，第 471 页。

动付出对等，劳动者相应的知识产权也得到有力保护，进一步激发了文化产业从业者的生产热情。但是正如图4—2所示，东北三省文化产业领域劳动者的报酬与发达省份相比仍然较低，在2009年大陆31个省市级行政单位文化产业劳动者报酬中，辽宁省以144438.7万元排名第11位；黑龙江90935.4万元，排名第19位；吉林省82105.9万元，排名第23位。不仅不能与广东省（361351.8万元）、江苏省（310892.3万元）、上海市（280491.1万元）等文化产业发达地区相比，与国内文化产业第二队列地区的安徽省（140509.0万元）、河南省（164630.0万元）也难以媲美。这充分表明，东北三省在提高文化产业劳动者报酬方面还有一定差距。

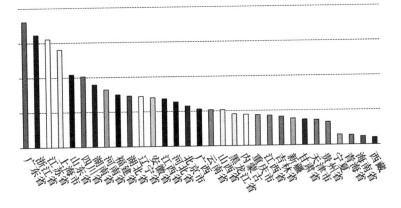

图4—2　东北三省文化产业劳动者报酬

资料来源：据中国统计出版社《中国统计年鉴2010》统计数据绘制。

（三）文化产业生产税净额

文化产业生产税净额是文化产业各生产部门的生产税与政府向各文化生产部门支付的生产补贴相抵之后的差额，它集中标志着某地区文化产业或某家文化企业的整体盈利能力和竞争力。在2009年大陆31个省市级行政单位文化产业生产税净额排名中，辽宁省文化产业生产税净额以19880.4万元排名第10位；黑龙江省以12213.6万元排名第18位；吉林省以6390.1万元排名第25位。（如图4—3）由此可见，东北三省的文化产业盈利能力差别较大，辽宁省基本可划为文化产业盈利能力的第二梯队，黑龙江省和吉林省是第三梯队末尾。

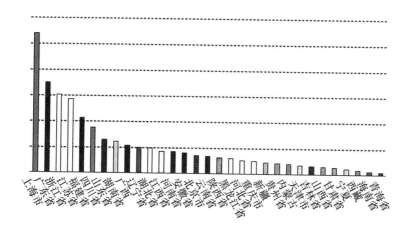

图 4—3　东北三省文化产业生产税净额排名

资料来源：据中国统计出版社《中国统计年鉴 2010》统计数据绘制。

（四）文化产业就业人口

据最新的人口普查资料显示，2010 年辽、吉、黑三省文化体育娱乐业从业人口分别为 12079 人、6021 人和 7497 人，东北地区合计 25597 人，占全国的 7.8%。2010 年辽、吉、黑三省文化艺术业从业人口分别有 2059 人、981 人和 1155 人，东北地区合计 4195 人，占全国 8.2%。（如图 4—4）从上述分析可见，无论是从产业规模还是从业人口看，文化产业正成为东北地区经济社会发展的重要增长点和具有广阔前景的支柱产业之一。按照全国文化体育娱乐业从业人口数量排名，辽宁省、黑龙江省和吉林省分别排在第 11、19、23 位。

（五）文化产业市场主体

截至 2012 年年底，在文化部命名的 273 家文化产业示范基地中，辽宁省有辽宁大剧院和本山传媒等 11 家；吉林省有东北风二人转和吉林歌舞剧院集团等 8 家；黑龙江省有冰尚杂技等 7 家。三省入选文化产业示范基地的单位合计 26 家，占全国总数的 9.5%，成为东北地区文化产品生产和文化服务供给的重要力量，也是进一步提振东北地区文化产业整体竞争力的重要着力点。但是，总体竞争力不容乐观。在光明日报等媒体连续发布的中国文化企业 30 强名单中，只有本山传媒一家在第一至第四届中上榜，其他文化企业没有入围，并且在 2013 年第五届排名中本山传

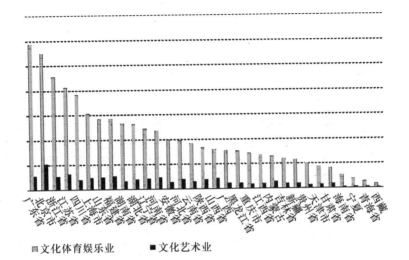

图4—4 东北三省文化产业从业人口排名

资料来源：根据2010年第六次全国人口普查数据绘制。

媒首次滑落出30强名单。除了北京、上海、广东等传统文化产业大省各有多家上榜之外，又有江苏、湖南、安徽等后起之秀实力暴涨。例如江苏一省就有江苏省广播电视集团有限公司、江苏省广电有线信息网络股份有限公司、江苏凤凰出版传媒集团有限公司三家同时上榜；湖南省有湖南电广传媒股份有限公司、湖南出版投资控股集团有限公司两家；安徽省安徽出版集团有限责任公司、安徽新华发行（集团）控股有限公司两家。这从侧面表明了东北地区文化产业面临着十分严峻的挑战。

表4—2   国家文化产业示范园区和示范基地

项目	名称	类别	批次
国家文化产业示范基地	辽宁锦州辽西文化古玩商城	文玩	第一批（2004）
	哈尔滨马迭尔集团股份有限公司	表演艺术	第一批（2004）
	辽宁民间艺术团	表演艺术	第一批（2004）
	大连普利文化产业基地	文化设备	第一批（2004）
	辽宁大剧院	表演艺术	第二批（2006）
	大连大青集团	文化设备	第二批（2006）

续表

项目	名称	类别	批次
国家文化产业示范基地	吉林省东北风二人转艺术团	表演艺术	第二批（2006）
	沈阳杂技演艺集团有限公司	表演艺术	第三批（2008）
	盘锦辽河文化产业园	园区	第三批（2008）
	大连海昌企业发展有限公司	文化设备	第三批（2008）
	吉林歌舞剧院集团有限公司	表演艺术	第三批（2008）
	中筝文化集团长春光明艺术学校	教育培训	第三批（2008）
	显顺琵琶学校	教育培训	第三批（2008）
	哈尔滨松雷股份有限公司	文化设备	第三批（2008）
	哈尔滨新媒体集团	新闻传媒	第三批（2008）
	沈阳三农博览园有限公司	文化旅游	第四批（2010）
	大连圣亚旅游控股股份有限公司	文化旅游	第四批（2010）
	吉林省宇平工艺品制造有限公司	工艺美术	第四批（2010）
	吉林省禹硕动漫游戏科技股份有限公司	动漫	第四批（2010）
	黑龙江冰尚杂技舞蹈演艺制作有限公司	表演艺术	第四批（2010）
	哈尔滨太阳岛风景区资产经营有限公司	文化旅游	第四批（2010）
国家文化产业示范园区	辽宁省沈阳棋盘山开发区	开发区	第二批（2008）
国家文化产业试验园区	黑龙江（大庆）文化创意产业园	园区	第一批（2011）
	吉林省东北亚文化创意科技园	园区	第二批（2012）

资料来源：根据中国文化部官方网站整理。

三　文化产品价值链低端化

（一）产品链条不完整，缺乏对衍生品的开发

文化产业区别于实体产业的一个重要特点就是产品链条延伸比较长，核心文化产品往往难以保证盈利，而充分挖掘核心文化产品外围的衍生品往往能够使整体产业盈利。比如一部动漫电影带来的票房利润往往微薄且难以持续，回笼的利润刨除投资方应得部分、演员片酬、技术设备费用等，所剩无几，甚至还有亏空。而通过知识产权授权可以将动漫形象做成图册、玩具、水杯等，甚至可以将动漫卡通形象印在衣服上，或建立以动漫电影为主题的公园、游乐园、餐厅等，这样一来可以发挥动漫电影的辐射带动作用。从东北地区目前文化产业衍生品的开发来看，做得还远远不够。许多非物质文化遗产还停留在以国家财政之力整理、挖掘、保存、传承上，许多重要旅游景点虽然已经产业化，但产业链条较短。以武汉市中山舰博物馆和长春市伪满皇宫为例，中山舰被打捞上陆以后，武汉市政府文化部门围绕中山舰设立了专题博物馆，不仅严格保护舰体本身，还加强对中山舰及其衍生文化产品的开发。博物馆聘请了国内著名文化产品设计、开发、营销专家组成顾问团队，针对不同年龄消费者的不同需求开发个性化文化衍生品。先后有以中山舰命名的文具、舰模、纪念银币、邮票、矿泉水、白酒、餐具等一百多个产品面世。武汉市政府还进一步提出了设立中山舰餐厅和主题公园的设想。而同样属于历史文化遗产的长春伪满遗址的商业化开发略显不足。目前伪满皇宫遗址仍然以实地旅游为主，与伪满文化相关的文化衍生品多以书籍、光盘、纪念品等实物为主，与伪满遗址和伪满历史相关的特色餐饮、体验式住宿等都没有开发。满足消费者精神文化消费需求的能力有限，难以上升到伪满遗址无形资产保护性开发的层面，更奢谈通过文化衍生品传承特色文化传统、加强爱国主义教育等更高层面的要求。随着后现代艺术的兴起和新兴文化产业业态的日益兴盛，人们越来越重视文化消费的综合价值，开发多层次、多种类、个性化、创意化的文化衍生品的问题已经摆在了东北地区文化产业发展的重要议程。

（二）价值链条低端化，缺少特色文化品牌

品牌是创意凝结的高级形式，是有形财产和无形财产共同组成的高级价值符号。品牌建设在特色文化产业培育和提振中具有举足轻重的作用，文化产业由数量增长向品质提升、由粗放型增长向内涵式增长、由价值链低端向价值链高端攀升的关键就在于品牌的培育和塑造。[①] 因此，品牌成为文化产业精品与一般产品之间竞争的重要手段，成为文化企业凭借其自身优势充分开展市场资源争夺的有效方式。深化文化体制改革，增强区域特色文化产业竞争力，关键是要推出一批强势品牌。

目前，东北地区特色文化产业和文化产品品牌建设仍然比较滞后。

---

① 闫小彦：《推进创意设计与品牌提升转变经济发展方式的重要途径》，《时代经贸》2011年第6期。

一方面，产品差异化战略尚未提到大多文化企业的核心竞争力方面，文化个性化、审美化的精神消费需求尚未得到充分重视，文化产品对地域特色、科技创意特色和个性化审美元素地融入尚有欠缺。吉林省广播电台所属的 15 个频道在 2008 年之后推出了十几档新节目，其中以婚恋、交友、家庭、情感类节目居多。许多节目由于缺少高级创意，没有很好地和吉林本地特有的关东文化相融合，难以博得听众偏好，尚未形成品牌效应就匆匆撤换。曾经具有较高收听率、连续引领长春市地面 20 多个频道的专题服务类广播节目《晓声长谈》，其听众忠诚度已经连续四年下降，交通频率和健康娱乐频道的市场份额分别下降至第三位和第五位。另一方面，区域特色文化产业和产品的根基是富有地域特色的关东文化，打造文化产业品牌集聚区和文化产业集聚区必须重视与地域文化和城市精神的互动。但是，包括沈阳、哈尔滨、长春、吉林等中心城市在内的多数城市文化品牌并没有形成与城市精神形成相互促进、相互融合的机制，许多品牌聚集区和文化产业聚集区在推动区域经济社会发展中的综合效用尚未得到深入挖掘。许多企业的文化产品仍然停留在对国内外类似产品的简单模仿和低级机械复制阶段，致使吉林省在国内国际文化竞争中处于不利地位，长期保持文化产业制造大省却不是文化产业创意大省，更不是文化创意品牌生产强省。

（三）缺少创意，内容贫乏

特色文化产业本质上是"特色为王""内容为王"的产业，是依靠意义建构为基础的新兴产业。文化产品的创意特色一般而言，主要由高科技特色、区域特色、民族特色等部分构成。我国是历史悠久的世界级文化大国，也是文化产品生产大国，但不是文化产品强国，不是创意生产大国。我国与美国、英国、日本、韩国等文化产业精品生产大国相比，文化产品的创意特色明显不足成为制约产品向价值链高端攀升、制约文化产业升级的重要短板。① 中国社会科学院发布的《旅游绿皮书：2009 年中国旅游发展分析与预测》认为，在未来 25—30 年，中国可以容纳 10 个乃至更多类似迪士尼规模的主题公园。但在 2010 年举办的中国主题公园峰会上有专家指出：全国主题公园中仅有 10% 可以盈利，至少 70% 亏

① 陈俊东：《文化创意：文化产业勃兴的点睛之笔》，《江汉论坛》2006 年第 10 期。

损。中国旅游协会发布报告指出，"中国主题公园存在的首要问题是缺乏创意，简单拷贝海外同业"①。无独有偶，近三十年来，中国动漫市场几乎被日本和欧美动画片占领，而中国本土生产的大量动画动漫作品却由于创意特色不足等原因，所占市场份额较小，即使进入传播媒体也难以获得较高的收视率和经济效益。东北动漫产业是政府优先扶持的新兴文化产业业态，在国内具有一定竞争实力。目前，吉林省有近百家动漫企业，仅长春市就有60多家动漫企业，200多个动漫工作室，年生产动漫上百部。但多数动漫产品从脚本到编辑，从布景到合成都缺乏创意特色。许多动漫作品与湖南、上海、广州等地生产的作品没有实质差异，难以体现独特竞争优势，因而在国内文化市场上所占份额不大。创意问题成为制约吉林动漫产业出精品、创品牌的重大障碍。再如二人转和满族民俗，辽宁、吉林、黑龙江三省都有二人转，从演艺人员数量、作品产量和质量来看辽宁省更具发展优势；全国12个满族自治县辽宁有8个，吉林有1个，满族民俗商业化、产业化开发辽宁搞得最好。吉林省许多二人转作品和辽宁省严重雷同，满族民俗开发也不具有地方特色，导致产业竞争优势不明显。

四　产业内部发展严重失衡

本书所指的不平衡主要体现在三个方面，即文化产业业态之间、区域发展水平之间、市场主体结构之间存在着三大严重的不平衡现象。

（一）业态不平衡：传统业态具有一定优势、新兴业态比较滞后

业态，是指产业、企业、行业所从事的内容和形式。文化产业所属门类可以划分为传统业态和新兴业态两大部分。文化产业的传统业态是文化产业赖以发展创新的基础；新兴业态是文化产业提升和转型的动力。文化产业业态的创新是产业高端化的必然选择，从传统业态向新兴业态攀升是文化产业发展的必然趋势。东北地区文化产业业态不平衡主要体现在：就文化产业构成而言，传统业态创造产值多、吸纳就业人数多、薪金水平较高，而新兴业态门类不健全，现有的新兴业态产值规模较小、从业人员较少、人员流动性大、薪金报酬水平偏低。以实地调查沈阳市

---

① 冯新生：《中国主题公园品牌之路何在》，《工人日报》2009年11月29日第4版。

浑南新区国家动漫产业基地内落户的三家小型企业 A 企业、B 企业和 C 企业为例，动漫企业 A 主要从事动画片制作，全公司有 31 人，工人平均月薪只有 3920 元人民币；同区从事室内装修设计行业的 B 公司有职工 46 名，工人平均月薪 5422 元；同区从事信息产品批发零售的 C 公司拥有职工 27 人，工人平均工资 5152 元。可见，动漫产业与同地域同类型其他产业的薪金要低很多。另外，由于东北地区从事新兴文化产业业态的人员大多数以初级和中级技术人员为主，大多数产品处在产业价值链底端，很多企业难以参与具有高新技术含量和高附加值的生产环节，这同样阻碍了新兴业态薪金水平的提升。在对辽宁省沈阳市、抚顺市、大连市、锦州市以及黑龙江省的牡丹江市、鹤岗市、大庆市的抽样调查同样发现，东北地区的上述城市与西南地区的同类城市相比，在表演艺术、电影电视、报刊图书、出版发行等产业部门具有一定优势，但在数字动漫、电子游戏、网络服务、数字文化服务等方面既缺乏先进技术支持，也缺少后备储蓄人才，造成了东北文化产业新兴业态提升的潜在障碍。

（二）区域发展水平不平衡：中心大城市较强，中小城市和农村较差

区域中心城市由于具有便利的基础设施、丰富的人力资本和浓厚的文化环境，在发展文化产业方面要比边缘城市和其他中小城市更具优势。但是广大的农村地区和边缘中小城市往往具有宝贵的自然资源，文化文物保护也较完整，在发展特色文化产业方面同样具有一定潜力。就东北地区而言，尚未形成中心大城市文化产业向周围卫星城市发挥辐射带动作用的渠道，中小城市和大多数农村地区还不能有效地连接到以大城市为核心的文化产业网络之中，导致大量特色自然文化资源得不到有效开发。比如黑龙江省的文化产业发展规划对齐齐哈尔、哈尔滨、大庆等地进行了重点规划和扶植，开发了哈尔滨中央大街步行街、索菲亚教堂、文庙、省博物馆、俄罗斯风情聚居区等文化景点，但是对于黑龙江省北部大兴安岭地区林业资源、西部森林草甸地带、东部中俄边境地区二战历史遗迹等都没有有效开发，北宋徽钦二帝北狩遗址、同江街津口赫哲族风情园、赫哲族、鄂伦春族和达斡尔族的特色民居、民俗和手工艺品等都处于沉睡状态。东北经济的健康发展离不开城乡二元制结构的破除，除了要从观念上高度重视农村和边缘城镇的发展、加大对上述地区的政策倾斜力度以外，还应从根本上增强农村自身的造血能力，通过开发农

村文化资源、开辟农民增收的文化渠道、开展农村文化产业发展的竞争是缩小东北城乡差距，并最终实现城乡一体化协同发展的可行之路。

（三）市场主体不平衡：国有或国有控股大企业垄断地位，中小微型企业多而弱

在东北三省的省级和多数市级文化产业发展规划中都提出了大力扶持国有或国有控股的骨干龙头企业的文化产业发展战略。沈阳市在"十二五"文化产业发展规划中提出，为实施"文化强市"战略，拟对具有比较优势的沈阳出版发行集团、沈阳传媒网络有限公司、四维数码科技有限公司等骨干文化企业给予重点支持。抚顺市提出要重点培育抚顺报业集团、赫图阿拉城、八旗风满族艺术团等10家大型文化企业成为该市文化产业发展的龙头。哈尔滨市提出对马迭尔演艺集团、哈尔滨大剧院等知名企业进行重点项目专项资金支持。可以说，上述政策既符合中央文化产业发展战略规划，又符合地方文化产业税源的利益要求。但是，文化产业和实体产业有很大不同，文化产业的市场主体结构和实体产业的市场主体结构有很大不同。扶持大型骨干文化产业企业无可厚非，但绝对不能同时忽视中小型文化企业，甚至是微型文化企业和个体文化业主的存在，更不能以牺牲中小微型文化企业的发展资源和发展空间为代价。从中国文化体制改革的必然方向和中国市场经济改革的双重视角来看，文化产业发展的根本动力在于中小微型文化企业，正是这些文化企业的存在广泛存在，才使文化市场具有种类更加丰富、创意更加新颖的个性化文化商品，才使文化艺术创造不断推陈出新，最终才能真正形成"百花齐放、百家争鸣"的文化发展局面。因此，当前东北地区文化产业发展中对中小微型企业的扶植力度还是远远不够的，这也是造成中小微型文化企业普遍竞争能力较差的一个重要因素。

五　文化产业发展的后续动力不足

文化产业发展离不开三种动力：文化消费、文化贸易和区域增长极，目前，上述三大动力均存在问题。

（一）文化消费动力不足

按照马克思的观点，生产和消费之间是辩证统一的关系，生产决定消费的对象、结构、方式和水平；消费是生产的完成形式和最终目的。

因此，文化消费构成了文化产业发展的重要内驱力，成为衡量一个地区文化产业发展潜质和国民幸福程度的重要指标。按照鲍德里亚在《消费社会》一书中的观点，文化消费甚至已经成为现代人参与社会生产和再生产、进行自我价值确认的必备环节。① 东北地区培育文化产业成为新的经济增长点和区域性支柱产业，必须充分挖掘本地区以及国内其他地区，乃至全世界文化消费市场，为东北文化产品的品牌化、国家化、高端化提供稳定的动力源。

而综合考量东北地区文化消费环境、文化消费意愿、文化消费水平、文化消费能力、文化消费满意度五大指标，发现目前东北地区的文化消费存在"不敢消费""不愿消费""不满意消费""消费市场狭窄"四大问题。所谓"不敢消费"是指东北地区经济发展水平较低、消费者工资收入水平较低，在家庭收入中扣除养老、医疗、教育、住房等重要支出项目后，用于文化消费的可支配收入份额较小。就文化消费支出部分而言，硬件耐耗文化设备的消费又远高于音乐、戏剧、电影、培训、展览等"软文化商品"的比重。所谓"不愿消费"主要是指文化产品种类少、内容贫乏，造成消费者不愿意购买政府官方供给的文化商品。而社会文化机构和文化企业供给的文化商品往往又由于价格门槛过高，超出了消费者可支付范围，因此出现了"想消费买不起，送上门不喜欢"的文化供给矛盾。所谓"不满意消费"是指文化产品或服务难以满足消费者的兴趣、爱好和审美标准，要么高雅艺术超出消费者欣赏水平，要么低俗艺术引起消费者的反感。所谓"消费市场狭窄"是指东北地区生产的若干文化产品带有严重的地域局限，难以满足东北之外更广大消费者的需求，更难以跨出东北走向全国、走向世界。比如东北二人转艺术，在东北具有"宁舍一顿饭，不舍二人转"的消费火爆场面，但南方观众往往难以表现出如此热情。2010 年本山传媒集团赴台湾演出铩羽而归、2007 年赴美国演出遭到当地华人社会的尖锐批评，均证明了东北文化产品消费市场拓展中遭遇"内容短板"，大大削弱了东北特色文化产业向外部传播的能力。

---

① ［法］鲍德里亚：《消费社会》，刘成富译，南京大学出版社 2001 年版，第 69 页。

（二）文化贸易动力不足

对外文化贸易是一国或一地区文化产业振兴不可缺少的外部动力，在文化产业争夺全球市场中具有举足轻重的作用。文化贸易不仅为本地文化产品提供了销售渠道、促进资金回流，更为重要的是，文化贸易将为地区文化产品的品牌化、国际化开拓通道。因此我们对世界经济强国和世界文化产业强国的统计对比就可以发现：经济实力和文化软实力之间普遍存在内在关联性，经济实力强大的国家，往往也是文化产业强国、文化对外贸易顺差国。例如，美国 2004 年文化服务贸易出口额全球第一，是日本的 3.7 倍、英国的 3.8 倍、法国的 8 倍、德国的 9.7 倍。上述五大文化产业强国是世界最大的文化产品进口国，也是最强大的文化产品输出国，其进口额占全球文化贸易进口额一半左右，其文化贸易总额占全球文化贸易额的 70% 。[①] 正是强大的文化对外贸易规模保证了这些国家文化产品在全球的销售市场，构筑着这些发达国家在国际事务中的话语权。联合国贸发会议（UNCTAD）的研究成果发现，世界发达国家和地区旺盛的视频电话、网络服务和数字媒体的消费，能够对文化产业欠发达地区的通信技术创新产生推动效果，使落后地区从文化信息被动接受者变成文化产品内容创新的积极参与者。东北地区文化对外贸易面临许多困难：规模以上出口企业较少、国家重点支持的文化出口重点企业还不够多；外贸企业发展资金不足，特别是中小微型文化企业在土地、融资、税收、市场准入等方面困难；大型对外出口项目较少，对外贸易风险较大等。

（三）区域增长极的拉动效果不明显

在区域文化产业发展过程中不可避免地要形成促进各地区产业竞争的激励机制。美国、意大利、澳大利亚等国在扶植文化产业成为新的经济增长点的过程中，都培育过重点文化创意街区、文化产业带、文化创意园区等特殊区域，充分发挥上述区域增长极的辐射带动作用。云南、湖南等地区文化产业跨越式发展的成功经验也表明建设文化产业区域增长极对于文化资源优化配置、文化创意人才集聚、创意孵化等具有重要

---

① UNESCO Culture Sector, *International Flows of Selected Cultural Goods* 1980—1998, Paris: the UNESCO Institute for Statistics, 2000, pp. 1 - 33.

意义。比如北京 798、上海张江、成都锦里。成都锦里集武侯祠博物馆、锦里民俗区、特色餐饮、购物等于一体，街道全长仅有 550 米，解决了上千个就业岗位，为成都每年带来几十个亿的财富。相比之下，东北地区的文化产业集群仍然是个问题。除沈阳、大连等少数城市以国家文化产业基地或园区为依托建立了具有一定规模和效益的文化产业集群外，多数城市仅仅依靠一家或数家零星文化企业、园区等，没有形成明显的产业关联。就现有的文化产业集聚区而言，园区内各业态之间的配合、关联也大成问题，不少园区地理位置偏僻，交通不便，基础设施配套不齐全，实质上充其量算是文化产品加工区，有明显的文化产业"地产化""泡沫化"的倾向。

综上所述，东北地区文化产业在形成新的经济增长点方面还存在若干困难。有些现象属于中国文化产业发展中的共性现象，有些属于东北地区所独有；有些由于规划设计不合理等引起的暂时性矛盾，有些则属于深层次体制性的矛盾。因此发展文化产业成为新的经济整长点和新的支柱产业，必须搞清问题的成因、制约因素，采取非常规发展措施，才能使东北地区实现文化产业的赶超发展，跨入文化产业发达地区行列。

第二节　东北地区培育文化产业成为
新经济增长点的制约因素

制约东北地区文化产业发展的因素有很多，既有经济因素，也有文化因素；既有体制性问题，也有制度性缺陷；既有自然地理区位原因，也有历史文化方面的原因。本书主要讨论自然地理区位、人才队伍、资本、文化体制四大制约因素。

一　自然地理区位与历史文化资源

（一）地形地貌复杂，自然资源多样

东北地区独特的自然地理区位为东北地区的文化产业发展提供独特的外部环境，在发展冰雪文化产业、休闲避暑文化产业、旅游观光产业、会展产业等方面具有得天独厚的优势。从地理学的视角来看，东北地区是包括黑龙江、吉林、辽宁和蒙东地区在内的一个相对完整的自然地理

单元。它南起辽宁省宽甸县境，北至黑龙江主航道中心线，长约 1300 公里；西起大兴安岭西坡阿尔山附近，东至乌苏里江与黑龙江合流点，宽约 1000 公里，总计 147 万平方公里的国土面积。2011 年该地区 1.22 亿人，GDP 总额达到 50009 亿元人民币，由大兴安岭、小兴安岭、长白山三大山系和三江平原、松嫩平原和辽河平原三大流域组成，是中国国土面积中最北端的区域，也是中国经济开发中的第四大增长极。东北地区纬度高，冬季天气寒冷，从北冰洋来的寒流越过东西伯利亚地区直抵东北，因而本区冬季气温较同纬度大陆低 10℃ 以上。冰雪覆盖期最长的有 6 个月左右，其中冰雪最好、最大的时间跨度有 4 个月，这为东北三省尤其是黑龙江和吉林许多地方发展冰雪旅游、冰雪赛事、冰雪节庆、冰雪艺术等特色主题的文化产业提供了自然条件。春夏季节，从西伯利亚发源的东北季风沿黑龙江下游谷地进入东北，使东北地区夏季气温不高，为发展避暑旅游提供了天然条件。黑龙江的牡丹江、五大连池、绥芬河等地已经开始筹办以夏季休闲避暑为主题的公园和节庆活动。由于东北地区南面临近渤海、黄海，东面临近日本海，从小笠原群岛发源的夏季气流向西北移动可以带来丰沛的降雨，所以东北地区江河湖泊众多，沼泽湿地星罗棋布，加之大面积针叶林、针阔叶混交林和草甸草原、肥沃的黑色土壤等自然景观，使东北自然和人文风光独具地域特色，成为发展文化产业的自然初始条件。比如黑龙江秉承"以冰雪为媒介，以文化为灵魂"的文化产业发展理念，将冰雪资源与冰雪艺术、体育文化等结合起来，建筑雪道 200 多条，高中级滑雪场上百家，最为著名的有"中国第一滑雪场——亚布力滑雪场"、二龙山滑雪场、月亮湾滑雪场、乌吉密滑雪场等，举办了中国汽车拉力锦标赛、全国自由式滑雪冠军赛等全国性重大体育赛事。自 1985 年以来连续举办为期一个月的哈尔滨冰雪艺术节，使之成为与加拿大魁北克雪节、日本札幌雪节、挪威雪节齐名的世界四大冰雪盛会。吉林省则利用冰雪资源举办查干湖冰雪渔猎文化节、吉林雾凇节等，带动了本省旅馆、餐饮、会展、娱乐等相关产业的发展。

（二）少数民族聚居，民俗资源独特

每个地区经长期民族融合和历史积淀形成的民族聚居区和特色民族民俗文化资源是发展区域特色文化产业的重要前提。大批有历史、科学和文化价值的特色村落村寨、历史遗存遗址，特色民族民间工艺产品，依靠口头和行为传承的各种语言文字、文学艺术作品、风俗习惯、民族节庆等有形文化资源或无形文化资源，是文化产业赖以发展的重要资源基础，是突出区域文化产业特色、打造区域特色文化产业精品的重要物质载体。东北地区在这一方面具有明显优势。中国所有的民族在东北都有活动和定居，其中有三十多个民族以东北为主要聚居地，包括满族、朝鲜族、蒙古族三大少数民族以及达斡尔族、锡伯族、赫哲族、鄂伦春族、柯尔克孜族等。其中朝鲜族、满族、蒙古族都有本民族的语言、文字、节庆活动、自治市（县、盟、州）等，为东北地区文化产业的发展奉献了满族说部、满族餐饮、蒙古族音乐、蒙古族那达慕、朝鲜族音乐舞蹈、朝鲜族民族服饰等多种文化资源。但近年来，受全球气候变暖、水土流失加速、沙漠化严重的影响，东北边疆许多地区民族民间文化资源流失严重、文化生态遭到严重破坏，文化产业赖以发展的基础受到严重削弱。有些地区在当地优秀文化遗产保护传承和开发利用的过程中，忽视对本地自然景观和历史文化传统的综合利用，不顾区域文化资源的历史原貌和内在文化价值，按照现代人的审美观点搞大拆大建，甚至彻底改变了民间文化资源的历史原貌，对民族民间文化资源进行掠夺式开发，导致大量文化资源遭到严重的"开发性破坏"和"建设性毁坏"，成为民族民间文化流失的另一种表现形式。有些旅游资源如长白山景区、鸭绿江上游鱼类自然保护区、前郭县查干湖自然保护区等保护措施较为得力，另有大量草原、草甸、林场、火山群等自然景观尚未纳入政府保护范围，有不同程度的破坏和流失。例如，吉林省现有非物质文化遗产世界级 2 项，国家级 37 项，省级 293 项。除朝鲜农乐舞、乌拉满族秧歌等列入国家遗产名录外，朝鲜族远古传说、满族说部、蒙古族婚俗等多种非物质文化遗产未能得到有效保护，有些已经成为濒危遗产。

（三）历史悠久跌宕，艺术门类齐全

东北地区是中国领土格局中开发较晚的一隅，也是中国文化产业起步较晚的地区之一。尽管东北文化只有短暂的历史，但东北历史却拥有悠久的过去。从文化历史方面来看，东北地区历史悠久、文化资源丰富，早在旧石器时代，东北就有人类活动的遗址，金牛山遗址和庙后山遗址是从直立人向早期智人过渡时期东北重要的文化遗存，在呼伦贝尔草原的海拉尔河和伊敏河交汇处冲击形成的平原上则发现了细石器遗址，足以证明东北地区在二三十万年前就有不同于中原文明的原始文明存在。辽西牛梁河红山文化遗址的发现将中华文明史提前了 1000 多年，该遗址所独有的玉龙雕饰和宗教祭祀场所证实了东北境内起初先民最早的文化活动。战国时期，燕昭王首次在东北地区建制设郡，成为中原文明进入东北的重要标志之一。秦汉时期北方游牧民族南下频仍，东北与内地经济和文化交流活动日益增多。唐朝时已经在黑龙江流域普遍设立了正规的管理机构，如室韦都督府、忽汗州都督府、黑水都督府等，对东北地区进行了有效管辖。明承元制，明朝设立的奴儿干都指挥使司共下辖 400 多个行政和军事单位，辖区北至外兴安岭，冬至海上库页岛。清朝政权崛起以后，以东北地区为稳固的大后方，大力开垦殖边，关内关外经济文化交流更为频繁，东北与关内的经济文化发展差距日益缩小。随着东北人口由清初 100 万增加到清末的 2000 多万，东北地区文化等各项事业也出现了繁荣景象。经过汉、唐和明王朝三次关内汉族人口的大规模迁入，东北地区最终建立起以汉文化为主体的文化结构。随着大清帝国的衰落和帝国主义侵略的加剧，东北地区沦为俄日等帝国主义列强的势力范围，俄日异域文化随之引入并逐渐与本土文化相融合，终使东北地区形成了以汉族文化为主体、以少数民族文化为辅助、以异域文化为特色的特殊地域文化，构成了东北文化产业发展的文化土壤。经过上千年的交流和融合，东北地区至民国时期形成了三种比较大的文化系统，一是占据主流地位的中原文化（汉文化）；二是包括满族、朝鲜族、蒙古族、达斡尔族等在内的少数民族文化；三是包括俄罗斯文化在内的异国文化，形成了民族歌舞、远古神话、民俗仪式、特色手工艺制品加工等多种艺术门类，且每个门类都有文化艺术精品。

二 区域文化品格与产业发展误区

一国或一地区经过长期历史演进形成的具有强烈地域特色的文化传统、民风民俗、文化品格等是影响该国或地区经济社会发展的重要制约因素，对于兼具文化色彩和经济色彩双重功能的文化产业这一特殊产业来说，其影响更为显著、更为长远。在经济学史上，李斯特、马歇尔、韦伯、科斯、诺斯等都曾研究过文化（或制度或意识形态）对经济增长的影响。马歇尔认为，英国人文化性格中勇于探索的精神、对于客观规律的尊重等特性催生了工业革命。他分析了宗教改革对英国经济增长的影响，高度评价了基督新教教义创新给英国公民价值观念更替产生的重要推动作用。韦伯在《新教伦理与资本主义精神》一书中认为，资本主义精神变革了英国的旧传统、旧习俗，催生了符合资本主义生产关系的新价值观系统，为经济增长提供了不竭动力。新制度经济学家科斯、诺斯先后提出了交易费用理论、国家组织理论，全面分析了包括政治意识形态在内的广义价值系统对个人收益和整个社会经济体的影响。美国麻省理工学院经济学教授达荣·阿西莫格鲁（Daron Acemoglu）与哈佛大学政治经济学教授詹姆斯·罗宾森（James A. Robinson）的新著《为什么国家会失败》通过比较分析，生动解释了美国和墨西哥边境两个地理位置邻近的城市因为选择不同制度、受不同文化传统支配而产生不同经济增长绩效的原因。[①] 上述研究成果毫无例外地均涉及广义上的文化与长期经济增长的关系问题，对于研究东北地区文化品格与产业培育具有重要启发意义。由于具有特殊的地理区位、复杂曲折的发展历史、多样化的民族文化，东北地区环绕辽河和松花江这一相对独立的地理单元，形成了由汉族农耕文化、蒙古族游牧文化、少数民族渔猎文化和俄罗斯犹太异域异质文化为总体的关东文化。这种文化与关内汉族儒家思想为正统，兼容蒙古族、朝鲜族、满族、锡伯族、鄂伦春族等少数民族的文化，经过长期历史变迁，演化成一种具有强烈地域特色的关东文化品格。这种包容开放、多元一体的关东文化品格属于典型的北方文化涵养出来的文化品格，它正面表现为诚恳直爽、热情泼辣、幽默风趣的文化性格；反面则表现为知足常乐、小富即安、过度粗放的缺陷，缺乏文化创新的动力。这种文化传统和文化性格具体到文化产业发展观念方面，表现在以下四种不利于文化产业发展的思维。

一是滞后的计划思维。在计划经济时期，东北地区依靠国家倾斜发展战略和得天独厚的资源优势取得了经济社会发展的辉煌成就。改革开放以后，随着国家国土开发方向的转移和对外开放层次的重新构建，东北地区与东南沿海地区逐步拉开差距，对外经济贸易往来和文化交流活

---

① Daron Acemoglu, James Robinson, *Why Nations Fail: The Origins of Power, Prosperity, and Poverty*, New York: Crown Business, 2012, p. 94.

动也没有像东南沿海地区一样大幅攀升，市场观念、商业化观念、产业化观念长期没有进入东北文化事业发展考量之中。在 2003 年国家文化体制改革推行后，有不少地区的领导干部和文化企业事业单位负责人仍然不习惯用产业化思维管理和经营文化资产、文化企业，还不习惯把市场经济效益和社会效益结合起来作为综合判断文化产品质量的共同标准，甚至还有些文化管理干部从本部门的局部利益出发，将文化产品供给看作政府全权负责的领域，无视国家行政体制改革的规划部署和未来趋势。有些领导干部不敢放手使用市场手段发展文化事业，一旦在文化产业培育过程中出现局部混乱或改革阻碍，便统统归因为市场化、产业化的原罪，抵制文化体制改革的市场化方向，试图回到计划经济时代文化管理体制的旧模式上去。尤其是在最近十年关于改革路线和中国模式的争论中，对于中国社会主义文化建设的道路、方法与体制出现了若干分歧。有领导干部或专家学者打着维护国家文化安全的幌子阻碍文化产业体制机制改革创新，甚至搬出意识形态的教条进行"文革"式的大批判，这种现象如得不到及时纠正将会妨碍文化产业的振兴。

二是"文化技术化"思维。文化产业是产业，更是文化。文化产业关乎意识形态安全，而"意识形态安全是国家文化安全的重中之重，也是判断文化安全态势的核心标准"①。忽视文化产业所生产的大众文化产品对意识形态造成的直接或潜在的冲击是政治上的幼稚病，是经济上的短视症，必将引起国家文化安全的重大隐患。因此，在发展文化产业过程中必须高度重视意识形态安全问题，坚持将文化产品的社会效益放在第一位，努力实现文化产业的经济效益和社会效益的统一。有些干部群众对文化产业的特殊性还没有深刻把握，试图以发展东北地区传统的汽车、石油化工、机械制造等实体产业的思维和模式来经营文化产业，已经在文化产业发展的实践中遭遇挫折。目前，东北若干地市大量批复设立文化产业园区，而对文化产业园区缺乏前期科学规划和后期有效监督，导致有些文化产业园区重复建设，难以实现规模效益。某些已经建成的文化产业园区中，忽视文化产品价值链条的提升和整合，忽视产业园区内设计、研发、包装、物流等配套环节建设，出现了"变相搞房地产开

---

① 丁志刚：《论中国的文化安全及其护持》，《学习与探索》2012 年第 7 期。

发"的文化地产现象，造成了文化产业发展中的泡沫，集聚了文化产业发展风险。

三是"文化泛经济化"思维。从 20 世纪 80 年代开始鼓励发展旅游业等文化产业部门开始，中国政府对文化产业的定位就存在一种"泛经济化"的问题。这种思维将文化产业作为扩大政府财政税收的来源，因为需要筹钱而鼓励文化企业或个体文化从业者投入文化产业部门，而在扶持文化产业发展的整个过程中，政府主要关注的是"文化产业产值""吸纳就业人口""上缴利税"等经济指标，对于能够带来"文化 GDP"的企业则大力支持，对于产值较小的就排除在政府优先资助的门槛之外。现在东北地区出现的文化地产、文化泡沫、烂尾工程与这种思维有很大联系，成为制约东北地区文化产业成长为新经济增长点的障碍。

四是文化管制偏好。东北地区过去几十年的市场化改革在转变政府职能、完善政府管理方式等方面做出了巨大成绩，政府从计划经济体制下以管制和计划为主要功能的全能型政府向市场经济体制下以管理和服务并重为主要功能的"小政府"转型。根据中国共产党第十八届三中全会提出正确处理政府和市场的关系问题是经济体制改革的核心问题，是全部改革的重中之重，要"使市场在资源配置中起决定性作用""着力解决市场体系不完善、政府干预过多和监督不到位的问题"。未来东北地区文化管理部门的机构重组、职能合并、角色转换等改革内容将会提上日程，政府在推动文化产业发展中的职能将会从目前的微观管理向宏观管理、管理控制为主向管理服务为主转变。随着东北地区新型现代文化管理体制的最终建立，政府将会进一步释放手中的文化管理控制权力，下放行政审批权，这个过程中需要文化改革思维的转换——从管理控制思维转向管理服务思维。

三　人力资源储备与人才成长环境

文化产业能否成功培育成为东北地区新的经济增长点，储存、利用大批优秀文化产业人才是根本。发展东北地区文化产业，必须高度重视文化产业特殊专业技术人才和高级管理人才两支队伍建设。包括作家、导演、演员、出版商、记者、策划、民间艺术家等在内的文化产业人才队伍是制约特色文化产业发展的重要因素。云南省近年来推出的大型原生态歌舞剧《云南映象》在 50 多个国家和地区公演 1200 场次，创收过亿元，实现了经济效益和社会效益的良好结合，这与著名舞蹈家杨丽萍的倾心打造密不可分。东北地区文化产业的发展面临严峻的人才瓶颈。一是特殊文化艺术形式后继无人。由于各种原因，在文化资源流失的同时，文化专业人才也不同程度地流失。据报道，东北和西南地区我国许多少数民族聚居区的民族古文字研究人员、民族传统文化技艺传承人、民风民俗传习人的培育越来越困难。在满族发源地之一的吉林省乌拉街镇，能够熟练使用满语进行满族传统民俗表演的非物质文化传承人只有五六人。多数青年人丧失了对民族民间技艺传习的热情，精通满语的青年研究员更少。满族说部是记载满族历史、风俗的一门口耳相传的说唱艺术，是民俗学、边疆史、民族关系史研究的宝贵资料库。但由于说部文本语言艰涩、宗教迷信内容较多、保护资金不足等困难，缺少代表项目青年传承人，面临后继乏人的窘境。除此之外，前郭县蒙古族婚礼、查干湖捕猎祭祀仪式等宝贵民俗文化项目同样由于继承人问题面临失传危险。二是本土培育的文化产业后备人才流失严重。与国内其他区域文化市场相比，尽管东北地区文化产品数量不断增加，但质量和市场影响力却反响平平，关键在于缺乏高级创意师和高层次的市场策划人才。而高级创意人才和策划人才又必须以庞大的后备人才储备为基础。吉林省有 20 多所院校开设了动漫专业，每年培育动漫及相关专业毕业生近万人，仅独立设置的吉林动画学院每年就有 3000 多名毕业生。但由于省内缺乏具有较强竞争力的一流动漫企业，缺少吸引人才的灵活用人机制和优厚待遇，大多数优秀毕业生流向京津经济圈、长三角和珠三角等经济发达地区。东北地区一批艺术培训机构能够每年供应上万名文化产业后备人才，但是缺乏立足于创意金字塔尖的高端创意人才，更缺乏一流的创意管理团队。

东北地区文化产业的振兴离不开文化创意人才的大量涌现，而文化创意人才的培育离不开自由、开放的人才成长环境和科学合理的用人机制。从中国历史上来看，凡是社会文化管理较为宽松自由、社会氛围较为包容和谐的时代，皆是文化艺术发达繁荣的时代，从春秋战国的百家争鸣到两宋时期的市井艺术形式的繁荣皆是如此。反之，则是文化艺术萧条冷落的时代，中国文化内在创新机制的削弱所引发了"李约瑟难题"

和"韦伯命题"就是明证。著名文化创意学者佛罗里达在《创意阶层的崛起》一书中提出了具有较大影响力的创意阶层理论。他通过分析美国迈阿密、新奥尔良与华盛顿、波士顿、旧金山等两类城市文化创意产业发展的不同水平，指出现代社会中除了工业阶层、农业阶层和服务业阶层以外日益形成了一个新的阶层：创意阶级。他同时指出了创意阶层成长的必要条件——只有宽容的环境才能聚集画家、音乐家、波希米亚人等。

一是自由宽松。文化活动是人自由自主的生命活动，是人最本质自我在精神层面的具体展现。因此，在自由宽松的文化环境中进行文化创作、参与文化活动的权利构成了基本人权的必备内容。《联合国宪章》《世界人权宣言》《经济、社会文化权利国际公约》和《保护和促进文化表现形式多样性公约》等一批国际章程和公约，共同将构建自由宽松的文化环境、保护"人人有权参加社会化的文化生活"等纳入其中。文化环境的自由宽松就意味着减少政府对文化艺术创作活动的限制和干预，意味着增加社会对异质文化思想和异己文化艺术家的宽容，对一切真正独立、自主的文化艺术创作活动给予最起码的尊重和保护。除危害社会公共安全和侵犯公民合法权益的活动之外，不得动用国家暴力机器对非主流非正统的文化艺术创作活动给予限制、禁止、打击、取缔，不得以法律、道德或其他形式干预公民自主文化选择的自由。

二是包容开放。文化艺术作品尽管可以通过大规模机械复制的方式提供给大众消费，但只有个性化的原创性艺术珍品才能真正给予高端的个性化享受和体验，才能真正不因时代阻隔而流传长久。文化艺术作品的创作是个性化的活动，文化艺术作品本身没有是非对错的统一标准。只有通过文化艺术本身的比较、鉴别、分析才能区分艺术作品的高低雅俗。同时，艺术创作又是高风险活动，并非所有的艺术作品都能得到市场和社会的双重认可，并非所有的艺术家都能在当代即能获得相应的货币报酬或其他非物质报酬。因此，要吸引优秀创意人才从事创意产业，必须形成鼓励创新、宽容失败、允许大胆冒险、支持长期钻研的文化环境。对文化创作要宽容一点，让文化环境宽松一点，对文化工作者宽厚一点。同时，要保持文化的开放性，广泛吸收古今中外一切文化成果，不以意识形态为芥蒂，这样才利于文化创新，利于文化艺术作品创作，最终使马克思主义文化传统、中国古典文化传统、西方外来文化传统在当代中国共生共荣，创作出中国特色社会主义的新文化。

三是竞争激励。计划经济时代的传统文化体制缺乏竞争机制和激励机制，导致文化生产的低效和文化产品的短缺。只有建立起一种产权明晰、权责分明、利益共享的文化管理机制才能调动文化艺术部门和个人的积极性。东北地区文化产业的发展需要重视竞争激励的培育和完善，否则，难以吸引到区域之外的优秀人才参与本地区的文化艺术生产，也难以激发东北本土文化艺术人才的生产热情。那样，东北地区培育文化产业成为新的经济增长点的人才瓶颈将更为突出。

四　高新技术与产业创新能力

"科学技术是第一生产力，而且是先进生产力的集中体现和主要标志。"[1] 现代科学技术突飞猛进的发展极大地改变了人类社会发展方式，改变了经济组织结构和产业形态。文化产业是以科学技术为支撑的知识产业形态，用以网络技术、数字技术和多媒体技术为代表的高新技术改造提升传统文化产业、发展新兴文化产业，力促文化和科技的融合，是实现传统文化产业业态向高端新兴文化产业业态转型升级的关键，是实现文化产业规模化、集约化发展的重要推动力。"科技创新是文化产业发展的重要引擎。"《文化部"十二五"时期文化产业倍增计划》提出，要发挥文化和科技相互促进的作用，通过建立科技创新体系、实施科技带动战略，发挥科学技术项目的引领推动作用，推动中国文化产业的发展，这既是对未来文化产业发展趋势的精准把握，又为中国文化产业未来的发展指明了方向。高新技术对文化产业的推动作用，主要体现在两大方面：对传统文化产业的改造提升和对新兴文化产业的推动促进。

一是对传统文化产业的改造提升。随着现代科技威力的逐步显现，文化和科技融合的趋势日益显著，融合步伐不断加快，文化的科技化和科技的文化化成为一股世界潮流。高新技术通过合作创新、集成创新、技术联盟等方式为传统文化产业提供新的业态、新的产品、新的创意和新的传播渠道，发挥高新技术的技术溢出效应和杠杆效应，越来越成为

---

[1]　《江泽民文选》（第三卷），人民出版社 2006 年版，第 275 页。

改造提升传统文化产业形态的重要措施。2000 年《文化产业发展第十个五年计划纲要》中提出要求："用现代技术升级传统文化产品和服务，实现文化产业的跨越式发展。"信息技术、网络技术、数字内容技术、云技术等新技术的几何式发展为传统文化产业提供了坚强的技术支撑，使得传统文化产业所具有的内容优势得以发挥，因此传统文化业态出现了纸质媒体电子化、传统出版企业网络化、广播电视数字化等新的发展趋势。其中，传统纸质媒体的电子化、数字化、网络化成为这一潮流的典型形态。据美国报业协会预测，2011 年，全美报业广告收入比 2005 年下降了 46.7%。全球闻名的世界级大报《纽约时报》在 2007 年金融危机以后广告收入遭遇重大挫折，2010 年的广告收入比 2006 年下降了 38.4%。1995 年，该报就成立了数字媒体公司，试行纸质媒体的数字化。2005 年，《纽约时报》又首次通过网站推出《时报精选》栏目，尝试了数字付费模式。即使这样，该报依然无法摆脱互联网技术的冲击，不得不专门成立了网络研发部，专门研究受众阅读习惯的变化和网络服务吸引力问题。由此可见，高新技术不仅推动传统文化产业数字化、网络化，还将在传统产业的边缘地带催生新的文化产业形态，不仅提高传统文化产业的自主创新能力，而且还将通过增强传统文化产业创新能力促使传统产业产生新的竞争优势。

二是对新兴文化产业的推动促进。新兴文化产业的发展是推动文化产业成为东北地区新经济增长点和新支柱产业的核心力量。所谓新兴文化产业主要是指依托数字技术、网络技术等现代高新科学技术产生的文化产业新业态，如数字出版、数字电视、动漫、网络游戏、手机新媒体等。"以数字化、网络化和多媒体化为代表的当代信息革命不仅带来了崭新的经济形态——数字经济和网络经济，而且也带来了崭新的文化形态——数字文化和网络文化。"[1] 数字出版产业是我国文化产业新兴业态中发展最快的种类之一，数字出版技术是我国起步较早、与国外先进技术差距较小的技术之一。所谓数字出版是指使用二进制技术对出版的作品原创、编辑加工、信息校对、印刷复制、销售流通、消费使用等各个

---

① 孟晓驷：《发展中国文化产业的三大战略举措》，《北京大学学报》（哲学社会科学版）2005 年第 2 期。

环节进行数字化操作以便于声音、图像、文本、数据库等更加方便流通的产业形态。它不仅大大缩短了传统印刷品制作、流通时间，大大降低了传统出版物发行、仓储、流通的成本，而且减少了文化产品对自然资源的消耗和依赖，推动了传统出版企业向现代出版企业、传统印刷品向现代电子出版物、传统营销模式向现代网络数字营销模式的转变，成为新兴文化产业中不可忽视的一支增长力量。2009 年中国数字出版总产值首次超越传统出版产业总产值，标志着数字出版开始战胜传统出版产业成为出版产业结构中的主体部分。① 数字出版技术是数字出版产业发展的引擎。在数字出版产业发展历史上，E-ink 电子纸技术推动了电子书的出现；触摸技术促成平板电脑的诞生；安卓系统、苹果商店应用平台带动了智能手机业务。我国数字技术、网络技术、移动通信技术的高速发展为数字出版技术综合创新奠定了基础，为数字出版产业的崛起提供了坚实的技术支持。我国在跨平台阅读技术、数字版式技术、挂图和彩色管理技术、内容制作加工技术、图像处理技术、数字内容管理技术、数字版权保护技术（DRM）、RIP 技术、有线数字信息传输技术、无线数字信息传输技术、多载体数字信息技术、云出版服务技术等数字出版产业的关键技术上均有重大突破性。

　　东北地区拥有丰富的历史文化资源，在期刊产业、印刷出版、电影电视剧制作等传统文化产业方面具有强大竞争优势，但也同样面临传统文化产业的转换升级问题，通过发展高新技术改造提升传统文化产业，培育具有自主知识产权的文化品牌，增强东北文化产品的表现力、吸引力和感染力，提高东北文化内容传播的数字化、网络化水平，从而打造东北文化产品在国内国际市场上新的竞争优势，当是未来数十年东北地区文化产业面临的重要任务之一。东北地区拥有北方联合出版传媒（集团）股份有限公司、东北网络台——黑龙江大学出版社数字出版基地、辽宁东港市数字出版产业园等重要数字出版产业发展基地，与北京上海等国内发达地市的数字出版技术水平基本保持同步。东北地区数字出版产业要实现转型升级，必须依靠核心技术、关键技术和共性技术的突破，为突破硬件产品同质化、

---

① 中国出版科学研究所：《2010 年中国数字出版年会年度报告》，《出版参考》2010 年第 22 期。

内容创新创意瓶颈、避免低水平恶性竞争提供突破口。按照国家规定到2020 年基本完成传统出版单位的数字化转型，使数字技术在出版产业中得到广泛应用，使数字化产品和服务总额在出版产业内占主体。

　　总之，与国内其他地区相比，东北地区文化产业发展面临的问题既有共性也有特性，制约因素同样如此，要培育文化产业成为新经济增长点，上述问题不可不察。

第五章

国外文化产业成为新经济
增长点的经验借鉴与启示

　　根据不同的判断标准，当今世界各个国家和地区的文化产业可以划分为多种模式和类型。有学者认为，国外文化产业发展主要有三种模式：以美国为代表的市场驱动型；以英法德为代表的资源驱动型；以日韩为代表的政策驱动型。[①] 无疑，这种划分办法具有一定代表性。本书根据各国文化产业发展主导力量的不同，认为各国文化产业发展模式可以划分为三类。一是以英国为代表的市场和政府共同驱动的文化产业模式，将本民族丰富的历史文化资源与国际先进技术相结合，经过政府和社会的长期扶持，使文化产业度过产业瓶颈期成长为支柱产业，同时本国成长为文化输出大国。二是以日本、韩国为代表的国家主导型模式，通过前瞻性的政策短时期内迅速建立起庞大的产业体系，与市场相比，政府仍然保持着对文化产业发展的强大控制力，本国的文化产业带有浓厚的民族本土文化色彩。三是以美国为代表高度自由竞争基础上的完全市场化模式，把文化产业等同于实体经济部门，将政府对文化产业的发展减少到最低限度。本章将主要考察日本、韩国、美国、英国等国近年来文化产业发展概况、经验和对中国的启示。

第一节　日本

　　日本是当今世界文化产业大国，更是文化生产强国。日本产业经济

---

① 　向勇：《美国：文化产业靠啥生存》，《光明日报》2012 年 3 月 31 日第 8 版。

省的一项调查显示，有 36% 的人认为世界上最具创意的国家是日本，最具创意的城市是东京。进入 21 世纪以后，日本"国内生产总魅力"（Gross National Cool）① 的飙升大大提振了文化产业的国际竞争力，使其在金融危机对全球经济和贸易造成严重冲击的背景下仍然整体上保持了逆势增长的强势，成为在后金融危机时期推动日本经济复苏的重要动力。因此，通过厘清 21 世纪以来日本文化产业的发展概况，探究日本各界支持文化产业发展的举措，对未来东北地区实现"推动文化产业成为国民经济支柱产业""推动文化产业跨越式发展"的远景目标具有重要意义。

一　日本内容产业发展概况

日本政府、学界、企业界对文化产业并没有形成统一的定义。一般来说，日本文化产业主要涉及手工艺品、视觉艺术、视听艺术、新媒体和设计等十几个大类。本章选取的考察对象是处于文化产业核心位置的电影产业、动漫游戏产业、新闻出版产业和表演艺术产业等产业部门。

（一）电影产业

在 21 世纪前几年里，日本电影延续了 20 世纪 80 年代以来的持续颓势。据日本电影制片人协会统计，2000 年日本共有银幕 2524 块，全年放映电影 644 部，观众 1.35 亿人，票房总收入 1708.62 亿日元。该年日本国产电影占市场份额的 31.8%，接近日本有史以来最低水平。② 从 2002 年 1 月到 2006 年 10 月日本经历了二战后最长的一次景气周期（58 个月），为日本电影的勃发提供了宏观经济条件。③ 2006 年是日本电影经过三十年沉寂后复苏的重要里程碑年份，该年银幕总数首次突破 3000 块，放映影片总数达 821 部，这个数字仅次于 21 世纪以来最高年份（2012 年）的峰值。同时，国产影片市场份额自 1986 年以来首次超过进口影片的市场份额，国产影片票房 1077 亿日元，是 21 年来首次超过进口影片。2012 年，日本全年放映电影 983 部，票房收入 1951 亿日元，国产影片占

---

① Douglas Mc Gray，"Japan's Gross National Cool"，*Foreign Policy*，No. 1，May 2002.

② Japanese Economy Division，"Japanese Film Industry"，*Japan Economic Monthly*，No. 3，May. 2004.

③ 赵放：《日本经济为什么缺乏景气实感》，《现代日本经济》2013 年第 1 期。

据 65.7% 的份额，均居 21 世纪以来新高。此后几年，日本电影产业逐步复苏。2016 年，日本上映电影 1149 部，其中日本本土电影 610 部，占 63.1%；海外进口影片 529 部，占 36.9%，这表明日本本土电影正在恢复曾经的竞争力。经过 20 世纪几次公司联合、兼并和重组，日本电影业已形成角川映画、日活、东映、松竹和东宝五大电影公司，在 21 世纪里先后推出了《入殓师》《千与千寻》等一系列电影精品，其中《ROOK-IES》（2009）、《借物少女艾莉缇》（2010）和《海猿 4：勇敢的心》（2012）分别以 85 亿、92 亿和 73 亿日元的总票房成为当年票房冠军。更为值得一提的是，继 2013 年本土电影《起风了》首次创下 100 亿日元的票房之后，2014 年、2016 年分别以 255 亿日元和 236 亿日元的总票房分别刷新了历史最高纪录。

（二）动漫游戏产业

日本动漫游戏产业主要包括漫画、动画、游戏以及相关衍生品。日本素有"动漫王国"称号，是世界最大的动漫原创、制作、消费和输出国。早在 20 世纪 60 年代，日本动漫便开始了产业化和规模化的生产，至 20 世纪末，日本与美国、韩国形成世界动漫市场三足鼎立之势。据 2008 年日本信息媒体白皮书统计，2006 年日本发行动漫杂志图书共计 12.7 亿册，其中漫画杂志 7.5 亿册，漫画图书 5.2 亿册，总销售额 4810 亿日元，占据日本该年出版物总销售额的 22.4%。该年共出版新书 77074 种，其中漫画图书占到 10965 种，占 14.2%。2006 年日本动画市场规模达到 2415 亿日元，700 多家企业参与动漫原创、制作和发行，3000 多家电影厅以放映动画为主要收入，观众达到 2000 万人。"日本 2010 年实际上映的电视动画 195 部；上映的动画电影数量为 55 部，达到了过去 10 年中的最高点，影像制品总销售额为 93414 万美元。"[①] 目前，日本动漫在世界 70 多个国家的电视节目中播放，占据了世界动漫市场 60% 的份额、欧洲动漫市场 80% 的份额。日本是世界第二大游戏生产国，日本游戏软件和游戏机销售总额多年连续占据世界第一位置。金融危机之后，日本游戏市场总规模约为 5000 亿日元，其中硬件市场 2000 亿日元，软件市场

---

① 郑雄伟：《亚太总裁协会郑雄伟发布〈全球文化产业发展报告〉》（http://finance. sina. com. cn/hy/20120206/092711319156. shtml）。

3000 亿日元，从业总人口已达 7.3 万人，是当今名副其实的新经济增长点。

（三）新闻出版产业

日本新闻出版产业包括图书、报纸、杂志及其他印刷品。出版产业也是日本传统优势产业部门，在过去几十年中在报纸发行量、期刊发行量、广告收入等指标上夺得了多项世界纪录。日本是世界人均报刊订阅量最高的国家，主流报纸发行量都很大。在世界报纸与新闻出版者协会（WAN-IFRA）公布的全球最大的 100 家报纸排行榜中，日本报纸连续数年占据全球日报发行榜前三名。2007 年，日本全国性报纸和地方性报纸共计 100 多家，从业人员约为 5.3 万人，每年消耗新闻纸 376 万吨，每天生产 5256 万份报纸。日本平均每户订阅 1.02 份报纸，报纸普及率世界第一。2011 年，仅由县发行的报纸总数就达到了 4834.5 万份。其中，早版 3397.6 万份，晚版 113.4 万份，早版晚版合刊 1323.6 万份。东京以 537.6 万份的日发行量高居日本各地之首，其次是大阪和神奈川。总体来说，日本报纸的黄金时代正在消逝，无论从总发行量来看，还是从传阅率、订阅量来看，日本报纸的受众市场正在缩小，尤其是纸质报纸的订户逐年减少。2007 年金融危机后，日本新闻出版产业遭到重创，五大报业集团除《日本经济新闻》外，其他四家全部出现赤字，其中拥有 800 万发行量的世界第二大报《朝日新闻》创刊 130 年来首次出现赤字。据日本新闻协会官方网站公布，2016 年日本报纸早版订阅 3189 万份，晚版 97.3 万份，早版晚版合刊 1041 万份，这是日本报纸持续 20 年下滑态势的最低值。同时，日本报纸的家庭用户订阅率也降至 20 年来最低值。2010 年，日本杂志共有 4056 种，包括月刊 2320 种，双月刊 520 种。这比 2000 年 4533 种下降了 10.5%，杂志销售额创下连续 15 年滑坡的纪录。"2012 年书籍、杂志的销售总额比 2011 年下降幅度达 3.6%。"[①] 2015 年日本图书杂志总销售额 15220 亿日元，比 2014 年下降 5.3%，其中杂志总销售额 7801 亿日元，图书总销售额 7419 亿日元，分别下降 8.4% 和 1.7%，已经连续 11 年下降。

---

① 戴铮：《连续八年下滑：日本出版业销售额创二十六年来新低》，《中华读书报》2013 年 2 月 6 日第 11 版。

二 日本内容产业崛起背后的密码

(一) 建立健全文化产业管理服务机构

日本文化产业管理服务机构体系庞大、组织严密、分工明确、协作高效,主要由政府机构、专业咨询机构和行业自律组织三方组成。政府机构所承担的主要职责有:文化艺术产业发展的战略制定、政策法规的执行和修订、相关部门的合作、公共文化艺术产品的合作供给、重大文化活动和海外文化交流活动的组织协调。日本文化产业管理的中央级机构主要是日本文部科学省、经济产业省、内阁官房、外务省等,其中文部科学省下设机构文化厅具体主管全日本的文化艺术、宗教、版权等事务。日本政府根据经济发展需要,还及时设立和调整新的文化产业发展协作部门和专职部门,比如2001年在文化厅内设置文化审议会,2003年在内阁增设知识产权战略总部,2010年在经济产业省制造产业局设立"酷日本室"。

专业咨询机构主要以文化智囊的形式或设立于政府机构之内或独立于政府之外,主要负责为政府和企业提供内容产业发展的战略咨询和具体实施建议;日本政府往往通过设立战略会议、恳谈会、幕僚会议、审议会等形式,协调文化产业智囊团共同研究制定促进文化产业发展的具体对策。行业自律组织作为政府职能的重要延伸,常常以社团法人和中介组织的形式存在,发挥政府所不能及的重大作用,每个行业都设有几个较大的行业协会,具体负责本行业规则制定、优秀产品的推介、行业发展数据的统计、会员合法权益维护和一切其他相关活动。代表性协会有日本新闻协会、日本电影协会、日本音乐著作权协会、日本动画协会、日本电脑娱乐提供者协会等。

(二) 制定完备的政策法规

日本能长期保持内容产业强国的地位,首先得益于文化厅、经济产业省和日本贸易振兴机构等专业职能部门,这些部门以国家立法的形式为内容产业发展提供了较为科学、完备、务实的政策法规体系。20世纪90年代后,日本经济长期低迷,汽车、电子机械等传统产业发展呈现衰落势头。针对上述挑战,日本政府用"文化立国"战略取代20世纪70年代以来长期执行的"经济立国"战略。1996年通过的《21世纪文化立

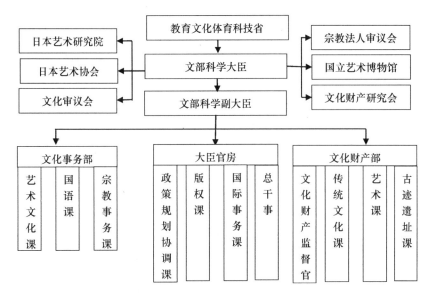

图 5—1 日本文化厅组织结构图

资料来源：The Agency for Cultural Affairs, Foundationgs for Cultural Administration（http：// www. bunka. go. jp/）.

国方案》，成为指导日本 21 世纪新闻出版、动漫游戏、表演艺术等重要内容产业群发展的纲领性文件。步入 21 世纪以来，日本又颁布了《文化艺术振兴基本法》（2001）、《著作权管理法》（2001 年修订）、《知识产权基本法》（2002）、《文化产品创造、保护及活用促进基本法》（2004）、《文字活文字振兴法》（2005）、《文化艺术展出损害赔偿法》（2011）等一系列重要法律法规。2001 年，经参议院批准正式颁布实施的《文化艺术振兴基本法》作为推动文化艺术业发展的重要法律，明确指出通过采取形式多样的文化艺术相关措施来丰富日本人民精神生活，保障人民接受、参与文艺活动和进行文艺创作的基本权利。为了更好落实《文化艺术振兴基本法》的重要精神，日本内阁会议先后颁布了促进文化艺术发展的四个基本法案：第一法案（2002）、第二法案（2007）、第三法案（2011）、第四法案（2015）。该法详细阐述了文化艺术在日本经济社会发展中的重要意义，决定把日本政府今后文化政策支持重点由文化硬件设备转向文化内容方面，要求地方政府和私人部门切实在公共文化艺术产品供给方面发挥更大作用，并以建设"一个文化艺术基础上的国家"为目标，提出了全面涵盖文化艺术活动支持、文化产业人才培养、青少年文化素质教育、文化产业品牌建设、文化艺术遗产代际传承、文化对外传播和国际交流在内的六大战略。

（三）建立强大的资金支持系统

文化产业是高风险、高投资的新兴产业门类，资金问题是困扰各国文化产业发展的普遍问题。日本文化产业发展的资金来源主要有政府财政、税收减免和私人基金三大渠道。一是政府财政支持。2011 年度日本政府的预算总额是 924116 亿日元。同年，日本文化厅的预算额是 1031.27 亿日元，比 2010 年度增加 1.1%。此后每年都略有增加，2016 年日本文化厅的文化财政预算总额是 1039.65 亿日元，比 2015 年增加 0.2%。① 为生产创作更多高水准的艺术作品，《第三法案》提出对日本音乐、舞蹈、传统表演艺术和流行文化活动进行补助，通过建立新的支持机制，不仅对单一的文化艺术项目进行补助，而且还把更多优秀艺术活动在特定时间内聚集在一起，形式包括举办文化节、展览、赛事等。

表 5—1　　　　　　　日本文化厅 2011 年文化财政预算表　　　单位：百万日元

总项目	预算项目	预算金额		占比	
文化艺术振兴预算	文化艺术创新活动	7028	35050	6.8%	34.0%
	艺术发展	6434		6.2%	
	表演艺术振兴	4343		4.2%	
	国家美术馆	12035		11.7%	
	其他	5210		5.1%	
文化财产保护与充实	文化遗产保护	11775	65313	11.4%	63.3%
	文化财产保护利用	10428		10.1%	
	传统表演艺术传承	7747		7.5%	
	历史遗址保护开发	21827		21.2%	
	国家文化遗产机构支出	12733		12.3%	
	其他	803		0.8%	

---

①　Agency for Cultural Affairs of Government of Japan, Policy of Cultural Affairs in Japan（http://www.bunka.go.jp/）.

续表

总项目	预算项目	预算金额		占比	
其他		2764	2764	2.7%	2.7%
总计		103127	103127	100%	100%

资料来源：根据日本文化厅网站数据统计。

表5—2　　　　　　　　日本文化厅2015年文化财政预算表　　　单位：百万日元

总项目	分项目	2014年	2015年	增减幅
文化艺术创作与人力资源	为实现文化立国方略而开展的活动	12717	13538	821
	支持文化艺术创意的活动	5773	5903	130
	利用文化实力推动国家复兴的活动	5621	5817	196
	艺术家培训	8536	8477	−59
保护利用和传承文化遗产	加强文化遗产的综合利用	8367	9626	1259
	利用和传承文化遗产	32681	32035	−646
	文化遗产的公共利用，培训传承人，创造更多分享文化艺术活动的机会	3431	3485	54
传播日本优秀文化艺术，促进文化交流	促进日本与海外文化交流	1823	1812	−11
	鼓励日本文化遗产的对外合作	374	559	185
	针对外国人的日本语教育培训	208	210	1
改善日本文化的基础	完善国家文化设施的功能	25693	25941	249
	兴建国家文化基础设施	7202	5894	−1308
	兴建文化传播的基础设施	696	755	59

资料来源：Agency for Cultural Affairs of Government of Japan. Policy of Cultural Affairs in Japan 2016（http：//www. bunka. go. jp/）.

　　二是财政奖励与税收减免。2001年以来，日本政府推出了文化产业相关的十几种税收优惠措施，涉及文化财产捐赠、文化遗产收入税、艺术品赠予、非营利组织举办文化艺术活动和历史遗产遗址保护开发等多个方面。[1] 日本文化厅2010年对137项音乐项目、56项舞蹈项目、179个喜剧项目、35个传统艺术表演、21项公共演出进行了资助，对谷桃子

---

① JETRO，"Cool" Japan's Economy Warms Up（https：//www. jetro. go. jp/）.

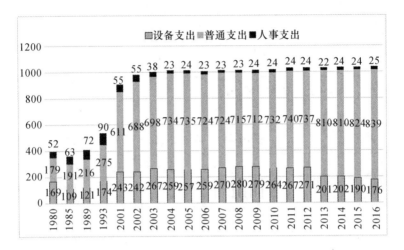

图 5—2 日本文化厅预算变动

资料来源：根据日本文化厅官方网站数据统计绘制。

芭蕾舞团 60 周年音乐会演出的《悲惨世界》等项目进行了税收减免。[1]
三是成立私募基金。日本政府日益重视发挥私人部门在电影制作发行、
动漫原创和制作、印刷品储存和流通等环节中的促进作用。日本艺术赞
助协会是由私人企业发起成立的日本第一家非营利性机构，长期致力于
为日本文化艺术活动提供资金、调查数据、市场信息。据日本艺术赞助
协会（KMK）发布的《2009 年赞助报告》显示，2000—2009 年，该协会
共接受申报 6350 项，赞助 4230 项，赞助率高达 66.6%，十年累计赞助
总金额高达 2395.68 亿日元。其中最高的一年 2005 年就提供了 331.43 亿
日元的支持。日本艺术基金（JAF）也不断扩大其文化艺术支持的范围，
自 1990 年建立到 2009 年的 20 年间，该组织为 14704 个项目提供了总价
值 353 亿日元的资金支持，2009 年为 661 个项目提供了 12 亿日元的资金
支持，2016 年为 658 个项目提供了 10.3 亿日元的资金支持。[2]

---

① Kumiko Iwazaki, "Development of Digital Science Museum Based on Visitors's Memories",
Journal of Socio-informatics, No. 15, Sep. 2012.

② Agency for Cultural Affairs of Government of Japan, Policy of Cultural Affairs in Japan（ht-
tp：//www. bunka. go. jp/english/）.

（四）充分保护利用文化遗产

日本新修订的《文化遗产保护法》对古代建筑、遗址遗迹、手工艺品制作、自然文化景观，乃至地下尚未发掘的文物都做出了详细而严格的规定，明确了中央政府、地方政府、社会组织和文化遗产个体所有人各自的权限和责任。根据该法建立的新的认定登记制度和保护措施，国宝级文化财产的保护和利用由中央政府负责，其评定、挑选、登记由文部科学省根据文化厅提交的报告组织实施。对于那些由私人掌管的文化财产，其保护和维修费用、消防设备以及其他必备防灾设施的维护和更新也将得到政府一定比例的补贴。日本文化财产共分为有形、无形、民俗、纪念物和传统建筑群五大类，具体涵盖绘画、音乐、雕塑、古籍、舞蹈、陶艺、茶艺、传统工艺、传统表演艺术、古代交通设施遗存、古建筑群落等六十多个小类。有形文化财产历来是政府保护的重点。截至2011年，中央政府先后指定了2374项重要文化财产，其中包括216处国宝级文化遗产和4404处古迹建筑及其相关设施，这些文化财产中有2095项是古代建筑遗址，279处是近代遗址。另有24项重要自然文化景观、88处各建筑重点保护区也得到了保护。此外，日本政府也十分重视对于无形文化财产的保护利用，特别重视发挥非物质文化遗产所有者和传承人的作用。对于在茶艺、陶艺、和歌、歌舞伎、能剧、狂言等传统表演艺术和传统工艺方面身怀绝技的艺术家给予特殊关注，中央政府每年专门拨出200万日元特殊资金为这些艺术家举办公开表演、培育传承人、出国交流等给予资助。除此之外，还把政府、公益性组织和个体爱好者联合起来协助艺术家录制创作节目、保护艺术作品，传承他们的技艺。截至2011年，日本政府共指定并资助了272项重要无形民间文化财产、68位表演艺术家和73位绝活传承人。

（五）积极促进国内外文化交流

日本政府促进文化交流的形式包括开办重要门户网站、举办重大文化艺术活动、海内外艺术家交流和扩大文化产品和服务贸易四项。日本政府认为，推动文化内容产业创新关键在于不同文化艺术门类和学派之间要加强交流、及时沟通信息。为此，日本政府开通了经济产业省、文部科学省、国家艺术馆、国家博物馆、国家大剧院等多个政府所属重要文化机构的门户网站。日本国内重大文化艺术活动包括：国家文化艺术节、媒体艺术节、东京亚洲电影节、东京电玩优秀大展、ATP 电视大赛、日本国际文化产品展、日本国际创意节等活动。自 1946 年以来，日本每年秋天要举办全国优秀艺术作品参与的日本国家艺术节，至 2015 年已经连续举办了 70 届，对舞台表演、艺术创作等领域的优秀作品给予物质奖励和精神鼓励，对成就突出的人和作品分别授予国家艺术节大奖、优秀奖、新锐奖等多个奖项。在 2015 年举办的第 70 届国家艺术节上，来自日本全国的 168 个艺术项目集中上演，涵盖了音乐、舞蹈、戏剧等多个艺术门类；有 120 部电视剧电影集中上映；有 31 项文化艺术项目获得了日本政府的奖励。

日本媒体艺术节是 1997 年开始设立的一项文化内容产业重大活动。该活动主要是推荐优秀媒体艺术作品。2010 年，该节吸引了 2645 个项目参与其中，有来自海外的 48 个国家和地区的 694 个项目。2015 年，参加艺术节的项目和人数继续增加，共有 4417 个项目参与，其中有海外 86 个国家和地区的 2216 个项目，创历史新高。日本政府为参与者设立了特殊贡献奖、特别奖、优秀奖、新人奖等奖项，鼓励优秀艺术家投身创意项目和文化交流。除此之外，日本政府还定期举办海外媒体艺术节、动漫产业展会、创意博物馆计划、新媒体艺术家培育计划等活动，鼓励本土文化创意人才加强与海外权威创意机构的文化交流。

为促进海外文化贸易，加强向海外推介日本文化，日本文部省与经济产业省合作创立了创意产业产品海外流通促进会。日本外务省还协同日本经济产业省向海外推广日本文化产品和日本品牌，利用政府专门支持文化创意产业发展的"文化无偿援助"资金，购买本国卡通动画片的播映版权，免费无偿提供给中东一些发展中国家电视台播放，以便打开这些国家的市场。日本支持文化产业发展的上述措施取得了积极成效，据 2011 年日本统计局针对 8.3 万个家庭 20 万名受众的社会随机调查结果显示，在设定的受众参与文化娱乐活动的 20 个指标中，除了"参加流行音乐会"和"居家打游戏"两个指标比 2006 年的参与率略微下降外，其他 18 个参与指标均呈上升趋势。① 这表明，金融危机并未对日本社会文

---

① Statistics Bureau of Japan，"Results of the 2011 Survey on Time Use and Leisure Activities"，*News Bulletin*，No. 6，2012.

化消费需求造成重大和持续影响，可以预见未来几年日本文化产业的发展将更具活力。

第二节　韩国

20 世纪 90 年代以后，随着中国大陆、印度尼西亚、越南等新兴经济体的崛起，韩国以纺织、服装、制鞋等传统劳动密集产业逐步在世界市场上丧失了竞争优势，韩国政府据此提出了产业结构向技术密集型和知识密集型产业升级的发展战略，文化产业与绿色产业、高科技产业一道成为政府制定战略的优先选择。根据韩国文化体育观光部官方网站发布的 2012 年文化产业公报统计，经过几届政府的大力支持，2008—2011 年间，韩国文化产业出口规模每年增速 22.5%，成为韩国抵御经济危机过程中成长最快、吸纳就业人数最多的新增长点。根据韩国文化产业振兴院官方网站公布的数据统计，2012 年韩国文化产业已经占到 GDP 的 15%以上，总销售额 87 兆韩元，其中销售最多的是出版（21 兆韩元），其次是广播（14 兆韩元）、广告（12 兆韩元）；出口规模高达 46 兆韩元；有从业企业 11.2 万家，其中从业企业最多的是音乐产业（3.7 万家）；有就业人口 31 万，其中从业人口最多的是出版产业（19.8 万人），其次是游戏产业（9.5 万人）、音乐产业（7.8 万人）、信息产业（7.1 万人）。而在 1997 年韩文化产业出口仅有 500 万美元，首次实现零突破；2000 年其文化产业出口增长至 5 亿美元；2013 年爆炸性地增长到 50 亿美元。在短短二十年中，韩国一跃进入世界五大文化产业国、文化产品输出强国和文化创意产业强国行列，创造了文化产业领域的"汉江奇迹"。

一　韩国文化产业发展概况

根据韩国文化产业白皮书的定义，韩国文化产业可以分为出版、漫画、音乐、游戏、电影、动画片、广播电视、广告、互联网及移动文化信息 10 个领域。本书选取韩剧、大众音乐和游戏产业三大具有代表性的产业加以分析。

（一）韩剧

广义的韩剧包括了韩国电影，本书中使用的韩剧是指韩国电影和电视剧的简称。从1962年1月韩国KBS播出第一部电视剧《我也要做人》算起，韩剧制作已有50多年的历史。由于政治高压和意识形态因素，韩国电视剧生产始终置于政府严格管控之下，直到20世纪80年代韩国电视剧制作还处于与中国大陆相似的水平上。1992年金泳三当选总统以后，致力于消除韩国的"军人政府"色彩，加快推进韩国政治民主化进程，文化艺术成为韩国政府改善政府形象的优先选择。90年代以后，韩国娱乐公司在借鉴日本青春偶像剧的基础上制作发行了《星梦奇缘》《异国女友》等电视剧，制作发行水平都有质的飞跃，受到热烈欢迎，形成了家庭剧、伦理剧、青春偶像剧和情景喜剧等多个电视剧种。MBC播出的《爱情是什么》（1991）创下了64.9%的收视率。6年后，KBS-2播出的《初恋》（1997）刷新了65.8%的收视率纪录。同时，《首尔的月亮》（1994）、《澡堂老板家的男人们》（1995）、《看了又看》（1998）的收视率都超过了50%，成为90年代韩剧精品。根据TNS和AGB针对1990—2012年韩剧放映的统计，有《朱蒙》等84部韩剧的单集最高收视率超过了40%，其中26部超过了50%，包括了大陆观众耳熟能详的《蓝色生死恋》《冬日恋歌》《天国的阶梯》《大长今》等经典剧目。

　　韩国文化体育观光部公布的《2013年文化艺术新趋势分析及展望》认为，韩国音乐产业发展经过了三个阶段：第一阶段是20世纪90年代末到2005年以韩剧流行为主体的"韩流1.0时代"；第二阶段是2005年到2010年以韩国流行音乐和偶像团体为主导的"韩流2.0时代"；第三阶段是从2010年开始以韩国文化为主导的"韩流3.0时代"。21世纪以来，韩流由1.0时代跨过2.0时代，进入3.0时代，实现了冲出亚洲走向世界的新跨越。由于韩剧承载着深厚的韩国传统文化和现代普世价值观念，对人性美的渲染和高级的制作技巧，在日本、中国台湾和大陆也赢得了较高收视率，逐步占据了较大市场份额，成为风靡世界的韩流的重要组成部分。2014年的统计数据显示，韩国电影国内市场观影记录超过2.2亿人次，总票房17153亿韩元，本土电影票房和海外电影票房几乎平分秋色。而韩国电影在中国大陆却拥有8.3亿人次的观影记录，对于一个仅有5300万人口的韩国来说，这无疑是一个天文数字，因此韩国将中国大陆看作韩剧销售的核心市场之一。"2004年中国大陆电视台播出的649部引进电视剧中，韩剧占16.5%，中国中央电视台第八套频道播出电视剧中韩剧占 57%，大陆排名前 10 位的引进剧中，韩剧占了 7 部。"① 韩国电视剧 2010 年对华出口总额高达 170 亿韩元，同比增加 172%。2011 年无疑是韩国电影大丰收的一年，该年韩国本土电影占据了韩国国内市场份额的 51.9%，仅次于 2006 年 63.8% 的最高记录，也是韩国电影有史以来第五高的年份。韩剧在中国受到热捧，连续多年占据大陆引进剧中的大部分名额，2012 年又引进了《别再犹豫》《走出迷茫》《浪漫替身》三部韩剧。根据中国大陆几家视频网站的权威统计，这些韩剧同样热播。据搜狐视频网统计显示，2012 年上网的《想你》《秘密天使》和《新妓生传》三部偶像剧的点击播放次数都超过了 1 亿次，在同期上映的节目中处于领先位置。韩剧在大陆的购买价格也持续攀升，在《大长今》播出之前，引进韩剧每集只需支付 2000~3000 元，低于同期欧美及日本的电视剧价格，在《大长今》播出后，韩剧价格普遍上翻 8 倍到 10 倍。"2005 年韩国文化产业产品的出口额将高达 7 亿美元，这其中大部分功劳归属韩剧，而中国则成为韩剧的重点输出国。"②

表 5—3　　　　　　　2010—2014 年韩国总观影人次和票房

年度	韩国本土电影			外国引进电影		
	票房（亿韩元）	观影人次（万）	占比（%）	票房（亿韩元）	观影人次（万）	占比（%）
2010	5084	6884	46.6	6488	7892	53.4
2011	6137	8286	51.9	6221	7685	48.1
2012	8361	11461	58.8	6190	8027	41.2
2013	9099	12728	59.7	6414	8606	40.3
2014	8205	10769	50.1	8435	10736	49.9

资料来源：根据韩国电影振兴委员会官方网站公布数据绘制。

<hr />

① 邓滢：《从〈大长今〉看韩剧在国内热播的原因及其启示》，博士学位论文，湖南师范大学，2010 年，第 63 页。

② 陈莉：《〈大长今〉后韩剧价格翻八倍》，《上海青年报》2005 年 12 月 15 日第 14 版。

表 5—4　　　　　　　　1990—2012 年韩剧单集最高收视率

排名	韩剧剧名	放送	收视率（AGB 统计）
1	初恋	KBS2	65.8%（1997 年 4 月 20 日）
2	爱情是什么	MBC	64.9%（1992 年 5 月 24 日）
3	沙漏	SBS	64.5%（1995 年 2 月 6 日）
4	许浚	MBC	63.7%（2000 年 6 月 27 日）
5	年轻人的阳地	KBS2	62.7%（1995 年 11 月 12 日）
6	你和我	MBC	62.4%（1998 年 4 月 12 日）
7	儿子和女儿	MBC	61.1%（1993 年 3 月 21 日）
8	太祖王建	KBS1	60.2%（2001 年 5 月 20 日）
9	黎明的眼睛	MBC	58.4%（1992 年 2 月 6 日）
10	大长今	MBC	57.8%（2004 年 3 月 23 日）

资料来源：根据韩国电影振兴委员会官方网站公布数据整理。

（二）韩国音乐（K-Pop）

韩民族有着悠久的乐舞传统和精湛的表演天赋，创造了很多脍炙人口的歌谣歌剧。韩国传统音乐可以分为雅乐和俗乐两大类，前者是宫廷之外上层社会中流行的音乐；后者是指以民歌、散调和宗教音乐等形式广泛存在于下层社会中的音乐。随着韩国对外开放和经济崛起步伐的加快，西方音乐地融入大大改变了两者的界限，并逐步孕育出了韩国现代大众流行音乐。韩国政府在最初的文化产业发展规划中就包括对韩国音乐的扶植。2003 年制定了《音乐产业振兴五年计划》，将音乐产业发展成为核心创意产业。金融危机后，韩国政府于 2009 年颁布了《音乐产业振兴中长期规划》把扩大国内音乐消费需求、扩建音乐基础设施、增强国际文化交流活动作为提振音乐产业的三大战略，并决定政府注资 1275 亿韩元以资助音乐市场开发、版权保护、人才培育和数据库建设工作，促使音乐产业尽快摆脱金融危机后发展趋势下滑的困境。

由于韩国政府持续刺激音乐产业的努力，韩国音乐产业成为国民经济发展中的重要动力。2003 年，韩国国内音乐市场规模达到 3 亿美元，唱片公司 1000 多家，唱片发行公司 230 多家，年产唱片 18657 万张，销售额达 1355 亿韩元。目前，韩国已经形成了完整的音乐产业链和多层次的音乐市场主体，持续推出了多个深受亚洲乃至全球受众欢迎的偶像团体，包括 SM 娱乐公司推出的东方神起（2004）、Super Junior（2005），YG 娱乐公司推出的 Big Bang（2006），JYP 娱乐公司推出的 Wonder Girls（2007），Starship 娱乐公司推出的 Sistar（2010）等。2012 年韩国音乐界内最受欢迎的歌手朴载相（PSY）发布了他的第 6 张专辑，该专辑主打歌曲《江南 Style》的录像带一经在美国著名视频网站 YouTube 上公布，在多位文化艺术明星个人网页的推介下，点击率在 26 天内突破 2000 万次，打破了此前韩国偶像团体"少女时代"37 天达到 2000 万次的点击纪录。截至 2013 年 5 月 31 日该视频点击率已经超过 15 亿次，成为该网站历史上观看次数最多的视频，在全球产生了 100 多种语言的模仿版本，70 多个国家的主流媒体对此作了新闻报道，可谓风靡一时。以至于韩国文化体育观光部认为，朴载相（PSY）　"为韩流国际化开创了一种新的模式"[①]。截至 2012 年，韩国有音乐产业内从业企业 3.7 万家，从业人口7.8 万，销售额 4 兆韩元，出口总额 2.35 亿美元。

（三）韩国游戏

韩国是世界最大的在线游戏生产国。从目前数据来看，金融危机降低了韩国游戏产业的增长幅度，但总体上来说，无论是韩国国内游戏市场，还是海外游戏销售市场都仍然保持了较高增长。2008、2009 年韩国国内游戏市场增长率分别为 9%、17.4%；2010 年在 2009 年基础上再增加 1 万亿韩元，韩国游戏产业国内市场总规模达到 74312 万亿韩元，同比增长 12.9%。[②] 其中，网络游戏（Online Games）以 47673 万亿韩元的总规模占据 64.2% 的国内市场份额，排在第一位；电脑游戏以 17601 万亿韩元占据 23.7% 的国内市场份额居第二位。截至 2012 年，韩国游戏产业有从业企业 1.6 万家，从业人口 9.5 万人，销售额 9.75 兆韩元。

[①]　宋佳烜：《从 K-Pop 到 K-Culture："韩流"再转型》，《中国文化报》2013 年 1 月 3 日第10 版。

[②]　KOCCA，2011 White Paper on Korean Games（http：//www.kocca.kr/cop/main.do）.

表5—5　　　　　　　　韩国游戏市场规模和增长趋势　　　　单位：万亿韩元，%

年份	2004	2005	2006	2007	2008	2009	2010	2011	2012	2013 *
规模	43156	86798	74489	51436	56047	65806	74312	88047	97525	107183
增幅	9.6	101.1	-14.2	-30.9	9.0	17.4	12.9	18.5	10.8	9.9

资料来源：Korea Creative Content Agency，White Paper on Korean Games（http：//www. kocca. kr/cop/main. do）.

注：＊2013 年为预估值。

表5—6　　　　　　　韩国游戏产业进出口规模和增长趋势　　　　单位：万美元，%

年份	2004	2005	2006	2007	2008	2009	2010	2011	2012	2013
出口规模	38769	56466	67199	78100	109386	124085	160610	237807	263891	239347
出口变动	12.4	45.6	19.0	16.2	40.1	13.4	29.4	48.1	11.0	11.2
进口规模	20510	23292	20755	38954	38692	33225	24253	—	17913	—
进口变动	23.2	13.6	-10.9	87.7	0.67	-14.1	-27	—	-12.6	—

资料来源：Korea Creative Content Agency，White Paper on Korean Games（http：//www. kocca. kr/cop/main. do）.

同样，韩国游戏产品的进出口情况也表现优异。2010 年进口 24253 万美元，同比减少 27%；出口 160610 万美元，增加 29.4%，其中网络游戏出口 154485 万美元，进口 3797 万美元，成为韩国出口换汇的重大项目和韩国游戏重要出口种类。通过韩国文化协会提供的数据，韩国在线游戏产业具有强大市场影响力，韩国国内在线游戏市场占到全球在线游戏市场的 28.6%，仅次于中国，居第二位，但是韩国国内视频和街机游戏市场、移动游戏市场和桌机游戏市场并不强大。

从韩国游戏的销售市场来看，中国和日本分别以 37.1% 和 27.1% 的份额成为韩国游戏的重要卖家，其次东南亚、北美、欧洲分别以 15.1%、9.2% 和 8.6% 的份额居第三、第四、第五位。以中国大陆市场为例，2004 年大陆 80% 的游戏市场份额被韩国垄断。以其游戏产业的基础设施和产业优势推断，未来 5 年到 10 年之间韩国游戏产品仍将保持出口强势。中国大陆所热销的《传奇》系列、《魔兽世界》《星际争霸》《劲舞团》等都是韩国开发的游戏。其中韩国娱美德公司发行的网络游戏《传奇 2》

上线十年间累积销售额已达 2.2 兆韩元,创造了韩国国内单一游戏最高累积销售额纪录。该款游戏在中国同时在线人数曾突破 80 万人,创造了中国国内 64% 的网络游戏市场占有率,注册玩家 2 亿人。韩国女总统朴槿惠上台伊始就推行积极的游戏产业政策,所提出的韩国未来国际化的五大核心产业战略,游戏产业排在第一位,充分显示了韩国政府对游戏产业的高度重视。

二 韩国文化产业振兴的支撑措施

韩国文化产业之所以取得上述发展成绩并成为世界文化产业强国中的后起之秀并不是偶然的,它是金泳三、金大中、卢武铉和李明博四届政府不懈努力的必然结果。韩国政府促进文化产业发展的措施体现在政策法律制定、文化机构设置、产业链延伸等多个方面,正是这些方面的大量努力才为韩国文化产业崛起提供了一个良好的外部环境。

(一) 国家战略与政府支持

早在 20 世纪 90 年代初,金泳三政府就已经意识到电影、电视、音乐在内的文化产业在创造经济价值、满足居民文化消费需求和提升国家竞争力等方面的巨大潜力。因此,金泳三上台不久设置了文化产业局,作为中央政府机构专职负责全国动漫、音乐、影视和互联网等部门的发展规划制定和韩国文化资源的商业化、产业化,标志着韩国政府对文化产业由限制到鼓励的重大政策转折。文化产业局定期举办政府、企业、智库和民间人士等多方参与的交流座谈会,尤其重视听取相关专家学者对文化产业发展的意见和建议,在韩国文化产业发展规划制定、文化基础设施建设、文化产业与文化事业关系协调等方面发挥了重要作用。1999年,文化产业局改为文化观光部,次年在该部下分别设置了韩国工艺文化振兴院和文化产业支援中心。前者具体负责文化产业的扶植工作,同时更加重视音乐、动漫、游戏等新兴产业的培育。根据韩国文化产业发展变动的需要,及时调整各机关部门之间的管辖范围和服务功能,比如将"文化产业支援中心"扩建为"文化产业振兴院"、成立韩国文化艺术委员会、设立韩国文化艺术振兴基金等。

2008 年 2 月,文化观光部与国政弘报处合并改组为文化体育观光部,成为国家行政机关中 15 个专业职能部之一。该部下设文化内容产业室、媒体政策局、文化艺术局、亚洲文化中心都市推进团等机构，下设韩国艺术院、国立中央博物馆、国力中央图书馆等附属机构，专门负责韩国新闻出版、文化艺术、影视、体育、观光等相关事务。2009 年 5 月，为把韩国建设成为世界第五大内容产业生产强国，韩国政府根据《文化产业振兴基本法》第 31 款相关规定，把广播协会、文化内容局、游戏产业局、文化内容中心和 IT 产业振兴局数字内容商务集团 5 个单位合并组成韩国创意内容局。该局成立以来在支持文化产业相关科技的引进、研发、推广和应用方面，在海外市场项目资助培育方面和加快文化内容数字化、商业化、产业化等方面都发挥了重要的积极作用。2011 年 4 月，韩国政府成立了文化创意产业振兴委员会，由总理任委员长，成员包括 11 个政府部门的部长及 8 名民间人士，主要目的是集国家之力振兴文化产业。

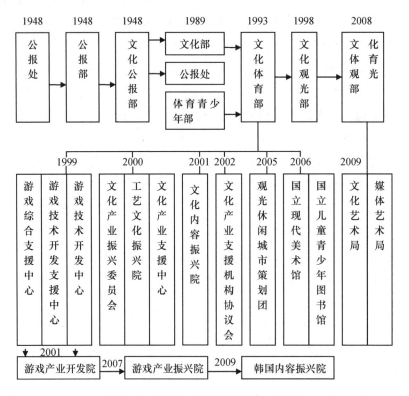

图 5—3 韩国文化产业管理机构变迁图

资料来源：根据韩国文化体育观光部公布材料绘制。

（二）制定前瞻性发展规划和配套政策

研究韩国政府在推动文化产业发展、打造文化产业精品方面的作用，会惊讶于韩国政府在文化产业发展规划、政策法规和法律等方面发挥的主导性作用。正因为如此，胡惠林[①]等学者认为：韩国文化产业实现跨越式发展的关键在于政府实施了积极的配套政策。下文将梳理一下韩国究竟实施了哪些政策法规。早在20世纪80年代末韩国政府就认识到了文化产业的重要性。1990年颁布的《文化发展十年规划》。1998年是韩国文化政策的重要转折年份，亚洲金融危机重创了韩国实体经济，大批企业倒闭，银行破产，韩国政府不得不向世界金融机构求援低息贷款救市。通过金融危机，韩国政府更加深刻地认识到发展文化产业的必要性。该年韩国政府提出了"文化立国方针"，将文化产业列为"21世纪国家经济发展的战略性支柱产业"，称为"最适合韩国未来经济发展的新兴产业"。1999年，颁布了第一个《文化产业发展五年计划》，提出大力发展文化产业，争取用5年时间使之在世界文化市场上的份额提高到5%，使韩国跻身世界五大文化产业强国之列。为了实现这个目标，韩国政府首先在立法、融资、人才培育等方面做了大量基础工作，开办了从职业培训到高等教育层次不等的各种文化人才培育专业，大力引进美国、英国、德国的先进技术和著名文化机构，集中建立了一批大型基础文化设施和文化产业园区。除此之外，比较重要的发展规划和法律法规还有《国民政府的新文化政策》（1998）、《文化产业发展五年计划》（1999）、《21世纪文化产业的设想》（2000）、《电影产业振兴综合规划》（2000）、《文化韩国21世纪的设想》（2001）、《出版和出版振兴法》（2002）、《版权法令》（2005）等。期间，还陆续修订了《著作权法》《电影振兴法》《广播法》《演出法》《唱片、录像带、游戏制品法》。2011年5月，韩国还专门制定了《文化创意产业振兴基本计划》，决定成立政府主导的"种子基金"，向急需资金支持的国内文化创意项目提供资金支持，尤其是针对3D等高端技术领域。通过对韩国文化产业的梳理可以看出，韩国政府积极介入文化市场的文化立场和前瞻性的发展规划是推动韩国文化产业发

---

① 胡惠林：《文化蓝皮书：2010年中国文化产业发展报告》，社会科学文献出版社2011年版，第27页。

展的重要因素。正是由于韩国几届政府持续地推动才最终使韩国文化产业短期内迅速崛起，树立了东亚文化产业发展的典范。

表5—7 韩国部分重要文化产业发展规划和法律法规

1993 年	《文化繁荣五年计划》
1995 年	《文化产业振兴基本法》
1998 年	《国民的政府新文化政策》
1999 年	《电影振兴法》（修改）、《音像制品及游戏相关法律》《文化产业发展五年计划》《文化产业振兴基本法》
2000 年	《21 世纪文化产业蓝图》《文化产业发展推进计划》《广播电视法》
2001 年	《发展韩流文化产业方案》《21 世纪内容韩国蓝图》
2003 年	《出版及印刷振兴法》
2005 年	《文化强国 C-Korea2010》《关于媒体报道导致损失的仲裁与补偿法案》
2008 年	《文化蓝图 2012》
2010 年	《产业融合促进法》
2011 年	《内容产业振兴基本计划》
2013 年	《著作权法（2013 修订）》《韩国文化产业对外输出促进方案》

资料来源：根据韩国文化体育观光部官方网站材料整理。

（三）延长产业链、开发衍生品

文化产业的特殊性在于它很难仅仅依靠文化产品本身实现盈利，往往需要产业链下游行业衍生品的开发和营销。因此，一部高收视率的韩剧往往不仅意味着丰厚的广告利润回报，也意味着相关报纸、时尚杂志、购物广告等的走红，乃至服饰、美食、旅游、电子产品销售等其他行业的振兴。韩国进出口银行一项针对韩国文化产品和其他外贸产品出口关联性的研究发现，韩国 CD 唱片、电视剧娱乐节目等文化产品出口对 IT 产品、服装、加工食品等产品的出口影响显著，"韩国文化产品出口每增加 100 美元，就能带动相关韩国商品出口增加 412 美元"[1]。韩国经济研究院在《韩流现象与文化产业战略》报告中指出，单单一部电视剧《冬

---

① 新华网：《韩国 2010 年贸易顺差创新高》（http://news.xinhuanet.com/world/2011—01/17/c_12990661.htm. 2011—1—1）。

日恋歌》，为韩国带来的经济效益就超过 3 万亿韩元，仅发行裴勇俊画报和《冬日恋歌》专辑的出口值就高达 1000 亿韩元。而 1300 亿韩元的文化娱乐商品价值，就相当于韩国出口 13101 辆汽车的总金额。电视剧《冬日恋歌》拍摄景点以及 DVD 等衍生产品已带来 1800 亿韩元以上的收入。2005 年有超过 10% 的海外游客光临韩国的目的就是为了看韩剧的拍摄景点，该拍摄景点的海外游客总数增长了近 50 万人次。正是由于韩国政府和企业界发现了影视等文化产业对国内多个实体经济部门的带动作用，才大力支持文化产业的发展，不断延长文化产业链条，增加文化产品附加值，使韩国在世界文化产业分工中不断由价值链低端向价值链高端攀升，不断由文化产品生产的组装制造领域向文化科技、文化品牌和文化服务两端延伸。

（四）海外文化市场拓展

为推动韩国游戏产品在海外销售，政府出资制定了出口奖励制度，对出口的特定文化产品和企业进行退税补贴，并协助游戏协会建立了遍布全球的海外 IT 服务中心，成为韩国产品海外销售的堡垒。韩国著名游戏展会 KAMEX 已经成为世界游戏行业的著名展会之一。韩国政府提出分阶段分步骤地推动韩国文化世界化，将世界文化市场分为"深化"（中国和日本）、"扩散"（东南亚）和"潜在"（中东和中南美）三个层次。2007 年全球金融危机爆发以后，韩国除了巩固传统的东亚市场外，开始进军拉美市场和中东市场。韩剧《拜托小姐》（2009）在古巴国营电视台 CANAL HABANA 播放引起强烈反响；《贤内助女王》译制成西班牙语和葡萄牙语在巴西和中南美洲地区播放；《宫》（2006）、《最佳爱情》（2011）在智利有线电视台 VIAX 播放；《咖啡王子》（2007）、《宫》（2006）在巴拿马 SERTV 播放；《蓝色生死恋》（2000）、《大长今》（2003）、《拜托小姐》（2012）等在巴拉圭 RED GUARANI 电视台播放。从韩国文化产品海外销售情况来看，阿拉伯市场、北非市场和东南亚市场是韩流的重要目的地，上述市场的持续繁荣是韩国文化产业持续发展的外部动力。同时，韩国文化产品在上述市场的热销也证明，文化产品和服务没有国界，东亚文化产品和服务也可以像欧洲文化产品和服务一样渗透到其他地域，从这个意义上讲，韩国文化产品为东北地区文化产品的出口提供了参照系。

第三节 美国

在美国，文化被视为重要的"国家资源""智慧和创造力积累成的资本""人类记忆的宝藏和人类创造力的源泉"①。文化产业与汽车、钢铁、电子等产业部门一样，被视为经济增长的重要支柱和国家税收的重要来源。经过一百多年的发展，美国不仅是世界第一军事、科技大国，同时也是当之无愧的世界第一文化产业强国。美国 43% 的全球文化市场份额远超过欧盟 34% 和亚太 19% 的份额，在全球文化生产中处于绝对领先地位。与此同时，承载着美国文化价值观念的文化产品和服务不自觉地充当了美国梦的宣传品，在资本和高新技术推动下几乎遍及全球每一个角落，形成了"文化帝国主义"现象。

美国版权产业在经济增长和对外贸易中具有重要地位。尽管 2008—2011 年美国经济在金融危机之后遭到史无前例的打击，版权产业无论是从总体规模还是就业规模来说都没有受到很大冲击。从产值规模来看，美国版权产业从业人员薪酬持续超过美国工人平均薪酬水平，对美国零售、出口的贡献也超过了同时期的其他部门。2007—2010 年，美国核心版权产业年均增长 1.10%，而同期美国经济增长为 0.05%。2010 年美国核心版权产业产值达到 9318 亿美元，全部版权产业的产值为 16269 亿美元，同期美国 GDP 为 146604 亿美元。核心版权产业占到美国 GDP 的 6.4%，全部版权产业占到美国 GDP 的 11.10%，足见版权产业在美国经济发展中的重要作用。从就业规模来看，2010 年核心版权产业吸纳就业 510 万人，占到美国所有私营部门就业人口的 4.75%，占到美国所有劳动力人口的 3.93%。核心版权产业的平均薪酬 78128 美元，超过美国工人平均薪酬 61404 美元，也远高于同期其他相关部门工人的薪酬水平。② 2010 年后，美国版权产业加快了扩张速度，其整体竞争实力大幅攀升。

---

① Center for Arts and Culture, "America's Cultural Capital: Recommendations for Structuring the Federal Role", *GIA Reader*, Vol. 12, 2007.

② Stephen E. Siwe, *Copyright Industry In the U. S. Economy: the 2011 Report*, Washington: International Intellectual Property Alliance, 2012, p. 6.

一　美国版权产业发展概况

美国之所以用版权产业来代称文化产业，主要是基于强调版权在文化产业发展中的重要作用的考量。美国将版权产业分为四类：核心版权产业、部分版权产业、边缘版权产业和交叉版权产业。其中，核心版权产业是指"受版权保护的作品或其他物品的创造、生产与制造表演、宣传、传播与展示或分销和销售的产业"；交叉版权产业是"从事生产、制造和销售受版权保护产品的产业"。版权产业的核心主要包括报纸产业、杂志产业、出版发行产业、广播电视产业、电影产业、流行音乐产业、计算机软件产业。广义上的版权产业还包括了网络服务产业、信息及数据库服务产业、非营利性文化艺术产业（博物馆、艺术馆、历史古迹、公园）和体育产业等。据美国版权产业报告显示，2015 年美国版权产业增加值 2.1 万亿美元，全部版权产业占到美国 GDP 总量的 11%，其中核心版权产业增加值 1.24 万亿美元，交叉版权产业和版权相关产业 0.8 万亿美元；就业人口 1137.3 万人，占到美国总就业人口的 8%，是美国的支柱产业之一。[①] 本书主要考察美国版权产业中的电影产业、报纸杂志产业、广播电视产业三类。

（一）电影产业

就在 1895 年法国人卢米埃尔兄弟首次公开放映了世界第一部电影之后不久，美国人就掌握了电影拍摄制作的技术，并在重工业城市匹兹堡开设了美国第一家小型电影院，开始了美国电影产业化历程。20 世纪 20 年代，美国电影迎来一个黄金发展期，出现了八家大型电影公司，包括今天耳熟能详的电影公司巨头派拉蒙、米高梅、华纳兄弟、20 世纪福克斯、哥伦比亚、美联等。在 20 世纪初，美国电影产业处于发展早期，纽约是电影制作和发行的中心，位于皇后区的考夫曼·阿斯托里亚制片厂是著名的电影制作基地。有声电影技术和彩色电影技术的突破使美国电影市场有了质的飞越，1929 年全美票房比前一年增长了接近 60%。20 年代以后，位于南加州的好莱坞依靠自然地理优势逐步崛起成为新的电影

[①]　Motion Picture Association of American，Copyright Industries in the US Economy（http：//www.mpaa.org/）.

产业集聚区，这里汇聚了美国最知名的电影公司、制片人和发行商，创立了制片厂制度和明星制。在这两种制度刺激下，好莱坞电影迎来了美国电影发展的黄金时代。好莱坞在精确分工、周密协作的基础上，通过流水线的生产方式将资本主义价值观念和商业资本融合起来，通过打造具有极大票房号召力的演艺明星刺激电影市场需求，提高电影发行量保障电影票房，创造了世界电影史上的好莱坞电影生产发行模式。比如《乱世佳人》（1939）、《魂断蓝桥》（1940）、《公民凯恩》（1941）、《教父》（1971）、《飞越疯人院》（1975）等。

进入20世纪80年代以后，美国电影产业进入平稳增长期。2012年全球电影票房347亿美元，比2011年增长6%，北美电影票房108亿美元，同比增长6%，比2006年增长12%，占到全球电影票房的31%。其中，3D电影票房占北美票房的17%，比2008年增加了15个百分点。该年北美68%的居民至少去电影院看了一次电影，13%的居民去电影院看电影次数超过每月一次，后者贡献了北美电影57%的门票收入。该年美国电影产业共有9.5万家公司，吸纳了210万人就业（其中有70万人为直接的电影从业人员），贡献了156亿美元的财政收入，创造了135亿美元的出口总额和119亿美元的贸易顺差。[①] 许多好莱坞大片不但在美国本土拥有很高的票房，在世界其他国家也受到欢迎，很好地实现了经济效益和社会效益的结合，有些影片还成为电影史上的经典之作，如《终结者》（1984）、《拯救大兵瑞恩》（1998）、《木乃伊》（1999）、《钢铁侠》（2008）、《功夫熊猫》（2008）、《阿凡达》（2009）、《少年派的奇幻漂流》（2012）。2015年，在全球386亿美元票房中，北美市场占到29.5%，海外市场占到70.5%。在全球16.4万块银幕中，北美共有银幕43531块，首次被中国大陆银幕数量超越。其中，在全球数字银幕中，北美占28%，与2012年40%的份额相比，缩水不少。[②]

---

① Motion Picture Association of America, The Economic Contribution of the Motion Picture & Television Industry to the United States 2011（http：//www.mpaa.org/）.

② Motion Picture Association of America, The Economic Contribution of the Motion Picture & Television Industry to the United States 2016（http：//www.mpaa.org/）.

表5—8　　　　　　　　　　北美电影票房变动　　　　　　　　单位：亿美元

年份	2008	2009	2010	2011	2012	2013	2014	2015
北美市场	96	106	106	102	108	109	104	111
国际市场	181	188	210	224	239	250	261	272
全球总计	277	294	316	326	347	359	365	383

资料来源：MPAA，Theatrical market statistics 2016（http：//www.mpaa.org/）.

（二）报纸杂志产业

美国早在1704年就出现了第一张近代报纸《波士顿新闻通讯》，但是规模很小，发行量也不大。由于印刷技术的进步和纸张成本的降低，1833年出现了第一份便士报，标志着美国大众新闻时代的到来，也标志美国报纸产业的开端。经过南北战争和第一次世界大战，美国报纸杂志产业得到极大发展，至1915年，美国报纸有周报、半周报等1.7万种，日报2500多种。目前，美国共有日报1500多种，周报8000多种，杂志1.22万种，形成了《华尔街日报》等一批世界著名大报，以及《时代周刊》《新闻周刊》《读者文摘》《商业周刊》等世界著名杂志。据2013年美国新闻媒体审计联盟（AAM）公布的数据，2012年美国报纸日发行量排名第一的是《华尔街日报》（237.7万份）。第二到第五名依次为：《纽约时报》（186.5万份）、《今日美国》（167.4万份）、《洛杉矶时报》（65.3万份）、《纽约每日新闻》（51.6万份）。[①] 周末发行量前五名是：《纽约时报》（232.2万份）、《休斯敦纪事报》（104.2万份）、《洛杉矶时报》（95.4万份）、《华盛顿邮报》（83.8万份）、《芝加哥论坛报》（78.1万份）。[②] 2012年，美国消费者杂志的发行量冠亚军分别由美国退休人员协会（AARP）旗下的《杂志》（2272万份）和《公告》（2240万份）夺得，第三到第五名依次为：《游戏报道》（786万份）、《美化家居》（762万份）和《读者文摘》（552万份）。同年，夺得单本销售杂志发行量冠军的是《时尚》（1190万份），其次为《妇女世界》（1143万份）和《妇

---

① The Alliance for Audited Media，Average Circulation at the Top 25 US，Daily Newspapers（https：//auditedmedia.com/）.

② The Alliance for Audited Media，Average Circulation at the Top 25 US，Sunday Newspapers（https：//auditedmedia.com/）.

女天地》（989 万份）。

受电子媒体崛起的影响，美国纸质媒体的市场份额受到挑战，为避免生存危机，许多报纸和杂志纷纷走多媒体联合经营的路子，加快了向电子化、网络化转型的步伐。《纽约时报》等报纸推出了与纸质报纸完全相同的在线电子报纸，《华尔街日报》推出了与纸质报纸有很大不同的网络版，《波士顿环球报》推出了与纸质报纸完全不同的网络版报纸。尽管如此，互联网仍然抢占了报纸的大量广告份额和市场份额。据美国皮尤研究中心调查发现，2010 年，41% 的美国人依赖互联网获得新闻信息，比 2001 年增加了 27%，比 2007 年增加了 17%。同期，通过报纸获得新闻信息的人数比例从 2001 年的 45% 减少为 2010 年的 31%，通过电视获取新闻信息的比例从 2001 年的 74% 减少为 2010 年的 66%。对于 18—29 岁的年轻人来说，互联网更成为最受欢迎的新闻来源和社交方式，通过互联网获得信息比例从 18% 上升为 65%；对于 30—49 岁的中年人来说，该比例从 16% 上升为 48%，这一对比显示了网络媒体对报纸媒体市场空间的挤压。

据统计，2014 年美国报纸发行量比 2013 年下降 3%，平均发行量超过 50 万份的大报发行量平均下降 4%。就报纸的读者群而言，通过传统纸质报纸接受新闻信息的受众占到 56%，通过多媒体电子设备阅读报纸接受新闻信息的受众占到 16%，[①] 这意味着纸质报纸的读者群不断缩小、电子报纸的读者群在扩大，数字报纸表现出较好的发展前景。杂志的销售状况与报纸相似，2015 年美国杂志的总体规模已经超越金融危机之前的最好水平，北美地区净增杂志 91 种，杂志总数达到 1.6 万种，但是销售额却连续 7 年下降。

（三）广播电视产业

美国是世界上最早举办广播事业、建立广播电台的国家，是世界上规模最大、商业化程度最高、竞争最为激烈的广播电视市场。美国 1920 年在匹兹堡建立了第一家广播电台 KDKA，随后出现了较大型的广播公司，比如西屋电气公司、通用电气公司、哥伦比亚广播公司等，逐步形成了美国广播公司、全国广播公司和哥伦比亚广播公司三大广播公司为

---

① Pew Research Center, State of the News Media 2015 （http://www.pewresearch.org/）.

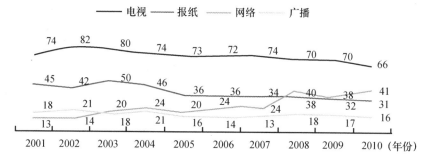

图5—4　美国居民获取新闻信息的渠道调查（%）

资料来源：Pew Research Center, State of the News Media 2013（http: //www. pewresearch. org/）。

主干的美国广播网络。二战以后，美国广播电视产业进入稳定发展阶段，广播电台、电视台的数量和电台调频、电视台频道数量猛增，广播电视节目急速增加，广告收入也攀升到了新水平。

目前，美国全国有广播听众家庭1亿户，电视用户1.5亿户，广播电视覆盖率100%，广播电视机家庭占有率接近99%，拥有全世界56%的广播和有线电视收入，85%的收费电视收入，雄踞世界广播电视产业榜首。尽管如此，与报纸媒介下行趋势一样，随着互联网的兴起，美国广播产业无论是从产值规模，还是从就业人口和广告收入来看，都已经度过了高速增长稳定期，面临着日益增多的挑战。尽管卡茨广播公司和阿比创公司的两位专家认为，"美国广播产业并没有死亡，相反还很具有活力。[1]"但近年来美国广播产业听众人数的下降和听众结构的老龄化已经是不争的事实，从而引发了业界关于广播产业是否已经触及了产业发展的天花板的隐忧。2012年美国广播巨头福克斯的收入和利润增长均已放缓，CNN几乎没有有效增长。在过去的十年中，除了MSNBC黄金时段听

---

　　[1]　马丽·贝斯·加博和卡罗·汉莉通过对分年龄段的受众收听率等指标做了大量实证研究，反驳了"年轻人不喜欢广播""美国广播面临死亡""广播不符合人们的社交习惯"等流行观点，详细报告参阅 Katz Radio Group, A Positive Perspective of Radio and Its Future Radio in the USA: Thriving（http: //www. rab. com）。

众数量有所增加外，CNN、Fox News、HLN 的听众都有明显流失。① 2014
年，CNN 黄金时段收视率同比下降 25%，MSNBC 黄金时段收视率下降
4%，只有 FOX 略有上涨。上述三大有线电视频道黄金时段观众总数 280
万人，比上一年略有下降，同期营业收入明显增加。随着互联网技术的
发展，有线电视的商业模式正处于剧烈变动之中，网络广播、网络电视
受众将会逐步分割传统电视市场，户外移动多媒体也会抢夺广播电视的
既有受众，这种趋势是确定无疑的。尽管如此，美国作为世界第一文化
产业强国仍然在全球广播电视市场上保持着强大的影响力，美国每年向
国外输出 30 万小时的广播电视节目，是世界广播电视市场上的巨人。

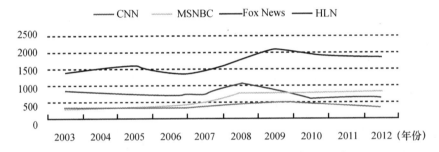

图 5—5　美国四大广播网黄金时段收视（听）率（千人）

资料来源：Pew Research Center, State of the News Media 2013 (http://www. pewre-
search. org/).

二　美国促进版权产业繁荣的举措

美国文化产业繁荣的背后有十分复杂的历史和现实原因，它首先得
益于强有力的版权保护措施，另外还与完善的文化市场机制、多元化的
投资渠道、多层次文化人才培育机制和畅通的文化传播渠道等原因有关。

（一）　实施强有力的版权保护措施

美国文化产业发展速度和对经济贡献率超过其他产业部门，一个重
要原因在于美国实行了严格的版权保护制度和有力的版权保护措施。美
国政府继承了西方政治法律制度中关于私有财产神圣不可侵犯的哲学思

---

① Pew Research Center, State of the News Media 2013 (http://stateofthemedia. org. 2013 – 5 –
31).

想，认为私有财产是产生个人意志自由和创造性的基础，是实现社会公平正义的重要先决条件，如果私有财产得不到有效保护，其他基本权利也将形同虚设。因此，美国政府自成立以来，就高度重视私有财产产权的界定和保护，对于文化财产领域也不例外。据 2013 年路透社一则消息称，海外市场每年发生的内容盗版行为令美国损失 37.3 万份工作、160 亿美元外汇收入及 30 亿美元的税收。为了防止这些盗版现象，美国创造了世界上最先进的防盗版技术和严密的防侵权的法律法规，不遗余力地打击国内和其他贸易伙伴国家内部的盗版侵权行为，保护文化艺术从业者的经济利益和艺术创作积极性，同时也为美国文化产品和服务在全球市场的销售铺平了道路。

　　美国保护版权的途径之一是建立严密的法律体系，为保护产权提供法律屏障。美国是世界上第一个实行文化立法的国家。早在 1787 年，美国制定的第一部《宪法》第一条第 8 节第 8 款就包含了保护版权的内容。1770 年美国第一届国会正式制定了第一部《版权法》，标志着美国版权制度的奠基。经过 1909 年、1976 年、1980 年、1999 年等几次大修订，增加了 60 多个附带法案，包括了《卫星家庭收视法案》（1988）、《计算机软件出租修正案》（1990）、《录音制品数字化表演权利法案》（1995）、《防止数字化侵权及强化版权赔偿法案》（1999）、《家庭电影法案》（2005）等补充法案，使之成为版权保护的基础屏障。除《版权法》之外，美国国会还出台了一系列涉及文化财产保护的部门法。如《计算机软件保护法》（1980）、《文化财产公约执行法》（1983）、《唱片出租修正法》（1984）、《美国综合贸易法 301 条款》（1988）、《反电子盗版法》（1997）、《跨世界数字版权法》（1998）等。1988 年通过的《美国综合贸易法 301 条款》，该法分为一般 301 条款、特别 301 条款和超级 301 条款三个部分，规定在美国和贸易伙伴国家进行文化贸易过程中，如果外国政府不能遵守与美国政府签订的贸易协定、无法有力阻止盗版等行为损害美国利益，美国政府将采取强制性报复措施，这对美国对外文化产品贸易中美国的知识产权保护起到了很大作用。美国还通过参加国际公约维护美国文化艺术家的利益，比如《世界人权宣言》（1948）、《保护文学和艺术作品伯尔尼公约》（1989）、《与贸易有关的知识产权协定》（1994）、《世界知识产权组织版权公约》（1996）、《保护和促进文化表现形式多样性公约》（2005）等。

（二）健全推动文化产业发展的市场机制

亚当·斯密在《国富论》中提出：一个国家最有效的增进财富的方法就是为每个人追求自身利益提供一个宽松的制度框架。为此，斯密开创的自由主义经济学的传统成为欧美国家政治经济建设主流思想之一。19 世纪末，美国经济学界将自由主义传统和社会达尔文主义融合，创立了芝加哥学派，强调市场力量在经济发展中的自我调节能力，认为充分的市场竞争是保证企业效率和国民经济健康发展的基本因素，要将政府对经济发展的干预减少到最低限度。美国文化产业的发展就是建立在自由竞争理念基础上的发达市场经济体制，强调文化产品生产销售的高度市场化、文化贸易自由化和文化产业发展法制化。

美国没有设立中央文化行政机构，美国经济分析局和普查局提供文化产业发展状况的统计数据、国务院教育和文化事务局负责一部分文化相关事务。除此之外，大量的文化生产发展规划制定、市场秩序维护、文化生产组织协调等工作依靠大量的行业协会和非政府组织承担，实现了民间办文化的理念。目前，影响较大的文化产业协会有：美国版权产业协会（IIPA）、美国报业协会（NAA）、美国新闻媒体审计协会（AAM）、美国出版商协会（AAP）、美国电影协会（MPAA）、美国广播广告局（RAB）、国家电视艺术与科学学院（ATAS）、美国全国艺术基金会（NEA）、联邦艺术暨人文委员会（FAHC）等。美国政府对文化产业的扶植往往通过国家艺术基金会、国家人文基金会、博物馆图书馆基金会等机构隐蔽进行。但美国文化产业发展的资金主要依靠市场机制来解决，政府投入资金不足 13%，出售相关文化产品的盈利大概占到一半，另一部分资金来源于大型企业资助和私人捐赠。为吸引文化艺术产业发展的资金，美国税法规定企业、团体和个人捐赠给文化艺术机构的款额可以免交所得税。受这一政策导向，美国华盛顿的国家美术馆等一大批私人出资兴建的博物馆、美术馆、艺术展览馆等文化基础设施得以涌现，捐赠图书馆、艺术馆已经成为美国社会的流行风尚。据统计，美国博物馆每年所需费用按照来源划分，政府拨款、个人和团体的捐款和博物馆自身收入各占到三分之一，博物馆工作量的 80% 由大量的志愿者分担。另外，46 个州政府已经出台了若干文化产业发展优惠税收措施，比如夏威夷州、罗得岛州、肯塔基州、加利福尼亚州等。

（三）"科技＋创意"的生产模式

美国的电影、电视节目能够风靡全球，靠的是科技和创意两个因素。美国广播电视频道众多，竞争激烈，频道细分特点鲜明。比如美国广播就包含有新闻、体育、健康、饮食、购物、电影、动漫等多种频道，仅音乐频道又可以分为古典音乐、乡村音乐、流行音乐、民族音乐等多种。美国新闻节目根据不同年龄段受众的特点，突出节目的科技含量和创意特色。比如哥伦比亚广播电视台推出的广受热烈欢迎的电视娱乐新闻节目《今夜娱乐》（*Entertainment Tonight*），自 1981 年 9 月开播以来一直致力于实现"世界上最受关注的娱乐新闻杂志"的目标，[①] 根据观众收看习惯和心理偏好，不断更新节目制播方式，突出节目本身的娱乐性、生活性和猎奇性，该节目主持人 Mary Hart 以其机智、犀利、活泼的脱口秀风格，已经成为北美家喻户晓的主持人，节目不但在北美受到热烈欢迎，还出口到英国、法国、澳大利亚、新西兰、巴西、印度、菲律宾、印度尼西亚和中东地区一些国家。NBC 公司制作的具有 50 多年历史的《今夜秀》（*the Tonight Show*），是当前美国晚间收视率最高的脱口秀节目，以其对政治人物大胆犀利的挖苦和对时事热点的反思性品论为特色，2008 年 11 月间邀请到了奥巴马以在职总统的身份参加节目，面对500 万观众讲解美国政府经济刺激政策。美国著名严肃新闻节目《头条新闻》（*Headline News*）在节目形式、主持人魅力塑造、节目观点等多个视角不断翻新节目花样，在节目直播过程中往往加入评论员与主持人互动，或者加入外景记者或场外观众以增加节目可视性，确保"创意落地"。

除了增加创意以外，高新技术的应用是确保美国文化产业勃兴的另一重要因素。美国广播电视行业的技术创新尤其令人振奋。近年来，美国广播电视公司致力于视频网管技术、宽带提升技术、交互式节目指南技术、互动广告技术和移动终端视频观看下载技术。2013 年时代华纳公司和康卡斯特公司率先将订户调谐器由原来的每户 1 个增加为每户 6

[①]　Clooney Tune, "The 'ER' Star Takes On Tabloid TV", *Entertainment Weekly*, No. 8, 1996.

个，这意味着用户在观看一个电视节目的同时可以下载五个电视节目，大大提升了用户可选节目空间。美国最大的电视运营商有线电视公司（Cablevision）正在开发一种社交电视技术，该节目的订户可以在自己观看电视节目的同时邀请其他朋友共同加入虚拟空间分享该节目，这种虚拟的多用户共同观看模式被称为"观看派对"。另外，在免费 Wi-Fi 中植入互联网广告的技术、基于 APP 应用的订户节目安排预约技术等先进适用技术也都在研发之中。美国政府高度重视信息化、网络化带来的挑战和机遇，大力支持宽带技术在推动文化产业和经济发展中的作用，一方面大力支持宽带技术研发；另一方面增加消费者信心确保计算机安全。据估计 2012 年，美国宽带用户已达到 9000 万，大约占全球宽带用户的五分之一。美国 FCC 已经开始制订宽带普及计划，预计 2015 年至少有一亿家庭宽带实际速率不低于 50Mbps，2020 年达到 100 Mbps，① 将大大缩小美国与世界网速排名靠前的韩国、日本、瑞士等国家之间的差距。

第四节　英国

英国是世界上最早提出"创意产业"概念的国家。在英国政府的官方文献中最早使用"创意经济"一词可以追溯至 2006 年。2008 年，英国国家科学科技艺术基金会发布了《超越创意产业：英国创意经济发展报告》同时使用了"创意产业"和"创意经济"两个词汇。根据其使用权域，创意经济涵盖范围比创意产业要广泛，创意经济包括了创意产业以及非创意产业内的创意岗位，英国政府使用"创意经济"的目的在于强调创意及创意产业对整个经济体系的影响。按照英国政府 2001 年《英国创意产业专题报告》的定义，所谓创意产业是指："那些从个人的创造力、技能和智力中获取发展原动力，并且可以通过开发知识产权，创造出潜在财富和就业机会的行业。"② 据英国国家统计局发

① Akamai, The State of The Internet Report 2012 (https://www.akamai.com).

② UNCTAD UNDP, Creative Economy Report 2008—The Challenges of Assessing the Creative Economy: towards Informed Policy-making (http://unctad.org/en/Pages/Home.aspx).

布的国际服务贸易数据的使用办法，创意产业包括了 IT、软件和计算机服务，电影、电视、广播和录像，出版，时尚设计，音乐、表演和视觉艺术，广告，建筑设计，博物馆、图书馆、美术馆，艺术和古玩，工艺品制作十大子行业。早在 20 世纪 90 年代初，英国就开始研究制定文化发展战略。1997 年后，布莱尔政府执行"新英国"计划，对创意产业进行重点支持，为此专门组建了跨部门的责任小组，统一协调各创意产业部门的规划和发展，为英国经济的持续发展寻找到了新的增长点。

一　英国创意经济发展概况

1997 年布莱尔政府上台后，充分肯定了创意产业在提升国家软实力、推动经济发展、保障就业等方面的积极作用，创立英国文化、媒体和体育部（DCMS），内设创意产业工作组，成为推动英国创意产业快速发展的核心机构。创意产业这个包含着庞大分支门类的新兴产业，经过英国政府 20 年坚持不懈的推动，其规模和产值超过了高端制造业，已经成为英国仅次于金融服务业的第二大支柱产业、英国经济各部门中最具竞争力的部门之一。[①]

关于创意经济的总体规模。据 2016 年英国文化媒体体育部公布的最新数据显示，自 20 世纪末以来，英国创意产业的发展就步入了快轨。1997—2014 年，英国创意产业 GVA 总值年均增长 6.0%，也远高于同期英国经济 4.3% 的增速。2014 年英国创意产业 GVA 总值超过 841 亿英镑，大约占到英国经济总量的 5.2%。2013—2014 年英国创意产业 GVA 总值增长 8.9%，远超同期英国经济 4.6% 的增速。2014 年，英国以创意产业为核心的创意经济总产值高达 1333 亿英镑，占到英国经济总量的 8.2%。2014 年，英国创意产业总产值是 2009 年的 1.29 倍，英国创意经济总产值是 2009 年的 1.25 倍，英国非创意产业中的创意部分总产值是 2009 年的 1.19 倍，英国经济总量是 2009 年的 1.12 倍。可见，英国创意产业规模的增长要远高于非创意部门。

---

① Department for Culture Media and Sport, Creative Industries Economic Estimates 2016 (https: //www. gov. uk/) .

表 5—9　　　　　　　　　　英国创意产业 GVA 值变动　　　　　单位：百万英镑

年份	2008	2009	2010	2011	2012	2013	2014
创意产业	61145	57618	59753	65180	69849	77187	84067
英国总值	1369505	1348507	1397744	1443281	1485776	1546914	1618346
占比	4.46%	4.27%	4.27%	4.52%	4.70%	4.99%	5.19%

资料来源：ONS，Annual Business Survey 2008—2016（https://www.ons.gov.uk/）.

　　关于创意产业的就业状况。创意产业成为英国就业的重要领域和新增就业的主要流向之一。2008 年英国创意产业直接就业人数为 110 万，带动相关就业岗位 80 万个。而到 2014 年，英国创意产业提供的就业岗位达到了 188 万个，占到英国全部就业人口的 5.8%。如果算上其他产业内的创意岗位，英国从事创意及相关工作的人口将达到令人惊讶的 280 万，占到英国全部就业人口的 9%。近年来，英国创意产业吸引新增就业人口的速度超过 5.5%。以 2014 年为例，该年英国创意产业总就业岗位是 2011 年英国创意产业总就业岗位的 1.2 倍，创意领域就业的增速几乎是英国平均就业增速的 2 倍。英国从事创意及相关工作的人口是 2011 年英国从事创意及相关工作的人口的 1.2 倍。

表 5—10　　　　　　　　　英国创意产业就业人口变动　　　　　　单位：万人

年份	2011	2012	2013	2014	2015	年均增长率
创意产业	156.2	169.1	171.3	180.8	186.6	19.5%

资料来源：Department for Culture Media and Sport，Creative Industries：Focus on Employment 2016（https://www.gov.uk/）.

　　关于创意产业的出口业绩。英国的计算机产品、广播产品、电影产品等是出口优势产品，在欧洲、美洲的广大地区深受欢迎。2013 年英国出口的创意产品总值达到 179 亿英镑，占英国当年所有出口服务总值的 8.7%，远超德国和法国的比例。2014 年英国出口的创意产品总值达到 198 亿英镑，比 2013 年增加 10.9%，比 2009 年增加 48.9%。而同期英国全部出口服务总值为 2198 亿英镑，比 2013 年增加 2.3%，比 2009 年增加 29.6%。可见，英国创意产业产品和服务的出口增速要远远高于同期其他类别产品和服务的出口增速。2014 年，英国创意服务的出口已经占到当年英国全部服务类出口总值的 9%。

表 5—11　　　　　　　　英国创意产业服务出口变动　　　　　　单位：百万英镑

年份	2009	2010	2011	2012	2013	2014
创意产业	13303	14719	15503	17258	17856	19809
当年全国出口总额	169507	174178	188908	197432	214813	219759
占比	7.8%	8.5%	8.2%	8.7%	8.3%	9.0%

资料来源：Department for Culture Media and Sport，Creative Industries：Focus on Exports of Services 2016（https：//www.gov.uk/government/organisations/department-for-culture-media-sport）.

总之，在英国政府的积极培育下，英国的广告产业、建筑产业、设计产业、IT 计算机服务产业、电影产业、广播产业、电视产业、表演艺术产业、时尚产业等均具有强大的产业规模和世界影响力，已经成为英国的优势产业，并对世界文化创意产业的繁荣做出了很大贡献。本书根据英国文化、媒体和体育部的统计办法，主要梳理以下几个产业。

（一）IT、软件和计算机服务产业

IT、软件和计算机服务产业是英国创意产业中最具竞争力的子产业。自 20 世纪 80 年代以来，英国的 IT、软件和计算机服务产业就已经开始崛起。自 2008 年金融危机以来，英国 IT、软件和计算机服务产业增速一度放缓、企业规模稍有缩减。2008 年金融危机爆发后，2008—2009 年期间活跃的 IT 企业从 123065 家下滑到了 122685 家，企业数量下降了 0.3%。2009 年至 2013 年期间企业数量增长都维持在 6.3% 左右。2015 年英国境内的 IT 企业已经高达 154765 家，相比较 2014 年 143450 家 IT 企业增加了 7.9%。总体来说，英国 IT、软件和计算机服务产业总产值整体增长趋势一直没有改变。2008 年 IT、软件和计算机服务产业 GVA 总值高达 260.18 亿英镑，占到英国创意产业 GVA 总值的 42.5%。此后一路攀升，到 2014 年 IT、软件和计算机服务产业 GVA 总值已经高达 365.78 亿英镑，占到英国创意产业 GVA 总值的 43.5%。2015 年 IT、软件和计算机服务产业增速达到 46%，是金融危机以来增长最快的年份。

英国 IT、软件和计算机服务产业的快速发展还表现在从业人员的扩张上。尤其是数据库、支撑软件业、虚拟现实、WAP 技术、娱乐软件等领域，更是吸引创意人才集聚的高薪领域。据统计，2010 年，英国 IT、软件和计算机服务产业的从业者高达 48 万人，2015 年增加至 64 万人，2015 年比 2011 年增长 32.6%。这些 IT 创意人才主要集中在英格兰南部、米德兰地区，软件创意人才尤以剑桥地区最为集中。2015 年英国国家统计局发布的通信市场报告显示 2015 年仅伦敦地区就有数字科技公司 4 万家，带动从业人员 20 万人，IT、软件和计算机服务产业平均每年新增 2.4 万个就业岗位。

这个规模庞大的 IT 软件就业群体为英国电子软件、游戏产品、计算机服务产品的腾飞奠定了坚实的智力基础。英国是世界第四大电子游戏制作产品生产基地和出口基地。全球 26% 的电子游戏产品是由英国生产的。近年来涌现出一批世界知名品牌，比如阿曼德动漫工厂生产的《酷狗宝贝》系列、英国 EIDOS 公司出品的《古墓奇兵》、DMA Design 发行的《侠盗猎车手》等产品，在世界各地有数百万忠实粉丝。英国动漫公司最近开发出"全计算机生成"动漫技术应用到《哈利波特》的视觉特效设计中，成为英国动漫制作的经典代表技术。微软、索尼、迪士尼、任天堂等世界著名的游戏制作公司内部都有大批的英国 IT 软件人才做技术骨干。英国视频游戏的销售额占据了全球视频游戏市场的 16%、欧盟市场的 30%、美国市场的 10%。

（二）音乐、表演和视觉艺术产业

音乐、表演和视觉艺术产业包括多个子产业，表演产业、视觉艺术等也是英国具有优势的产业，但最重要的是音乐产业。英国被誉为世界近代音乐的摇篮。20 世纪 60 年代以来英国音乐发生了巨大转折，创造出非常多知名的新音乐领域，音乐产业逐渐崛起成为英国创意产业中的主要内容。根据国际唱片业协会（IFPI）在 2005 年 8 月出版的一份报告显示，世界 71.7% 的音乐产品由四大唱片公司垄断，这四大唱片公司中美国占了环球、索尼、华纳三家，英国有百代一家，并且前三家唱片和英国百代有各种业务联系，英国音乐产业的影响力可见一斑。

　　根据英国音乐机构发布的《音乐产业 2016》报告显示，尽管过去的四年中不少创意公司陷入衰退，但英国音乐产业却逆势稳定增长，包括音乐出版、现场音乐和录制音乐在内的所有核心领域都迎来了高速增长的时期。2008—2015 年音乐产业 GVA 总值年均增长超过 6%，2011—2015 年音乐产业 GVA 总值年均增长 17%，2015 年英国音乐产业为英国经济贡献了 41 亿英镑，是英国创意经济众多领域中增长最快的三大部分之一。另据英国文化、媒体和体育部发布的报告显示，2015 年在全球销售的专辑有六分之一来自英国，全球最热销的 10 位音乐人中 5 位来自英国，全球最热销的专辑超过 30% 来自英国，全球音乐产品的 15% 来自英国，成为英国音乐产业巨大影响力的生动写照。其中，现场音乐增长最为迅猛，成为英国在经济贡献和就业贡献方面增长最快的领域，它的总体收入占到整个英国音乐产业总收入的四分之一，高达 9.1 亿英镑，几乎是录制音乐收入的两倍，它的出口在过去的四年中增长了 90%。[1]

　　就业方面，音乐产业带动的就业岗位在创意产业九大门类中仅次于 IT、软件和计算机服务产业。2011 年英国音乐产业共有 21.3 万人就业，2015 年已经增至 28.6 万人，年均增长 34.7%，是九大门类中就业增长最快的部门。这其中包括 12 万个全职工作岗位、2.5 万个现场音乐岗位、1000 多名专业音乐制作人。他们大多数人供职于伦敦及其周边地区的 2000 多家唱片公司和 300 多家录音室。他们是格林德波恩歌剧音乐节、格拉斯顿伯里当代表演艺术节等全球著名音乐节庆的策划人和参与人，推出了披头士、北极泼猴、辣妹合唱团、史密斯乐团、平克·弗洛伊德等著名音乐家和音乐团体。

　　（三）电影、广播、电视和摄影产业

　　英国是世界广播电视诞生最早最发达的国家之一。2015 年，英国信息产业年产值约 565 亿英镑，每户家庭平均信息消费 1426.8 英镑，平均每月 118.90 英镑。在这个庞大的信息市场中，英国广播影视产业 GVA 总值达到 108 亿英镑，占到英国创意经济 GVA 总值的 12.9%，是仅次于 IT、软件和计算机服务产业的英国第二大创意产业门类。在广播、电视、

---

　　[1]　Department for Culture Media and Sport, Measuring Music 2016 Report（https://www.gov.uk/government/organisations/department-for-culture-media-sport）.

电影和影像制作等领域工作的创意人才达到 23 万人，自 2010 年以来就业年均增长 9.9%。在创意产业九大部门中，广播影视产业成为继 IT、软件和计算机服务产业和音乐、表演、视觉艺术产业之后的第三大就业部门。广播影视产业同时也是英国创意产业中的重要出口门类，2014 年出口总额高达 47.24 亿英镑，占英国所有创意产品和服务出口总额的 23.8%，仅次于 IT、软件和计算机服务产业 44.6% 的份额，居第二位。

关于电视产业，英国拥有全球最为先进的电视节目制作技术和最为严格的电视节目制作标准，在数码电视、动漫视频等方面占有优势。英国有 600 多个电视频道，每年制播 2.7 万小时的节目内容，占据了世界电视节目市场 53% 的份额。英国所拥有的世界第一套数码电视系统为 1600 万个家庭提供数码电视产品，占到英国家庭总数的 70% 以上。2007 年以来，英国电视产业总收入构成发生了显著变化，订阅收入占比不断扩大，广告收入占比和公共基金收入略有减少。2014 年，英国电视产业的总收入接近 50% 由用户订阅收入支撑，相当于广告收入和公共基金收入的总和。据英国通信管理局 2016 年发布的报告，17% 的受众对英国电视节目质量给予充分肯定，50% 的受众认为英国电视节目质量有所改善。① 这表明，多数英国受众对英国电视产业的发展表示认可，这在竞争激烈的内容市场上是难能可贵的。

关于广播产业，英国具有完备的广播体系和世界著名的英国广播公司（BBC）。据英国信息通信管理局报告，英国人平均每周收听广播总时长为 21.3 小时，大约有 89% 的英国人每周会收听一次广播节目。英国广播产业的年收入超过 12 亿英镑，英国广播公司总收入超过 8 亿英镑。英国广播公司是英国最大的广播机构，也是世界最著名的新闻广播机构之一。它下辖监管委员会和由 16 名高级主管组成的执行委员会，并设立负责日常运营的行政总裁和总编辑，其绝大多数节目来自视频部和新闻部。目前运营 11 条电视频道、10 条广播频道，播出 43 种语言的节目，且电视节目 20 多年连续维持了 20% 以上收视率，实属不易。

关于电影产业，英国是世界一流的电影制作中心，伦敦是全球第三

---

① OFCOM, UK Audience Attitudes to the Broadcast Media 2016 (https: //www. of-com. org. uk/) .

大最繁忙的电影摄制中心。英国电影协会（BFI）统计显示，21 世纪以来，英国电影观众人数几经波折，2013 年达到 1.73 亿人，同年票房总收入 10 亿英镑，两项指标均创历史新高。英国电影出口贸易每年出口欧盟、美洲、澳洲和亚洲、阿拉伯地区。其中美国是最大出口地，约占英国电影总出口额的 52%，其次是欧盟，占 21%，亚洲占 5.4%，其他国家占到了 12.2%。英国电影产业市场已经成为仅次于美国、日本的世界第三大国际电影娱乐市场。

（四）博物馆、美术馆、图书馆产业

英国文博产业是创意产业的重要组成部分。英国拥有几千家公立和私立博物馆，如大英博物馆、维多利亚博物馆、自然博物馆、皇家海事博物馆、赫伯特艺术画廊博物馆等。据英国博物馆、档案馆和图书馆委员会（MAL）制定施行了《英国博物馆远景规划和战略目标》提出了"让民众成为博物馆的核心，让博物馆成为社会的核心"的发展目标，不仅使英国庞大的博物馆体系成为收藏、陈列、展示英国历史文化的平台和推进国民国情国史教育的平台，也使英国博物馆成为增进文化软实力、创造潜在经济价值的机构。因此，英国文化、媒体和体育部和国家统计局均把博物馆、美术馆和图书馆作为创意产业的一个重要组成部分来统计。遗憾的是，近几年来，英国文博机构对观众的吸引力正在下降，接待人数不断减少。

2015—2016 年，英格兰艺术委员会对全国 15 家受英国文化、媒体和体育部资助的博物馆进行调查，以便研究这些把本馆永久展品免费向公众开放的博物馆的运营状况。这些文博机构包括：大英博物馆、杰弗瑞博物馆、赫尼曼博物馆、帝国战争博物馆、国立美术馆、国立博物馆利物浦分馆、国立肖像美术馆、国家历史博物馆、皇家博物馆、皇家博物馆格林尼治分馆、科学博物馆集团、约翰·索恩爵士博物馆、泰特美术馆集团、维多利亚和阿尔伯特博物馆、华莱士收藏馆 15 家。2014—2015 年度，英国上述受到资助的博物馆共接待参观者 5100 万人，2015—2016 年下降至 4770 万人，下降 6.2%，即使除去泰恩—威尔郡博物馆的数据后，参观人数较 2014—2015 年度仍然下降了 2.8%。其中，最受游客欢迎的大英博物馆接待游客 690 万人，其次是泰特美术集团及其所属的四个分馆，共接待 670 万人。剩下接待游客超过 400 万人的文博机构依次是：

国立美术馆、科学博物馆集团、自然历史博物馆等。除了上述实地参观之外，网上在线参观成为大众接触文博机构、完成文博教育的重要方式。2015—2016 年，全英总共有 1.01 亿人访问了文化、媒体和体育部资助的博物馆网站。其中，15 岁以下的未成年人占到了 790 万人，这些未成年人有 190 万人参观了科学博物馆及其附属展馆，另有 130 万人参观了国家历史博物馆及其附属展馆。

英国政府认为，文博机构是推进国民素质提升的重要渠道。英国博物馆、美术馆、艺术馆和图书馆每年都要接待由学校组织的大批学生游客。文博机构配合学校的教学计划为教师提供有关教学资料，为学生集体参观提供现场讲解、讲座、视频影像、专业课程、学术研讨会等活动，比如大英博物馆与维多利亚和阿尔伯特博物馆曾经推出"博物馆和美术馆教育"硕士课程。据统计，2015—2016 年度总计有 790 万未成年人访问由文化、媒体和体育部资助的博物馆机构，较 2014—2015 年度下降 14.4%，除去泰恩—威尔郡博物馆的数据后，参观人数较 2014—2015 年度下降 1.8%（自 2015 年起，泰恩—威尔郡博物馆已不再接受英国文化、媒体体育部的财政支持）。在 790 万未成年人中，由学校组织的参观团队有 250 万人，这比 2014—2015 年度下降 11.5%，除去泰恩—威尔郡博物馆的数据后，参观人数较 2014—2015 年度下降 6.9%，这个下降幅度是惊人的。

海外游客是英国博物馆接待的重要客源。2015—2016 年，英国共接待了 2240 万名海外游客，占到了全年接待游客总数的 47.1%。其中，皇家博物馆是最受海外游客欢迎的地方，承担了英国博物馆所接待的海外游客总数的 67.5%。

表 5—12　　　　　2014 年英国创意产业各子产业发展概况　　单位：百万英镑

	GVA 总值	GVA 总值占创意产业中比值（%）	就业（万人）	出口
广告市场	13250	15.8	16.7	2771
建筑	4326	5.1	10.1	466

续表

	GVA 总值	GVA 总值占创意产业中比值（%）	就业（万人）	出口
手工艺制作	288	0.3	0.8	——
设计	3235	3.8	12.4	226
电影、广播、电视和摄影	10807	12.9	23.2	4724
IT、软件和计算机服务	36578	43.5	57.4	8833
出版	10180	12.1	8.5	2142
博物馆、美术馆和图书馆	——	——	24.4	——
音乐、表演和视觉艺术	5444	6.5	19.8	644
创意产业总和	84067		180.8	19809

资料来源：根据英国文化媒体体育部 2016 年发布的 Creative Industries：Focus on Exports of Services 2016、Creative Industries：Focus on Employment 2016、Creative Industries Economic Estimates 2016 研究报告统计。

二　英国推动创意经济发展的举措

加强对文化创意产业的管理和服务是许多发展中国家推动文化创意产业发展面临的首要挑战，也是英国等发达国家创意产业崛起昭示的宝贵经验。政府究竟在文化产业中发挥何种作用是非常值得研究的问题。英国政府，从梅杰政府到布莱尔政府、布朗政府，从卡梅伦政府到当前的特蕾莎·梅政府，都很重视对创意产业的规划和扶持。

（一）政府健全行政管理和服务机构

梅杰政府在 1992 年重组了原来隶属于国家图书馆、环境部、工业部、贸易部、劳动部等不同部门的文化管理机构，建立了英国国家文化遗产部，行使中央政府的文化管理职能，统一负责全国文化艺术、广播电视、电影、表演艺术、艺术品流通及其相关产业的发展。1997 年，布莱尔政府上台后提出了"新英国"发展战略，在原国家文化遗产部的基础上成立了国家文化、媒体和体育部（Department for Culture Media and Sport），新设立了文化创意产业特别工作组，着手对英国文化产业各部门进行调查统计。该部于 1998 年和 2001 年两次发布《英国创意产业纲领文件》正式提出了"创意产业"的概念，高度评价了创意产业在未来经济发展中的重要地位，并明确提出英国政府将大力支持创意产业的发展，将扶持创意产业列入布莱尔政府的产业调整计划。该文件明确了创意产业的管理部门、资金来源、人才培养、出口规划等基本问题，为英国创意产业的快速发展奠定了前提，创意产业在布莱尔政府时期实现了快速发展。随后，该部门相继发布了《创意产业融资实践指南》《英国创意产业经济产值评估》《创意英国》《英国创意产业的经济成绩》，并在 2005 年和 2008 年分别发布了"创意经济计划"和"创意英国"战略，持续助推创意产业的发展。2009 年布朗政府上台后，继承了布莱尔的文化政策，发布了"数字英国"计划，要把英国打造成世界创意产业中心，利用英国先进的电子技术和通信技术改造传统文化产业，推动科技和文化的融合，并提出了重点推进电子游戏、体验音乐等新兴产业的计划。

（二）践行"人人共享"的产业发展目标

自梅杰以来的历届英国政府都认为，创意产业是为社会大众提供基本文化产品的根本途径，是丰富社会大众公共文化生活的必由之路，因此历届政府都高度重视发展创意产业。布莱尔政府提出"为大众的创意产业"口号，认为文化艺术产品不能仅供少数人享有，而应该为不同的社会阶层所共享，尤其是黑人、少数族群、残疾人等弱势群体应该享有鉴赏文化艺术的基本权利。因此，布莱尔政府、布朗政府特别重视发展大众娱乐形式，积极推动大众创意产业发展。英格兰艺术委员会是英国政府"人人共享"的创意产业发展理念的实践者和推动者。作为文化、媒体和体育部下设的一个非政府部门公共机构，英格兰艺术委员会一直致力于全国表演、视觉和文学艺术产业项目的资助和扶持。据统计，2012—2013 年，英格兰艺术委员会总共资助了 4 万名艺术家的创意项目，吸引到 4300 万人参与其中，[1] 成为有官方背景的非官方组织资助创意产业发展的重要机构。英格兰艺术委员会连续四年向 2012 年伦敦文化奥林匹克

---

[1] Arts Council England, Reflections on the Cultural Olympiad and the 2012 Festival 2013 (http://www.artscouncil.org.uk/).

盛会提供了总值高达 3600 万英镑的资助；为伦敦南岸艺术中心残疾人艺术家举办的"无限自由"项目提供了总值 240 万英镑的资助；为大英博物馆举办的最大规模的青年参与项目"世界故事"提供了 300 万英镑的资助，成为英国政府推动"人人共享"文化发展理念的具体案例。2016 年英国政府时隔 51 年推出了第二个文化白皮书，重申了英国政府不分种族、地域、年龄和健康状况公平保障每一位公民文化艺术权利的主张。白皮书针对少数族群和黑人群体文化艺术消费和从业比例较低的现实指出，英国政府将致力于缩小不同社会阶层之间文化艺术消费的差距和文化艺术参与程度的差距，致力于为所有公民提供文化艺术创作机会和享受机会，因为只有当文化艺术权利得到充分保障，才能激发公民的创造活力，整个社会才能具有可持续的增长动力。

（三）多渠道的产业资金来源

早在 20 世纪 40 年代，英国政府就有对文化艺术项目直接提供资助的记录，当时的大不列颠艺术协会（Arts Council of Great Britain）是英国政府对文化艺术项目实施资助的主要代表机构。20 世纪 80 年代后，英国政府对文化艺术机构和项目的资助形式除了直接资助之外，还通过各种激励方案鼓励各类社会机构向文化艺术机构"捐资助艺"。20 世纪 90 年代后，英国以中小企业为主的创意企业逐步崛起，其经常面临的资金不足、投入不足问题引起了英国政府的高度重视，英国政府对创意产业项目的资助形式日益多元化，开始探索"政府 + 社会 + 私人"模式的多元融资渠道，国家发行彩票成为募集资金的一种新方式。

第一，通过各类艺术基金直接提供资金和补贴。英格兰艺术委员会（ACE）和英国科学、技术及艺术基金会（NESTA）是具有代表性的半官方创意产业资助机构，为具有良好前景的创意项目和创意人才发展提供资金支持。据统计，英格兰艺术委员会 2012—2013 年度总共资助了全国 2741 位艺术项目，包括 396 项综合文化项目、212 项残疾人项目、513 项青少年项目；资助了 696 个文化创意组织，涉及 158 个综合艺术组织、57 个舞蹈社团、52 个文学组织、86 个音乐团体、179 个戏剧团体和 143 个视觉艺术团体。这 696 个被资助组织中有 67 个是黑人和少数族群成立的组织，有 39 个是残疾人成立的组织，212 个是青年人成立的组织。① 除此之外，英格兰艺术委员会还联合教育部门向高等院校、社会组织提供了5000 万英镑的巨资，包括了文化创意产业人才密集的 123 个音乐教育中心和一个全国青年舞蹈公司；联合旅游部门通过"文艺复兴计划"资助了 1000 多名艺术家和艺术组织申报的创意创新计划，资助了 227 家博物馆和 59 个图书馆，以便使他们更好地开展文化艺术活动。② 同年，英格兰艺术委员会收到了来自全国文化艺术企业和社团捐助的总价值 59 亿英镑的资金、来自全国旅游及相关文化体验组织的 76 亿英镑资金，为进一步开展资助活动提供了充实的资金来源。

第二，通过税收杠杆对优先发展的创意领域减免税收。

税收杠杆是英国政府支持创意产业发展的一个常用杠杆，英国政府对创意产业的税收减免或优惠政策几乎覆盖了整个创意产业的九大分支，包括图书出版、电子游戏、电影等多个产业都享受了政府的税收减免或优惠政策。比如牛津大学出版社、剑桥大学出版社等国内知名学术出版社被政府给予了"慈善机构"的同等待遇，对其经营产品免予征税，而相比之下不少出版社仍然要承担比例不低的经营所得税。政府对音乐产业中唱片销售所征收的增值税已经下降到 17.5%，音乐出版物则予以免税。据英国电影协会统计，英国政府从 2006 年开始对电影、电视、游戏等领域里部分优秀创意项目减免税收。2006—2007 年英国政府对 25 部电影总计减免了 5000 万英镑的税收；2010—2011 年享受减免的影片达到180 部，减免总额达到 5.31 亿英镑，过去十年总计有 1800 部电影得到了政府的税收优惠扶持。

除此之外，从 20 世纪 90 年代以来，英国政府开始发行国家彩票为创意产业募集资金，英国《国家彩票法案》规定将国家彩票总收入的 28%用于资助创意产业及其相关产业的发展，通过这一渠道每年至少为创意产业提供约 13 亿英镑的资金。

---

① Arts Council England, Grant-in-aid and Lottery Annual Report and Accounts 2016 (http://www.artscouncil.org.uk/).

② Arts Council England, The Contribution of the Arts and Culture to the National Economy 2013 (http://www.artscouncil.org.uk/).

（四）推动创意产业集聚区建设

创意产业集聚区是创意人才的摇篮，是创意产品必备的孵化器。2000 年，布莱尔政府发布题为《创造机会——英格兰地方政府制定区域文化发展政策战略指南》的报告，要求英国不同地区根据各地文化资源优势支持集聚区建设。根据创意产业集聚发展的特点，英国政府在全国有步骤地支持了一批创意产业集聚区，形成了一批创意城市。在这些创意产业集聚区内，创意团体和创意企业能够最大限度便利地使用集聚区内的公共设施和文化资源，能够享受税收减免和政府补贴。2010 年卡梅伦政府上台后，成立了由来自不同领域的专家、企业家和战略投资者组成的"创意产业委员会"，该委员会向中央政府提交的研究报告把支持创意产业集聚区作为推动英国创意产业发展的重要举措。目前，英国已经形成了伦敦 SOHO 区、南岸区、西区和东区等为代表的泰晤士河集聚区、以谢菲尔德为代表的英格兰北部城市创意集聚区、以曼彻斯特为代表的中部城市创意集聚区和格拉斯哥、爱丁堡为代表的北部城市创意集聚区。其中，伦敦地区由于丰富的人文资源和浓厚的历史文化传统，成为英国最典型的创意集聚区。2015 年，伦敦集中了全英国 1/3 的创意人才（57.5 万人），伦敦创意产业人口占到伦敦总人口的 16.4%，远高于英国东北地区和西北地区的创意人才比例。据统计，大约 1/3 的工业设计企业、1/2 的电影工作室、2/5 的电子游戏生产公司集聚在伦敦地区，使之成为欧洲最大的创意城市。

第五节　国外文化产业发展经验对中国的启示

2012 年，东北地区首次提出推动文化产业成为区域经济支柱性产业和新经济增长点的战略，这是东北地区未来一段时期产业结构调整升级的重要方向。日本、韩国、美国、英国文化产业发展至少可以得出下列四点启示。

第一，突出市场机制的基础作用是文化产业振兴的根本前提。

从上述四国文化产业发展历程可以看出，尽管文化产业具有意识形态属性，但仍然应该坚持使用市场的手段培育其发展。韩国政府在推动文化产业振兴方面扮演了"强势政府"的角色，但在投融资、文化品牌培育、文化产品海外贸易等方面仍然扮演了逊于企业的"第二小提琴手"的角色。更为重要的是英国、美国等资本主义国家,政府在文化产业发展中主要发挥着"无形之手"的作用。因此,东北地区文化产业发展过程务必遵循十八届三中全会关于政府和市场关系的基本论述,真正让市场成为主导地方产业振兴的决定性主体。截至2012年,东北地区文化体制改革已经取得了巨大突破,国有文化艺术院团和影视发行制作单位的转企改制任务基本完成。同时也应看到,在技术层面的文化体制改革任务完成的同时,更深层次的一些问题才刚刚暴露出来,已经初步取得的改革成果也有待通过进一步深入推进文化体制改革来巩固。一是要进一步推动政企分开、政事分开。在厘清政府和市场、政府和文化经营单位、政府和社会中介组织之间关系的基础上,把凡是政府不该管、管不好的文化事务交给市场去做,切实减少政府对文化企业的行政干预,坚决避免政府与企争利,切实把政府职能转移到提供政策法规、加强市场监管和提供公共服务上来。二是要进一步完善文化管理模式。通过进一步整合新闻出版、广播电视、电影等产业的管理机构,逐步解决政府机构重叠设置、管理权限交叉不清的问题,建立起科学、高效的文化管理模式,逐步将政府管理文化的手段由以行政手段为主过渡到以经济手段和法律手段为主上来。[①]

第二,实现投资主体多元化是克服文化产业资金瓶颈的必由之路。

日本和韩国文化产业发展的经验表明,政府可以在文化产业投融资方面发挥示范、引导和扶持的作用,逐步建立起企业财团、社会组织和公民个人多方参与的多元化投融资机制。韩国政府在国家预算总额中保持文化产业发展的预算总额每年至少增长1%,金融危机之后为保证韩国文化产品出口顺差不至于跌落,2011年文化产业预算总额已高达33709亿韩元。同时,韩国政府还设立了文化艺术振兴基金、文化产业发展基金、广播发展基金、电影振兴基金、动漫游戏振兴基金、海外市场开拓基金等多个基金,鼓励和引导韩国民间资本和英国、美国、澳大利亚等国跨国文化公司巨头的外来资本投资。

对于东北地区目前来说,一是要支持金融机构,尤其是具有较为成

---

① 《文化体制改革背景下的政府职能转变与整合》,《中国行政管理》2010年第10期。

熟运作经验的商业银行创新投资理念，创新金融产品和服务，加大对文化产业信贷支持力度，针对文化企业特别是中小型文化企业规模小、分布散、抗风险能力不强等特点，开发多元化、多层次的金融产品，为文化产业项目提供更多多元化、个性化的金融服务。二是鼓励经营稳定、管理成熟的优秀文化企业通过上市融资，拓宽资金来源。对于已经上市的文化企业要加强监管，提供信息和政策咨询服务，扶植更多的企业分期分批逐步上市。三是引导各类社会资本成立文化产业投资基金，参与新闻出版、广播电视、电影、艺术表演等文化产业核心层内容产品的投资，积极引导文化基金切实把资金优先投放给优质文化产业项目，防止热钱集中涌入文化产业园区，助长文化产业泡沫。四是启动保险业支持文化产业发展的试点，创造更多适合文化产业特点的保险产品，积极探索文化产业投融资风险中的分担机制，有效化解文化产业项目运营中的风险。

第三，构建多层次人才培养体系是提供文化人力资源的重要环节。

文化产业振兴的基础是创意，创意的来源是人才。因此，培养大批文化产业优秀人才是日本、美国、韩国等国振兴文化产业的重要保证。目前，东北地区文化产业人才队伍培养中存在学科设置不合理、师资队伍结构不合理、人才就业渠道狭窄、产学研脱节等问题，必须协同发挥政府、文化企业和社会团体的作用，建立多层次人才培养体系。其一，加强高校文化产业管理专业人才的培育。高等院校作为文化产业人才培育的重要基地，应该培养掌握文化产业基本理论与方法，同时又具有宽阔的文化视野和现代管理意识的高级人才。针对高校文化产业管理专业普遍存在重视专业基础知识、轻视社会实践环节的问题，要增加培育学生的社会实践能力和专业技术能力教学环节的设置，使学生既掌握课堂基础理论，又掌握多项实践技能，成为符合文化产业市场发展需求的复合型人才。其二，加强文化产业专业师资队伍建设。要鼓励高校文化产业管理专业教师在做好教学工作的同时，尽量结合文化市场参加文化产业实践。积极引进海外留学背景的教学科研人才，积极吸引企业和社会组织中的专业技能人才到高校承担教学任务，提高师资队伍综合素质，建立起多元化的师资队伍。其三，充分发挥文化企业和社会团体在人才培育中的作用。鼓励和扶持高等学校和中等职业学校与社会文化单位共建培养基地，形成产学研相结合的培养机制。要完善文化产业经营管理人才的资格准入制度，完善文化人才职业培训网络，加大文化企业依托自身教育机构培育文化产业专业人才的投入，充分发挥社会培训机构在文化产业人才培育中的重要作用，建立起多层次的文化产业人才培育体系。

第四，推动国际文化贸易是提高文化产业国际竞争力的基本渠道。

约瑟夫·奈认为，一个民族是否真正强大，不仅取决于军事、科技和经济等硬实力，还包含文化价值观的吸引力和国际事务中的话语权等软实力方面。[1] 日本内容产品和服务的对外贸易是日本文化产业的重要方面，其遍布全球的卡通形象和游戏机表明，发展内容产业必须重视对外文化传播和国际文化贸易。东北的文化贸易，一是要打造著名对外文化贸易龙头企业和国际知名品牌。文化产品的生产和出口主要责任在企业。要按照文化部《关于推动文化产品和服务"走出去"的总体规划》和《中国文化出口指导目录》的要求，在电影电视、动画游戏、文化咨询等行业着力培育一批国家级文化出口重点项目和重点企业，带动一批市场竞争力较强的中小型文化企业走出国门参与全球竞争。二是要加快科技与创意融合，推出文化精品力作。把中华文化的精髓融入文化产品和服务中去，以创意支撑产品，以产品承载创意，在内容创意和科技创新两个着力点上打造出口文化产品和服务的综合竞争优势。三是要重视构建支持对外文化贸易的产业发展格局。东北地区文化产业发展的典型特征是地域发展不平衡，要着力发挥文化基础好、市场竞争力强、对外贸易便捷的区域中心城市作为文化产业对外贸易桥头堡的引领作用；鼓励其他地区中小城市发挥历史文化资源丰富、地域特色鲜明、文化贸易成本较低等优势，形成中心城市特色文化产业集聚区，构建地区分工明确、相互配合的文化产业贸易格局。

---

[1] Joseph. S. Nye, "Soft Power: The Means to Success in World Politics", *Public Affairs*, No. 16, 2004, p. 3.

第 六 章

东北地区培育文化产业成为
新经济增长点的对策选择

本书第四章分析了东北地区培育文化产业成为新经济增长点存在的问题及其成因，认为自然环境、地理区位、历史文化传统、人力资源、资金等因素导致了上述问题的存在。本章针对上述问题和成因提出了东北地区振兴文化产业应该采取的若干措施。《文化产业振兴规划》在宏观政策层面所提出的战略举措对于中国不同区域培育文化产业成为新的经济增长点具有很大指导意义。东北地区在执行上述宏观政策的同时，应从本地区文化产业发展的现实基础出发，更加注重探索本地文化产业发展需要的特色措施，本章认为这些措施应该包括政府和市场的关系的界定、投融资模式创新、文化产业精品生产、文化开放与外向型文化产业的培育等方面。

第一节 正确处理政府和市场的关系

正如中共十八届三中全会决议指出，经济体制改革的核心问题是处理政府和市场的关系。[1] 政府和市场的关系问题是文化体制改革的基础性问题，也是培育文化产业成为新经济增长点过程中不可回避的重大现实问题。本书第五章的分析表明：在文化产业发展初期，必须充分发挥政府在政策引导、平台搭建、资金筹措等方面的作用；随着文化产业的逐

---

① 《中共中央关于全面深化改革若干重大问题的决定》，人民出版社 2013 年版，第 11 页。

步成熟，政府应该将文化产业发展的主导权交与市场，政府稳步退出其产业功能。能否充分发挥政府推动区域文化产业发展的先导性作用、能否科学处理"政府为主导"和"市场为基础"的关系，直接影响到东北地区文化产业发展速度和质量。

一 要充分发挥政府的先导作用

关于政府和市场在发展文化产业中的权力边界，学术界已有争论。[①]本书认为：东北地区要推动文化产业成为新的经济增长点，必须高度重视并充分发挥政府在宏观规划、规制供给、文化资源保护开发、资金筹措、产业环境优化、人才培育等方面的积极作用。

（一）要力促文化产业发展问题上的思想解放

新中国成立之后，我国依照苏联模式建立了具有浓厚"战时体制"色彩的文化管理体制，将文化事业作为国家机器中的"螺丝钉"，长期排斥市场经济的作用，忽视通过市场发展文化事业的渠道，形成了阻碍文化产业发展的观念障碍。要培育文化产业成为国民经济新的经济增长点，必须首先实现文化发展问题上的思想革命，树立文化竞争、文化合作和文化商品化、产业化意识。而这个过程，必须发挥政府的作用。要树立文化竞争意识。当今大国之间的竞争表现为综合国力的角力。在构成国家综合国力的诸多因素中，军事、科技、地理等传统因素的地位逐步下降，科技、文化、制度等新兴因素的地位逐步凸显，文化已经成为构筑国家软权力的重要来源。相应地，地区文化产业的发展水平也成为该地区综合竞争力的重要内容，文化产业发展得好，本地区综合竞争力就强大。东北地区各地政府要通过大力发展文化产业，传承民族文化精髓，提升民族自尊心和自豪感，扩大文化产品对外贸易，提升中华文化国际影响力，从而为本地区经济社会持续健康发展奠定坚实的软实力基础。要树立文化合作意识。任何一种民族文化都具有存在的合理性与合法性，任何民族文化之间都应该相互尊重、相互学习、取长补短、共同繁荣。东北文化产业的繁荣也必须走合作共赢之路，不融入世界文化潮流之中

---

① 陈立旭：《论市场机制与文化、文化产业发展》，《中共宁波市委党校学报》2002年第1期。

就难以实现文化独立和自强，就难以继承和弘扬传统文化，更奢谈文化繁荣和文化复兴。东北地区具有独特的文化资源，不仅可以加强文化品牌的对外传播，更要加强和国内其他不同区域的文化合作，比如长三角、珠三角等地区，通过加强内部合作扩大东北文化产品资本来源和销售渠道。东北地区各级政府同时还要树立文化产业化意识。要意识到文化商品化、产业化是保持、发展、繁荣一种文化的重要渠道。无论该种文化在历史上曾经多么光辉灿烂、多么繁荣璀璨，都应紧跟时代发展的潮流、契合时代发展的脉搏、顺应时代发展的趋势、满足时代发展的需要，都应将自身纳入市场经济体制的框架之内，经受市场经济的检验和优胜劣汰。

（二）要健全文化产业政策法规，提供配套的制度供给

中共十七届六中全会提出："加快文化立法，制定和完善公共文化服务保障、文化产业振兴、文化市场管理等方面法律法规，提高文化建设法制化水平。"① 由于我国目前没有制定全国统一的文化产业促进法，各地的文化产业立法工作成为全国立法的有益探索，而东北地区文化产业立法明显滞后于国内发达地区。文化产业，尤其是创意产业，与传统产业不同，很难与现有法律制度对接，必须根据各省市实际情况加快制度创新。一是要加快区域文化产业立法进程。由省级人民政府和人民代表大会在研究文化产业特点、规律、发展状况和未来前景的基础上，因地制宜地出台相关促进法规，为文化企业在土地审批、资金来源、税费缴纳等方面明确权利义务，为广大文化企业，尤其是中小型文化企业保驾护航。二是要加强对文化资源的保护性开发。要明确重点支持的文化产业业态、重点扶植的骨干文化企业和潜力文化企业、重点文化产业集聚区和特色品牌，尤其是要加快制定对辽宁莲花山、吉林长白山、伪满八大部遗址、高句丽王城王陵贵族墓葬、黑龙江牡丹江湿地、五大连池湿地等世界级和国家级重要自然文化资源的保护性开发政策，加大对区内现有各级自然和文化遗产的保护力度。三是要认真研究 WTO 通行的相关规则和其他国际法律文件，据此完善本地区相关法律法规，有效保护本

---

① 《中共中央关于深化文化体制改革、推动社会主义文化大发展大繁荣若干重大问题的决定》，人民出版社 2011 年版，第 15 页。

地区文化企业在国际文化产品和服务贸易中的合法权益。四是要学习借鉴国外和国内文化产业发达地区培育文化产业的成功经验，根据《文化部"十二五"时期文化改革发展规划》和《文化部"十二五"时期文化产业倍增计划》等重要文化产业发展规划部署，结合东北三省文化产业发展的实际状况，抓紧制定一批符合本省实际、可操作性强的文化产业发展中长期规划和各重点领域的专项发展规划。

（三）要加强对本地区文化产业发展的宏观规划

东北某些地区的文化产业发展已经出现了"规划混乱""产业虚热""局部过剩"的产业发展乱象。地方政府必须加强对本地区文化产业发展的规划和引导。一是对文化业态的规划。根据本地区产业基础和比较优势选定具有市场竞争优势的文化产业业态，比如辽宁省在表演艺术、印刷、动漫、会展等行业，吉林省在期刊出版、影视剧制作发行、休闲旅游，黑龙江省在冰雪旅游、休闲娱乐、新媒体等行业具有比较优势，应当优先给予优惠政策和政府扶持。二是对空间规划。地方政府要根据文化产业空间集群发展的特性，在自发集聚形成一定规模之后，通过科学论证、政策帮扶、搭建平台等措施积极推动本地区的文化产业集聚、人才集聚、文化企业集聚的发展，促进本地区文化资源的合理流动与集聚。既不能盲目动用行政命令等简单粗暴的方式做出缺乏科学依据的产业集群决定，也不能忽视产业集群的内在规律，使政策滞后于产业实践。三是对市场主体的规划。文化产业的健康发展离不开多层次文化市场主体的发展。对于市场前景好、社会效益好、核心竞争力强的企业要优先支持，对于符合未来文化产业发展潮流、提升国家文化形象的文化项目要优先支持。加强对本地区文化企业的中长期远景发展规划，形成科学灵活的扶持机制，选拔培育一批代表地区文化产业竞争水平的品牌企业，储备一批具有良好发展潜质的后备企业，形成大中小微不同规模企业、公有民营外资不同所有制企业共同繁荣发展的市场主体结构。

（四）加大知识产权保护力度，营造良好的产业发展环境

1948 年通过的联合国《人权宣言》在第 27 条第 1 款中即规定了"人人有权参加社会的文化生活，享受艺术，并分享科学进步及其产生的福利"。中国宪法第 47 条规定了中国公民应当享有文艺创作、文化成果保护的权利。政府通过立法、司法、行政执法、宣传教育等方式保护公民

文化创作的权利和文化成果收益的权利是文化产业健康发展的重要前提。产权不清则激励机制不彰，权益保护不力则创新机制难立。东北地区各级政府和相关职能部门要加强对现有文化产品的知识产权保护，明确新开发产品的权益责任方，通过前瞻性文化产业发展规划和切实可行的政策法规，避免文化资源开发的雷同及低层次的同质化竞争。通过文化管理、新闻出版、知识产权、工商、质检和海关总署等多个部门的联合执法，严厉打击盗版侵权行为，保护公民个人、社会组织和各类企业的创造性劳动成果，形成崇尚创新、保护创造、深掘创意的文化产业发展环境。

二　要协调发挥市场的决定性作用

改革开放以来，市场经济观念已经在经济领域深入人心，政府在改革路径顶层设计时考量到了文化的作用、地位及其与社会整体改革的协调性，人们在谈到文化产业、文化利益、文化体制改革时难免受到旧文化体制的束缚。加之文化产业自身的意识形态属性，使不少文化机构管理者不愿将文化体制改革真正放到市场经济环境下审视，不敢于挑战文化管理中的积弊，更有甚者把所属文化企业当成利益来源，妨碍了本地文化企业的健康成长。因此，文化建设成为中国共产党经济、政治、文化、社会、生态五位一体的建设格局中的短板，文化体制改革与文化对外开放成为一项迟滞的盲区。事实上，"文化是个好生意"。发挥市场在文化资源配置中的决定性作用，不仅与我国"小政府、大社会"的政府体制改革目标相吻合，而且符合文化产业发展的内在基本规律，利于不同地区之间形成差序文化竞争格局，提高国家文化软实力。

（一）要确立市场在文化资源配置中的决定性作用

人类社会制度演进的历史，特别是19世纪以来社会主义、资本主义两大制度竞争消长的历史证明：市场是迄今为止资源配置的最优机制，市场经济是人类社会的普适价值。尽管市场本身并不尽善尽美，但其他资源配置的方式则更加危险。从长期动态发展来看，市场长期均衡数量、市场所有企业生产的商品和服务总量、消费者需求总量三者之间相等；从短期来看，三者并不均衡，存在供过于求和供不应求两种非均衡常态。只有实现了供求均衡，企业和消费者才能各自得到利润和效用的最大化，资源也相应地达到最优配置状态。因此，不存在一种乌托邦式的超级计划机构来调节社会产品的供给，政府对包括文化生产在内的生产部门的过多干预，容易破坏文化生产的"自然秩序"，资源的浪费、产品的短缺、服务的低劣等相伴而生，更严重的是，思想与意识形态更新的渠道就此终结，一种政治团体合法性的持久源泉、一种社会制度所赖以自新的内在驱动就此终结。在经济领域，上述论断已经成为常识而为学界和社会所接受，而在文化产品和服务的生产消费领域，由于传统意识形态观念的干扰、立场和价值观念的束缚，这一问题尚未彻底厘清。哈耶克和科尔奈都观察到了经典社会主义体制内因为文化生产的官方垄断造成的文化市场萧条和虚假繁荣，这与物质商品生产领域的商品供求规律是完全一致的。十八届三中全会提出了"要发挥市场在资源配置中的决定性作用"，并要求"最大限度地减少中央政府对微观事务的管理"。如果能将这一论断涵盖到文化领域则该决定的里程碑意义不容小觑。东北地区政府要培育文化产业成为新的经济增长点，首先要实事求是地承认，在市场经济条件下，市场是资源配置的首要主体，不仅对于物质资源来说如此，对于文化资源来说也不例外。科学界定政府和市场各自的角色和职能，政府协调而不干涉、在位而不越位、搭台而不唱戏、扶持而不垄断。对于那些并不涉及国家意识形态安全的文化经营领域，应该逐步放手给市场和社会，使非政府组织成为文化经营的重要主体，增加文化产品供给的有效性和针对性。

（二）要继续深入推进文化体制改革

截至2015年，我国文化体制改革已经取得了巨大突破，国有文化艺术院团和影视发行制作单位的转企改制任务基本完成。东北地区在全国文化体制改革部署中走到了前列，取得了巨大成绩，吉林出版、沈阳电视剧等都已成为全国文化体制改革的典型。但同时也应看到，在技术层面的文化体制改革任务完成的同时，更深层次的一些问题才刚刚暴露出来，已经初步取得的改革成果也有待通过进一步深入推进文化体制改革来巩固。一是要进一步完善文化管理模式。通过进一步整合新闻出版、广播电视、电影等产业的管理机构，逐步解决政府机构重叠设置、管理权限交叉不清的问题，建立起科学、高效的文化管理模式，逐步将政府管理文化的手段由以行政手段为主过渡到以经济手段和法律手段为主上来。二是要一进步推动政企分开、政事分开。在厘清政府和市场、政府和文化经营单位、政府和社会中介组织之间关系的基础上，把凡是政府不该管、管不好的文化事务交给市场去做，切实减少政府对文化企业的行政干预，坚决避免政府与企争利，切实把政府职能转移到提供政策法规、加强市场监管和提供公共服务上来。要避免政府向文化企业的过度资金"输血"，更不能将政府变成与文化企业争利的市场主体。三是要加快建立统一、开放、竞争、有序、多层次、多领域的文化市场，形成公平、公开、公正的文化市场秩序，不论文化企业规模大小、利润多少、采取何种所有制形式，均应公平享有文化市场信息、技术、人才和其他基本权利。四是要尊重市场机制通过价格机制、竞争机制和价值规律调配资源、优胜劣汰、引导资金进退。东北地区在扶植大型国有文化企业的过程中，应注意方式方法，注意培育各层次各行业的不同市场主体，避免单独支持国有企业，对广大中小微型企业造成挤出效应。

第二节 创新文化产业投融资体制

文化产业对资本具有高度依赖性，甚至可以说资金是文化产业的血液、资金链是文化产业的生命线。金融危机后，国际投资集团削减了对华文化产业投资额度，许多中外合资合作项目面临资金链断裂、资金周转紧张等问题。在后金融危机时期，东北地区文化产业的振兴面临如何拓展资金来源、完善投融资体制、创新投融资模式的问题，必须要构建多元投融资主体、拓宽投融资渠道、创新投融资方式、提高投融资效率、规避投融资风险。

一 完善投融资相关的财政、税收和金融政策

破解东北地区文化产业发展中的资金瓶颈、发挥资金的最大效用，可以从完善与投融资相关的财政、税收和金融政策入手。

（一）财政政策

政府财政是培育文化产业成为新经济增长点初期最可靠的资金来源。积极扩张的文化财政政策对于吸引带动社会资本进入具有重要作用。一是要确保政府文化财政的投入。完善政府文化财政投入机制，确保文化

财政投入比例，加大政府对公共文化基础设施的投入力度，加强对东北农村、林场、矿山和边缘地区文化企业和文化产业项目的扶持力度，扩大针对残障、孤寡、贫困等社会弱势群体的文化产品和服务的供给。二是探索省级政府与中央政府和市县政府三者之间协同投入的长效机制。吸收国有大型文化企业、社会金融机构认购文化产业投资基金，形成政府财政资金参与的多元化资金来源。三是要设立多层次多类别的奖励项目，调整财政资金对奖项的支持方向和支持办法。严格控制政府主导的奖励项目的数量，规范评奖资金运转流程，确保评奖项目的严肃性、权威性和公平性。同时创新评奖机制，扩大社会主办的文化评奖项目的范围，提倡多方共同参与的评价标准，表彰有突出贡献的文化艺术工作者。

（二）税收政策

要根据财政部 2009 年制定的《关于支持文化企业发展若干税收政策问题的通知》和《关于文化体制改革中经营性文化事业单位转制为企业的若干税收优惠政策的通知》两个文件的精神，探索适宜本地区文化产业发展的税收政策。要进一步降低东北地区图书、报刊、电子音像出版物生产销售环节中的增值税税率，扩大新办文化企业、转企改制文化企业所享优惠政策的范围，对于土地使用、资金等方面给予更多优惠。对于作家、艺术家、电影导演演员、文化工艺制作者的收入要适当降低个人所得税上缴比例，对其著作权、版权、使用权、专利转让等免征营业税和个人所得税。对主要从事文化外贸业务的外向型文化企业和具有文化外贸产品和服务的企业给予一定税收优惠，对其外贸产品和服务部分除享受增值税出口退税之外，还要给予一定补贴和奖励，国外演出所得收入除免征营业税之外，要给予配套的物质或精神激励。

（三）金融政策

一是要完善银行等金融机构对本地区文化产业支持模式，鼓励金融机构创新金融产品，降低放贷门槛，既为国有大中型文化企业提供信贷，也能保证广大中小微型文化企业的资金来源。二是要鼓励具有资质的文化企业在中小板或创业板上市融资，鼓励已经上市的文化企业通过跨地区、跨行业、跨所有制的兼并重组获得资金来源，整合文化资产。三是启动保险业支持文化产业发展的试点，创造更多适合文化产业特点的保险产品，积极探索文化产业投融资风险中的分担机制，有效化解文化产业项目运营中的风险。

二　畅通投融资渠道，构建多元化投融资主体结构

畅通投融资渠道、构建多元投融资主体是振兴区域文化产业的关键举措之一。发达国家的投融资渠道主要有银行信贷、企业兼并重组、政府专项基金等形式。就东北地区目前文化产业的可行性资金来源来说，必须依靠政府财政、银行信贷、上市融资、民间投资和外商投资五大类。

（一）要利用好政府财政投资

对于我国这样一个文化产业刚刚起步的国家，政府财政支出是文化产业发展的重要资金来源。要确保公共财政中用于文化建设的比例达到《"十二五"时期文化产业倍增计划》的要求，确保"文化财政幅度高于财政经常性收入增长幅度"[①]，防止以各种名目侵占、挪用文化事业发展经费、政府文化专项资金和各种其他来源的文化经费。政府文化管理部门出面联合组织金融机构、社会资本共同出资设立特色文化产业发展扶持基金和文化产业引导基金。对符合文化产业发展规划的文化企业给予全额贴息、部分贴息等多种方式的贴息支持，积极引导银行信贷资金有序流入文化产业领域。通过先期引导资金带动更多社会流动资本进入文化产业规划和在建项目，搭建特色文化产业和产品领域政、银、企合作平台。政府要增加设立专项文化产业基金。目前，东北地区共有文化行业和社会组织专项基金 24 支，主要涉及的领域有：影视制作业、图书出版发行业、动漫游戏业、表演艺术与娱乐业、冰雪旅游和冰雪赛事、会展业等。新设立的文化产业基金应优先用于扶植本地文化产业精品的策划、创作和市场化，打造更多富有地域特色的文化产业品牌；培养文化产业高级管理人才、专业技术人才和重要非物质文化遗产传承人。同时，要加强对政府专项资金运作和使用的监督，探索确保专项资金发挥最大效益的长效机制。在地方政府示范、引导和扶持作用下，最终逐步建立起企业财团、社会组织和公民个人多方参与的多元化投融资机制。

[①] 《中共中央关于深化文化体制改革、推动社会主义文化大发展大繁荣若干重大问题的决定》，人民出版社 2011 年版，第 9 页。

（二）要支持金融机构服务文化产业发展

金融机构，尤其是具有较为成熟运作经验的商业银行创新投资理念，创新金融产品和服务，加大对文化产业信贷支持力度，针对文化企业特别是中小型文化企业规模小、分布散、抗风险能力不强等特点，开发多元化、多层次的金融产品，为文化产业项目提供更多多元化、个性化的金融服务。要积极支持各类国有银行所属支行、商业银行和各类融资平台为各地骨干文化企业和文化产业精品开辟绿色融资渠道，加大贷款金额，降低贷款门槛，根据各类文化创意企业的不同资质，灵活设置不同的合同额度授信权限。鼓励其他金融机构借鉴吉林银行"中小企业文化创意贷款"模式，创新担保方式，对"十二五"重点规划的长影世纪城、吉视传媒、吉林动漫集团等重大文化工程项目进行优先扶持。

（三）上市融资

鼓励经营稳定、管理成熟的优秀文化企业通过上市融资，拓宽资金来源。对于已经上市的文化企业要加强监管，提供信息和政策咨询服务，扶植更多的企业分期分批逐步上市。

（四）文化产业投资基金

要引导各类社会资本成立文化产业投资基金，参与新闻出版、广播电视、电影、艺术表演等文化产业核心层内容产品的投资，积极引导文化基金切实把资金优先投放给优质文化产业项目，防止热钱集中涌入文化产业园区，助长文化产业泡沫。放宽民间资本准入限制条件。要按照非禁即入的原则，鼓励民间资本和社会资本进入文化产业，尤其是文化产业新兴业态和东北地区具有比较优势的文化产业领域。允许民营资本和国营资本联合兴办高新技术支持的文化企业，盘活文化资源。

三　提高文化资产监管水平防控投融资风险

（一）加强政府宏观调控作用

文化产业作为战略性新兴产业，要加强政府对本省市文化产业投融资规模的调控，注重对文化产业投融资行业和业态的引导，完善对不同地区文化产业的布局。在不同地区之间、当前利益与长远利益之间、不同阶层群众利益之间、经济效益和社会效益之间做到统筹兼顾。充分发挥政府资金金融杠杆的作用，引导社会资本有序进入文化产业各个环节，适当控制投资过热的部门和环节，严格控制文化产业园区和基地的数量和规模，防止盲目投资、跟风投资造成的土地、资金、人力等资源浪费，防止资金扎堆进入文化产业园区造成"文化地产"和"文化园区烂尾"，提高资金使用效率。

（二）提高企业内部经营管理水平

企业要密切关注高新技术发展动态和趋势，不断推进高新技术成果与文化产品和服务的对接、融合，采用先进适用技术提升本企业文化产品和服务的科技含量，突出创意特色，从而增强本企业产品和服务在国内国际贸易中抵抗风险的能力。

（三）加强对文化资产的监管

更新地方政府对国有文化资产监督管理的思路，改进监督管理方式方法，将以文化企业为主的监督转变为以文化资产为主的监督，将以直接监督管理转变为政策引导、宏观调控、提供服务为主的间接监管，健全党委和政府中的国有文化资产监督管理机构，构建跨部门的多方协作监管机制，确保国有文化资产保值增值，避免国有文化企业领导层人事更迭和其他人为因素发生贬值或资产流失。同时，督促民营文化企业提高文化资产经营监管水平，不断提高文化资产盈利能力。

（四）完善风险分担机制

金融机构在向文化企业发放信贷之前，必须深入研究文化产业投融资规律、文化市场供需规律和东北地区文化发展特殊规律，探索建立有效的企业信用等级评定办法、无形资产评估抵押办法、第三方评估制度，通过对文化企业资质的精细化测评科学选择投融资对象，优先给予经营业绩良好、市场竞争优势明显的文化企业发放信贷。注意把握信贷期限和贷款利率的制定。金融机构、担保机构和产权交易机构要加强横向协作，探索适用于不同类型文化企业、不同文化产品和文化项目的新型信贷模式，通过加强不同金融机构之间的多层次协作有效化解信贷风险，为文化企业提供便捷、务实、高效的融资服务。

第三节　打造区域文化产业精品

一　为文化产品提供先进的"内容"来源

创新是一个民族兴旺发达的不竭动力，是一个经济体长期可持续增长的源泉。文化创新对于形成良好的社会文化氛围、提高劳动者素质形成优质人力资源，对于加快科技创新、扩大文化消费均具有举足轻重的作用。要加快文化创新，首先要繁荣哲学社会科学。文化产业是"内容为王"的新兴产业。一种文化产品能否畅销、能否满足受众文化消费需求首先取决于其所承载的价值观念。韩国文化产品在亚洲大行其道首要前提在于韩国现代文化的形成，即韩国在植根优秀传统文化基础上，引进西方现代文化，融汇形成了一种兼有传统与现代、东方与西方、精英与大众的韩国现代新文化。这种新文化一反宏大叙事的近代文化主题，更加注重个体内心感情世界的表现、注重小人物的励志故事；它摒弃了欧美暴力和色情相拼接的大众文化主题，更加清纯、干净、唯美。这一文化与高新技术相融合，凭借庞大的现代发行网络和传播手段，迅速占领了越南、马来西亚等东南亚国家和沙特、伊朗等中东伊斯兰国家的文化市场。因此，东北文化产业的兴起，关键在推动中国传统文化的转型和现代文化的诞生，在吸收中国传统文化、借鉴西方文化、发扬近代革命文化的基础上创造一套崭新的现代价值体系。这是文化繁荣的唯一途径，也是培植文化产业成为新的经济增长点的不二法门。要加快文化创新离不开营造鼓励创新、宽容失败的文化环境。文化产业的繁荣，表现为文化经济的增长，而深层的根基在于文化的创新，而创新又离不开自由、开放、宽松、包容的文化环境。文化领域不同于自然科学领域拥有唯一的评判标准。哪一种文化流派更能适应时代发展，哪一种文化风格能更好实现社会效益，哪一种文化创造更能满足受众文化需求，应该在实践中、在市场竞争中评判。而不能头脑中先存一个评判的条条框框，更不能用过时的理论教条阻碍文化实验和文化创新。固然，并非所有经得住市场检验的作品都是好作品，但一部真正优秀的作品必定首先经得住市场检验，然后方能流传长久。文化创作的规律表明，一部真正的经典文化作品往往突破既定秩序的框架，是在多次尝试之后千锤百炼形成的。这就需要营造一种鼓励创新、宽容失败的文化环境，排除"左""右"两种意识形态的干扰，为有效作品脱颖而出保驾护航。

二　将东北特色文化资源转化成创意特色

文化产业的核心是创意，创意特色产生的前提是文化资源的开发和利用。东北地区地理位置特殊，民族民俗资源形态众多，挖掘这一地域富有地方特色的文化产业资源，是东北地区文化产业振兴的必由之路。一是要注重挖掘东北特殊自然地理资源。东北地区集草原草甸、森林、湿地、平原、湖泊多种地貌于一身，江河湖泊众多，沼泽湿地棋布，发展文化产业自然地理条件独特。东北是世界上同纬度陆地气温最低的地区，冬季寒冷且长，黑龙江、吉林部分地区全年冰雪期最长能达到150天，适宜发展冰雪赛事、冰雪艺术、冰雪旅游等文化产业。东北夏季气候凉爽，可以发展消夏纳凉、休闲避暑与生态旅游等项目。东北地区有200多座火山组成30多个火山群，形成了长白山、五大连池和牡丹江湿地等特殊自然景观，可以发展温泉度假、博物馆等文化产业。二是要注重挖掘民族民俗文化资源。东北地区是少数民族聚居区，是满族、赫哲族、蒙古族、达斡尔族等多个民族的发祥地和重要居住地。赫哲族的鱼皮手工艺制品、鄂伦春族的狩猎活动、朝鲜族的歌舞表演、满族的饮食服饰都是值得开发的重要文化资源。三是注重挖掘特殊历史条件下形成的文化资源，比如伪满时期的遗址遗迹、新中国成立初期的大庆精神、北大荒知青劳动基地、抗日战争林海雪原等。上述富有地域特色的文化资源是构建东北特色文化产业的重要基础，也是形成东北文化产业比较优势的重要支撑。

三　打造区域文化产业品牌

文化产品是文化企业实现经营目标的最终保障，品牌文化产品则是众多文化产品中的排头兵，能否形成一大批具有国内外影响力的文化产业品牌是东北地区文化产业振兴的重要衡量标准。在过去的几十年间，东北地区各级政府和各类文化企业已经培育出了一批立得住、叫得响、效益佳、反响好的文化产业品牌，比如哈尔滨贸易洽谈会、亚布力和北大壶冰上体育赛事、沈阳清朝历史文化旅游、吉林动漫等。东北地区要进一步推动文化产业向价值链高端方向攀升，就应该进一步挖掘和培育一批有市场竞争潜质的文化产业品牌，扶植一批跨地区、跨行业的特色文化产业品牌。

（一）制定文化产业品牌发展规划

日本、韩国实现文化产业跨越式赶超的实践证明：品牌是文化产业向价值链高端攀升的重要动力，是文化产品扩大市场份额的重要保障。政策制定部门和研究部门要深入系统地研究本地文化品牌运作规律、价值规律和建设规律，深刻体认文化产业品牌的特殊作用，把提高文化产业自主品牌打造能力和原创研发能力作为区域文化产业发展的重要指导思想。一是要通过积极实施品牌策划、品牌设计、品牌包装、品牌营销等战略，在巩固传统文化品牌的基础上，做大做强一批具有国际竞争力的区域特色文化产业品牌、强势品牌。对东北地区特有的文化资源，如一汽汽车工业文化城、伪满八大部遗址、长白山文化等进行整体包装设计，争取打造成一批高技术为支持的特色文化产业品牌。二是要发现和扶持一批新兴文化品牌。优先扶持东北地区具有较大比较优势的期刊出版、影视制作、表演艺术等产业，对真正具有文化价值和经济价值的创新品牌给予土地、资金、财税、金融等方面的支持，对于"农村题材电视剧""吉林动漫""冰雪赛事"等新兴文化产业品牌进行科学引导，对兼有经济效益和社会效益的文艺精品生产创作项目给予重点资助。三是储备一批具有发展潜力的特色品牌。要花大力气对各地区历史文化资源进行一次全面清点，做到盘清家底心中有数，对各种不同类型的文化资源进行分类研究，制定出开发时间表和路线图，为制定长远的文化资源开发规划奠定基础。

（二）要加强对文化品牌的形象设计和传播

首先，要为重点推出的文化产业品牌进行准确命名。文化产业品牌和其他业态的品牌相比，具有同质性、模糊性和不可逆性，一旦命名失误往往事后很难挽救。因此，在文化产业品牌命名阶段就要树立品牌运作意识。要根据产品的自身功能、市场价值、客户需求等综合因素确定产品的命名方向，在准确研判消费者消费心理和市场需求潜力的基础上，把东北地区的地域文化特点、东北形象特点和产品自身特点结合起来，把最具有包容性、最具有市场吸引力的文化符号提炼出来，把它嵌入到产品形象设计中去，选择一个响亮的品牌名称。在命名过程中，必须考量消费者在接触和选择文化产品时的心理变化，让消费者体验和文化品牌之间产生正向联想，通过心理暗示使文化产品本身的使用价值和审美功能对消费者的心理产生一系列正面刺激作用，唤起消费者对文化品牌深层价值的认同。总之，文化品牌命名过程中，既要拓宽文化品牌背后的文化底蕴，增强东北地域文化对文化品牌的涵养功能，又要使文化品牌成为承载和传播东北文化的实物载体。

其次，制定系统的品牌营销传播策略。有些文化企业，尤其是中小型文化企业受制于资金、人才、管理水平等原因，无法独立筹划制定自身文化产品的营销传播策略，而是仿照工业企业、农业企业、金融企业等其他领域内企业品牌营销传播策略。实际上，文化类企业的品牌运作具有独特的规律，不能照抄照搬其他领域内品牌运作的经验和做法。文化产业品牌的培育必须从指定系统的品牌传播策略开始，在品牌孵化阶段就明确品牌的市场定位、目标人群和生命周期。东北地区制定文化品牌营销传播策略过程中，必须树立精准传播的理念，通盘考虑文化产品品牌在内容制作、渠道选择、传播频率等方面的策略，精确分析消费人群的消费时间、地点、方式、规模、心理、反馈等内容，在此基础上制定不同类型文化品牌的传播营销策略。要综合利用广告传播、活动传播和事件传播等多种传播形式，优先选择政治立场坚定、社会名望较高、市场认可度较强的名人名流，加深他们对品牌的价值体认，增强他们代言文化产业品牌时的自信心。在品牌传播过程中，要避免为追求一时经济效益，搞"眼球经济""注意力经济"，让存在各种"问题"的名人名流代言文化产品，防止对文化产业品牌的持续生命力造成负面影响。东北地区制定文化品牌营销传播策略过程中，必须树立综合传播的理念，在向报纸、杂志、广播、电视、电影等传统媒体投放广告的同时，也要关注户外广告、车载媒体、手机移动终端等新兴传播媒体；将用于文化产业品牌推广的资金投向具有广泛市场影响力的新兴传播媒体往往能够收到意想不到的效果，比如黑龙江北大壶冰雪体育节借助航空公司、地铁公司、公交公司等交通平台上移动媒体广泛推广，成为近年来营销策划的成功案例。因此，在"互联网＋"时代，东北地区的政府和文化企业应该树立系统的品牌营销传播策略，打通文化产业品牌和消费者心理之间的阻隔，为东北文化产业品牌建立起庞大的消费者群体。

（三）要加大对文化产业品牌的维护力度

1. 政府在文化品牌维护方面要尽职尽责

东北地区不少文化企业在历史上一度曾经推出不少优秀品牌，有些因为知识产权纠纷、著作权侵权等问题不得不退出市场，这为东北地区文化品牌在未来的发展提供了惨痛的教训。这表明，政府部门和企业一样，在保护文化产业品牌方面责无旁贷。

政府的责任首先体现在制定和完善法律法规为文化产业品牌保驾护航上。近年来，我国知识产权保护业已取得了很大成绩，东北地区政府推出了严格的知识保护制度和战略举措，包括推出了一系列保护知识产权和促进产权交易的法律法规，使大批符合社会期待的文化品牌得到有力保护。要进一步抓好文化产业立法工作，尤其是要立足东北文化产业发展的现实需求和文化企业的实际需求，在文化产业品牌开发、利用、保护、转化等方面推出一系列知识产权保护法规。比如黑龙江省在推动冰雪旅游产业发展方面、吉林省在推动本省动漫和出版物方面、辽宁省在推动会展产业、文化旅游、新闻出版等方面都可以尝试推出一些地方法规，走在同行业立法的前列，为本地文化产业品牌保驾护航。

政府的责任还体现在严格执行法律法规保护文化产业品牌的知识产权上。知识产权保护包括专利保护、商标保护、版权保护等多个方面，每一个方面都是知识密集和创意密集的领域。知识产权保护是否得力不仅影响到文化企业的盈利状况，更是关系到文化产业从业者的创造性和积极性，是文化品牌保护和培育的必备环节。在全面依法治国的宏观时代背景下，要抓好全面依法治国精神在文化产业品牌保护工作中的有效落实，把政府已经制定的法律法规落到实处、贯穿到文化品牌的注册登记、审查授权、行政执法、司法裁判、仲裁调解等环节中。针对一些扰乱文化市场秩序、侵害文化品牌所有人权益、侵害文化知识产权的重大案件，充分调动立法、司法、工商管理、税务等多个部门的积极性，形成办案合力，群策群力，形成多策并举保护知识产权的格局。各地在办理重大知识产权案件时，要探索政府一把手亲自关注、司法和知识产权保护机构挂牌跟踪进展、新闻媒体持续报道的机制，确保该类案件办理过程的公开、公正、透明，让这类重大案件产生持久的社会效益，最终使案件成为推动知识产权保护理念深入人心的契机。

政府的责任也体现在塑造知识产权保护的良好社会环境上。当前中国社会正处于急剧大转型之中，大众媒体担负的社会责任日益重大。政府部门要加强对报纸、电视、广播等传统媒体的管理，加强对社会媒体的引导，使之在塑造良好的知识产权保护环境方面发挥重要作用。尤其是社会媒体，在报道与文化企业相关的重大创新成果、责任纠纷案件等题材时，应该加强与有关部门的沟通，不能为追求一时娱乐效果损害文化企业的利益，甚至打倒了一个国内外知名品牌。只有让社会上每一个媒体、每一个公民都提高文化知识产权保护意识，才能最终形成尊重知识产权、保护知识产权、人人分享知识产权红利的良好社会氛围。

2. 企业要加强知识产权经营和保护措施

知识产权保护是企业防范经营风险的重要内容，善于经营的文化企业一定会把知识产权的开发、保护、管理纳入企业管理的核心任务之中。首先，东北地区文化企业要加强知识产权开发力度，为知识产权保护工作奠定基础。不少文化企业的品牌是因为占有特定文化资源、特殊文化人才或具有其他文化产业优势才得以在市场上立足的。这种特殊文化产业资源是企业推动原始创新、形成品牌优势的基础。文化企业应该加强企业内部经营管理，建立高效的创新激励机制，鼓励优秀创意人才推出优秀作品，并将这些原创型文化创意产品纳入企业知识产权保护的核心范畴。同时，要加强与国内外同类型企业的联盟协作，引进借鉴其他企业的文化创意产品的创意保护和运营机制，形成跨地区文化品牌经营战略。其次，东北地区文化企业要提高知识产权经营能力，让企业知识产权真正成为"摇钱树"。大多数文化企业经营管理者都已经认识到知识产权在吸引人才、创造财富方面的巨大作用，在知识产权许可、转让等方面积累了不少经验。其实，知识产权除了上述功能之外，更为重要的功能是融资。通常文化企业会遭遇资金短缺、资金周转困难等问题，知识产权质押融资成为不少企业的选择，但是知识产权质押融资往往面临"评估难、质押难、处置难"等问题，文化企业面临质押无门、融资困难的窘境，银行等金融机构也不愿将资金质押给中小型文化企业。为了解决这个难题，拥有一定数量文化品牌的文化企业，尤其是那些拥有多项专利、商标和精品项目的文化企业，可以考虑和银行、保险公司合作创新知识产权评估办法和质押流程，联合地方银行共同开发知识产权融资产品，由银行、企业和保险公司共同承担质押风险，由政府提供文化产业融资先导资金进行引导扶持，由保险公司对最终损失进行估量，多方共建风险分担机制，最终解决文化企业发展中的资金短板。也就是说，文化企业的品牌可以通过一系列金融创新平台和创新工具转化成融资渠道，这也符合中央政府关于推进文化企业和金融机构合作意见的基本精神。企业经营知识产权还要提高知识产权向现实成果转化的效率，让无形知识产权变成有形文化产品，让普通文化产品转成长为新生代文化产业品牌。

第四节　扶植壮大东北龙头文化企业

产业的支撑是企业，东北地区文化产业能否顺利向新经济增长点攀升必须培植一批代表东北地区文化产业发展水平的大型龙头文化企业和文化企业集团。

一　促进文化企业不断提升核心竞争力

美国著名管理学者加里·哈默尔和普拉哈拉德认为，企业能否长盛不衰关键看企业是否具有核心竞争力。为此，他们提出了决定企业生命周期的核心竞争力模型，将企业核心竞争力描述为一种在经营过程中形成的难以仿效并能带来超额利润的独特能力，即建立在企业核心资源基础上的企业技术、产品、管理、文化等的综合优势。波特进一步提出了"钻石模型"，认为企业核心竞争力水平取决于企业文化、人力资源、战略管理能力等因素及其之间的协调程度。目前，东北地区文化企业普遍面临竞争能力不强、生命周期较短等问题，必须从人力资本、创新系统、管理水平、市场营销网络等多个方面入手，但是国有企业和民营企业在上述因素中又有侧重。

（一）大型国有文化企业要建立具有文化特征的现代企业制度

国有文化企业要从企业文化、人力资本、战略规划和竞争策略等方面提升企业竞争力，前提是必须首先建立起现代企业制度，并且是"具有文化特征的现代企业制"。东北地区经过 2010—2012 年间大规模的文化企业改革改制后，大部分国有文化企业已经转变成为现代文化企业，基本上建立起了以企业法人制度为主体、以有限责任制度为核心，以产权清晰、权责明确、政企分开、管理科学为特征的现代企业制度。但是，有些企业忽视了文化企业的特性，导致不少文化企业成了和工商企业一样无差别的企业。2015 年，中共中央国务院颁布的《关于推动国有文化企业把社会效益放在首位、实现社会效益和经济效益相统一的指导意见》指出，文化企业所建立的现代企业制度不同于一般企业的现代企业制度，文化企业具有意识形态属性，关乎国家意识形态安全，应该把社会效益放在首位。因此，要充分认识到，从宏观角度看社会效益和经济效益二者是统一的，一个文化产品或文化项目的社会效益好，深受广大消费者的喜爱，必定能够产生良好的市场效益。反之，如果不顾文化产业潜在的社会影响而片面追求经济效益，不仅有可能损害社会效益、危害国家文化安全，也有可能遭到国家法律法规的严厉制裁，最终丧失其市场。东北地区在未来的文化体制改革中应该准确把握和贯彻中央关于两个效益相统一的改革精神，在文化企业改革发展过程中高度重视企业的文化特色，高度重视文化产品的意识形态属性，将两个效益兼顾的理念贯彻到企业经营管理的全过程。

（二）民营文化企业要建立创新发展机制

和国有文化企业相比，民营文化企业是市场经济的产物，也是市场经济的关键主体。民营企业要提高核心竞争力必须构建完善系统的创新发展机制，尤其是市场营销创新机制和技术创新机制。创新市场营销机制是提升民营企业核心竞争力的必备前提。民营企业应该充分认识到市场营销是整个企业创新系统的立足点和归宿，企业的一切观念、战略和制度都应该围绕文化产品的销售而制定和实行。在互联网时代，要实现营销策略从传统营销模式向现代营销模式转变、从线下营销向线下线上互补的营销模式转变、从卖出产品赚得利润的营销理念向整体营销、绿色营销、人本营销的新营销理念转变，针对市场需求变化，及时调整营销策略和营销渠道，建立全域营销网络。所谓全域营销网络就是覆盖该种文化产品一切销售领域的销售网络，这是互联网时代新营销理念发展的必然选择。全域营销网络并不一定是实体营销网络，也可以是实体营销网络和虚拟营销网络的结合，既能够最大限度地保障企业文化产品最大限度地占有市场，又能够减轻企业构建销售网络的财力物力支出。

创新技术创新机制是提升民营企业核心竞争力的又一必要前提。随着经济全球化、信息网络化、市场小众化趋势日益明显，文化技术创新步伐不断加快，文化和科技融合趋势日益凸显，文化产品的生命周期缩短、文化技术的模仿速度加快，即使一种文化技术风靡一时，往往也很快被其他先进适用技术所超越。东北地区地处中国一隅，和京津、长三角、珠三角等技术创新集聚的创新能力有较大差距。东北民营文化企业要与时代发展保持同步或超越市场竞争，更应该提升文化技术创新能力，该引进的技术要大胆果断地引进以便缩短技术研发时耗，该合作开发的技术平台要创新合作渠道争取参与权和主动权，要和国内知名研究机构、先进大企业、产业创新园区保持合作，尽可能形成独立自主知识产权的技术成果，在占有先进文化技术的基础上，使用先进文化技术改造提升传统文化产业，用高新技术催生新兴业态。

二　创新机制培育和使用文化创意人才

文化产业振兴的基础是创意，创意的来源是人才。因此，培养大批文化产业优秀人才是日本、美国、韩国等国振兴文化产业的重要保障。目前，我国文化产业人才队伍培养中存在学科设置不合理、师资队伍结构不合理、人才就业渠道狭窄、产学研脱节等问题，必须协同发挥政府、文化企业和社会团体的作用，建立多层次人才培养体系。第一，加强高校文化产业管理专业人才的培育。高等院校作为文化产业人才培育的重要基地，应该培养掌握文化产业基本理论与方法，同时又具有宽阔的文化视野和现代管理意识的高级人才。针对高校文化产业管理专业普遍存在重视专业基础知识、轻视社会实践环节的问题，要增加培育学生的社会实践能力和专业技术能力教学环节的设置，使学生既掌握课堂基础理论，又掌握多项实践技能，成为符合文化产业市场发展需求的复合型人才。第二，加强文化产业专业师资队伍建设。要鼓励高校文化产业管理专业教师在做好教学工作的同时，尽量结合文化市场参加文化产业实践。积极引进有海外留学背景的教学科研人才，积极吸引企业和社会组织中的专业技能人才到高校承担教学任务，提高师资队伍综合素质，建立起多元化的师资队伍。第三，充分发挥文化企业和社会团体在人才培育中的作用。党的十七届六中全会提出"鼓励和扶持高等学校和中等职业学校优化专业结构，与文化企事业单位共建培养基地"①，这为解决我国文化产业人才培养中形成产学研相结合的培养机制指明了方向。要完善文化产业经营管理人才的资格准入制度，完善文化人才职业培训网络，加大文化企业依托自身教育机构培育文化产业专业人才的投入，充分发挥社会培训机构在文化产业人才培育中的重要作用，建立起多层次的文化产业人才培育体系。

第五节　推动文化开放使区域文化走出去

一　提高东北在国际文化贸易中的市场份额

约瑟夫·奈认为，一个民族是否真正强大，不仅取决于军事、科技和经济等硬实力，还包含文化价值观的吸引力和国际事务中的话语权等软实力方面。日本内容产品和服务的对外贸易是日本文化产业的重要方面，其遍布全球的卡通形象和游戏机表明，发展内容产业必须重视对外文化传播和国际文化贸易。东北的文化贸易，一是要打造著名对外文化贸易龙头企业和国际知名品牌。文化产品的生产和出口主要责任在企业。要按照文化部《关于推动文化产品和服务"走出去"的总体规划》和《中国文化出口指导目录》的要求，在电影电视、动画游戏、文化咨询等行业着力培育一批国家文化出口重点项目和重点企业，带动一批市场竞争力较强的中小型文化企业走出国门参与全球竞争。二是要加快科技与创意融合，推出文化精品力作。把中华文化的精髓融入文化产品和服务中去，以创意支撑产品，以产品承载创意，在内容创意和科技创新两个着力点上打造出口文化产品和服务的综合竞争优势。三是要重视构建支持对外文化贸易的产业发展格局。东北文化产业发展的典型特征是地域发展不平衡，要着力发挥文化基础好、市场竞争力强、对外贸易便捷的沿海中心城市作为文化产业对外贸易桥头堡的引领作用；鼓励广内陆地区发挥历史文化资源丰富、地域特色鲜明、文化贸易成本较低等优势，

---

① 《中共中央关于深化文化体制改革、推动社会主义文化大发展大繁荣若干重大问题的决定》，人民出版社 2011 年版，第 20 页。

形成中心城市特色文化产业集聚区，构建地区分工明确、相互配合的文化产业贸易格局。

二 加强集聚区对文化产业的支撑作用

产业集群与集聚是现代产业发展的重要趋势，文化产业集聚区建设对于文化产业发展具有特殊重要作用。加快文化产业集聚区建设已经成为发挥文化产业溢出效应、增强区域产业优势和培育区域文化竞争力的重要措施。后金融危机时期，东北地区的文化创意集聚区建设必须处理好以下四个问题。一是要把握文化产业特殊性，准确定位集聚区功能。要防止在发展文化产业集聚区的过程中，套用高新技术开发区和传统工业园区的模式，使文化产业集聚区变成了普通工业园区，甚至变成了打着文化产业旗号的房地产开发区。同时，还要注意文化创意产业集聚区的特殊性，加快创意人才的培育，构建创新网络和创新环境，以此避免集聚区产业同构化、产品同质化和比较优势不鲜明等问题。二是要注意培育集聚区内骨干企业。东北地区传统产业优势多由大型国有企业承载，对广大中小企业的培育力度不够。一定意义上说，文化产业和创意产业的发展不仅需要大型的文化企业和产业集团，更依赖于广大的中小型文化企业。因此，在集聚区骨干企业的培育过程中，不论企业规模大小和所属门类差别，均应保证参与机会的公平公正。三是要为集聚区建设营造一个自由、开放、多元、包容的文化环境。各地政府在推动文化产业集群和集聚区建设过程中，应该认识到，一个地区只有营造包容开放的文化氛围，文化产业才能蓬勃发展，包括集聚区在内的一切文化产业载体平台才能真正发挥集聚区的创新平台作用。四是要加强文化产业集聚区的对外交流。东北地区文化产业集聚区应该借助毗邻日本、韩国较近的地缘优势，鼓励集聚区内的企业、社会团体和个人利用各种渠道加强对外交流，借助日本、韩国在资金、人才、管理等方面的优势，快速提振本地区文化产业集聚区发展水平，实现本地区文化产业跨越式发展。

三 创新东北文化产业对外合作模式

文化产业是典型的合作生产产业。以动漫制作为例，产业链条很长，分工极为细致。一部作品的完成往往包括企业策划、脚本写作、融资、画片制作、摄影、录音、剪接、特效、合成、试映等几十个环节，一家企业往往难以独立完成，多家具有不同生产优势的企业合作生产成为必然选择。因此，往往一部动画片在日本策划，在美国融资，在中国制作，在东南亚上映。东北地区推动特色文化产业发展中的合作交流，需要注意以下三点。一是要解放思想，树立合作共赢意识。日本韩国是当今世界文化产业强国，也是创意大国，在技术、资金、人力资源和管理经验等方面具有强大优势。东北地理位置上接近日本和韩国，吉林省延边州与韩国具有相同的语言和相似的文化传统，中国租用朝鲜罗津港后可以直接自由进出日本海，更方便了吉林省与日本、韩国文化企业的文化交流和经贸往来。因此要解放思想，树立合作共赢意识，加强与日韩合作。二是创新对外合作方式。东北三省不仅可以吸引日韩资金投入特色文化资源开发和文化产品生产环节，还可以以学术研讨、会展博览、互派研修人员、共同合作生产等多种方式加强对日韩的文化产业合作。将东北三省在文化资源、消费市场、产业空间等方面的优势与日本韩国在技术、经验和人力资源等方面的优势对接，实现优势互补。三是加强特殊区域对外文化产业合作的支撑作用。要充分利用吉林省内现有的中朝罗先经贸区、长春兴隆综合保税区、珲春国际合作示范区、长吉图开发开放先导区等特殊区域的优惠政策，吸引日韩企业落户特殊区域，发挥其对吉林省产业发展的长期支持作用。

结 束 语

　　前文从历史演进的视角梳理了东北地区文化产业从萌芽到繁荣的历史，重点研究了东北地区具有比较优势的表演艺术、广播影视、新闻出版和动漫游戏四大优势产业部门所面临的问题和制约因素。前文认为制约东北地区发展文化产业的因素十分复杂，主要讨论了自然地理区位、人才队伍、资本、文化体制、投融资渠道五大制约因素，重点论述了文化产业观念和文化产业环境两大因素。本书认为，东北地区文化产业发展中存在"文化技术化"思维、"文化泛经济化"思维，文化管制思维等，应予突破或避免，"自由宽松、包容开放、竞争激励"的理想产业环境亟待构建。东北地区要培育文化产业成为新经济增长点，首要之举在于厘清政府和市场的权力边界，确定双方各自的职责角色，坚持发挥政府的先导性作用和市场的决定性作用，正确处理政府和市场的关系。要创新投融资模式，充分发挥财政资金的金融杠杆作用，引导吸收社会资本和外资有序进入文化产业资金紧缺的环节。要多出文化艺术精品，实现文化作品的商业化、产业化。要逐步推进文化开放，扩大对外文化贸易规模，提升文化产品和服务的水平和结构，发挥对外出口特殊区域对文化开放的支持作用。

　　前文六章先后梳理了本书的选题意义，理论基础，东北地区文化产业发展的现状、问题和制约因素，以及未来的对策选择，但仍然有若干问题尚未解决。第一，如何健全人才培养机制，形成培养人才、留住人才、用好人才的人才激励机制。尤其是如何发掘和培养特色民俗民艺传承人、推广人，如何实现高级外来文化艺术人才的本土化、本土专业技能人才的国际化和高端化。第二，本书认为政府扶持的重点对象是广大中小微型文化企业，而不是国有大型文化企业和企业集团。东北具有重点发展国有企业的历史传统和政策偏好，目前的文化产业政策也显示出对国有大型文化企业扶持倾斜过度的苗头，但是，繁荣文化产业根本力量在中小型和微型文化企业。因此，东北地区文化产业振兴，离不开对中小型和微型文化企业的大力扶持。但是，怎样有效培育中小微型文化企业的问题也没有讨论。上述问题构成了未来以东北地区文化产业发展为题的研究项目必须要解决的问题。

参考文献

一　中文参考文献

[1]［德］瓦尔特·本雅明:《机械复制时代的艺术作品》,王才勇译,中国城市出版社 2002 年版。

[2]［法］杰郝德·莫里耶:《法国文化政策:从法国大革命至今的文化艺术机制》,陈丽如译,五观艺术事业有限公司 2004 年版。

[3]［韩］权锡焕主编:《中国地域文化研究》,岳麓书社 2007 年版。

[4]［美］科斯:《企业、市场与法律》,盛洪、陈郁译,格致出版社 2009 年版。

[5]［美］理查德·F.库索尔:《法兰西道路:法国如何拥抱和拒绝美国的价值观与实力》,言予馨、付春光译,商务印书馆 2013 年版。

[6]［美］约翰·菲斯克:《解读大众文化》,杨全强译,南京大学出版社 2001 年版。

[7]［斯洛文尼亚］斯拉沃热·齐泽克等:《图绘意识形态》,方杰译,南京大学出版社 2002 年版。

[8]［英］巴克:《文化研究理论与实践》,北京大学出版社 2013 年版。

[9]［英］斯科特·拉什,［美］约翰·厄里:《符号经济与空间经济》,王光之译,商务印书馆 2006 年版。

[10]［英］约翰·汤林森:《文化帝国主义》,冯建三译,上海人民出版社 1999 年版。

[11]［英］吉姆·麦圭根:《重新思考文化政策》,何道宽译,中国人民大学出版社 2010 年版。

[12]［法］皮埃尔·穆里尼埃:《44 个文化部:法国文化政策机制》,陈

羚芝译，五观艺术事业有限公司 2010 年版。

［13］［瑞士］布鲁诺·弗雷：《当艺术遇上经济：个案分析与文化政策》，蔡宜真译，典藏艺术家庭股份有限公司 2008 年版。

［14］［澳］约翰·哈特利：《创意产业读本》，曹书乐译，清华大学出版社 2007 年版。

［15］曹泳鑫、赵平之：《先进文化与现代化　中国共产党的文化历程》，上海人民出版社 2005 年版。

［16］鲍展斌：《文化遗产哲思：马克思主义文化遗产观研究》，浙江大学出版社 2008 年版。

［17］《中国文化产业年鉴 2012》，光明日报出版社 2013 年版。

［18］《2012 中国文化年鉴》，新华出版社 2012 年版。

［19］陈柏福：《我国文化产业走出去发展研究　基于文化产品和服务的国际贸易视角》，厦门大学出版社 2011 年版。

［20］陈汉洲主编：《文化辽宁》，辽宁教育出版社 2010 年版。

［21］陈立旭等：《解读文化和文化产业　浙江发展文化产业　建设文化大省研究》，浙江人民出版社 2003 年版。

［22］陈立旭主编：《先进文化　社会发展的新动力》，浙江人民出版社 2010 年版。

［23］陈立旭：《重估大众的文化创造力　费斯克大众文化理论研究》，重庆出版社 2009 年版。

［24］陈守则、刘旭明：《文化产品营销研究》，经济日报出版社 2013 年版。

［25］陈恕：《黑龙江北方民族音乐文化研究》，中央文献出版社 2004 年版。

［26］陈志楣、冯梅、郭毅编著：《中国文化产业发展的财政支持研究》，经济科学出版社 2008 年版。

［27］戴元光、邱宝林：《当代文化消费与先进文化发展》，上海人民出版社 2009 年版。

［28］戴知贤：《毛泽东文化思想研究》，中国人民大学出版社 1992 年版。

［29］邓力群主编：《毛泽东的文化思想》，中央民族大学出版社 2004 年版。

［30］董立人：《精神产品社会价值及其生产导向研究》，清华大学出版社
2007 年版。

［31］杜艳华：《20 世纪中国思想转变的缩影　毛泽东文化思想的演变及
其影响》，吉林大学出版社 2004 年版。

［32］范周：《中国文化产业新思考》，光明日报出版社 2010 年版。

［33］范周、吕学武主编：《文化创意产业前沿　路径：建构与超越》，中
国传媒大学出版社 2008 年版。

［34］范周、吕学武主编：《文化创意产业前沿　对话：启迪与反思》，中
国传媒大学出版社 2008 年版。

［35］高汝熹、张洁：《知识服务业：首都经济第一支柱产业》，上海交通
大学出版社 2004 年版。

［36］高翔：《全球化语境下东北文化的回思与建设》，作家出版社 2005
年版。

［37］龚强：《冰雪文化与黑龙江少数民族》，黑龙江人民出版社 2008
年版。

［38］郭鉴：《吾地与吾民：地方文化产业研究》，浙江大学出版社 2008
年版。

［39］郭乃硕：《区域经济增长模式研究　以东北地区为例》，吉林人民出
版社 2011 年版。

［40］郭为藩：《全球视野的文化政策》，心理出版社股份有限公司 2009
年版。

［41］郭媛媛：《在传播中构建社会与文化：媒介产品与生产》，中国戏剧
出版社 2009 年版。

［42］国家广播电影电视总局发展研究中心编：《中国电视剧产业发展研
究报告》，中国广播电视出版社 2011 年版。

［43］何光昕主编：《新世纪　新产业　新增长　旅游业成为新的经济增
长点研究》，中国旅游出版社 1999 年版。

［44］何敏等编著：《文化产业政策激励与法治保障》，法律出版社 2011
年版。

［45］何志平、陈云根：《文化政策与香港传承》，中华书局香港有限公司
2008 年版。

［46］ 胡惠林：《文化产业发展的中国道路　我国文化产业发展理论与实践研究》，上海人民出版社 2004 年版。

［47］ 胡惠林主编：《我国文化产业发展战略理论文献研究综述》，上海人民出版社 2010 年版。

［48］ 胡惠林主编：《变革与创新　中国文化产业新突破》，云南大学出版社 2007 年版。

［49］ 胡惠林：《中国国家文化安全论》，上海人民出版社 2005 年版。

［50］ 胡惠林：《中国文化产业评论　第 12 卷》，上海人民出版社 2011 年版。

［51］ 花建：《区域文化产业发展》，湖南文艺出版社 2008 年版。

［52］ 黄力之：《马克思主义与资本主义文化矛盾》，河南大学出版社 2010 年版。

［53］ 黄力之：《历史实践与当代问题　马克思主义文化理论研究》，上海人民出版社 2004 年版。

［54］ 吉林省地方志编纂委员会编纂：《吉林省志　卷 42　新闻事业志　广播电视》，吉林人民出版社 1991 年版。

［55］ 蒋三庚、王晓红、张杰主编：《创意经济概论》，首都经济贸易大学出版社 2009 年版。

［56］ 李庆云：《毛泽东文化哲学思想研究》，中央文献出版社 2006 年版。

［57］ 李世举：《区域文化产业发展研究　基于辽宁省的考察》，人民日报出版社 2011 年版。

［58］ 李文群：《中国文化产业发展的财政与金融政策研究》，中国财政经济出版社 2009 年版。

［59］ 辽宁省地方志编纂委员会办公室主编：《辽宁省志　文化志》，辽宁科学技术出版社 1999 年版。

［60］ 刘德龙、杨宗杰编著：《地域文化与经济社会发展》，群言出版社 2006 年版。

［61］ 刘鹤主编：《两次全球大危机的比较研究》，中国经济出版社 2013 年版。

［62］ 刘李胜等编著：《中外支柱产业的振兴之路》，中国经济出版社 1997 年版。

[63] 联合国教科文组织编：《世界文化政策与世界妇女问题》，中国对外翻译出版公司1987年版。

[64] 联合国教科文组织编：《世界文化报告——文化、创新与市场》，北京大学出版社1998年版。

[65] 吕学武、范周主编：《文化创意产业前沿　现场：文化的质感》，中国传媒大学出版社2007年版。

[66] 马萱：《我国区域文化产业竞争力研究》，社会科学文献出版社2011年版。

[67] 欧培彬：《文化产业的金融支持　论新型文化产业投资基金的建立》，经济科学出版社2009年版。

[68] 祁述裕：《中国文化政策研究报告》，社会科学文献出版社2011年版。

[69] 祁述裕主编：《中国文化产业发展前沿——"十二五"展望》，社会科学文献出版社2011年版。

[70] 曲彦斌：《辽宁文化通史》，大连理工大学出版社2009年版。

[71] 宋彦麟：《辽宁省文化产业竞争力研究》，辽宁人民出版社2007年版。

[72] 孙洪敏、牟岱主编：《辽宁文化发展形势分析与预测2012—2013》，人民出版社2013年版。

[73] 佟玉权、韩福文：《辽宁旅游文化研究》，辽宁民族出版社2005年版。

[74] 王家新、傅长武：《艺术经济学》，高等教育出版社2013年版。

[75] 王秀模：《中国区域性支柱产业成长研究》，中国经济出版社2005年版。

[76] 王育济主编：《中国文化产业学术年鉴1979—2002（上）》，山东大学出版社2010年版。

[77] 文化部财务司编：《中国文化文物统计年鉴2012》，国家图书馆出版社2012年版。

[78] 文化部财务司编：《中国文化文物统计年鉴2000》，国家图书馆出版社2000年版。

[79] 吴敬琏等编：《中国未来经济改革与发展路径》，中国经济出版社

2013 年版。

［80］吴赟：《文化与经济的博弈》，中国社会科学出版社 2009 年版。

［81］向晓梅：《文化经济时代的物质产业发展研究》，广东人民出版社
2009 年版。

［82］向勇、喻文益：《区域文化产业实证研究》，海天出版社 2006 年版。

［83］谢荫明：《延安时期毛泽东文化思想》，陕西人民教育出版社 1993
年版。

［84］许明：《文化发展论》，北京大学出版社 2005 年版。

［85］许宁、李成编著：《别样的白山黑水　东北地域文化的边缘解读》，
黑龙江人民出版社 2005 年版。

［86］杨敏芝：《创意空间：文化创意产业园区的理论与实践》，五南图书
出版股份有限公司 2009 年版。

［87］杨朴：《戏谑与狂欢　新型二人转艺术特征论》，辽宁人民出版社
2010 年版。

［88］叶朗：《中国文化产业年度发展报告 2013》，北京大学出版社 2013
年版。

［89］衣俊卿：《黑龙江文化蓝皮书　2007 年文化事业发展报告》，黑龙
江人民出版社 2008 年版。

［90］袁文波、王天君：《二人转艺术论》，中国国际广播出版社 1997
年版。

［91］袁行霈、陈进玉：《中国地域文化通览辽宁卷》，中华书局 2013
年版。

［92］张圆生：《中国文化遗产保护成就通览》，文物出版社 2007 年版。

［93］张建平、舒燕飞、王飞编：《中国民族地区经济增长预测与发展研
究》，中国经济出版社 2012 年版。

［94］中共云南省委办公厅、云南省政府研究室：《云南支柱产业论》，云
南人民出版社 1997 年版。

［95］周其仁：《产权与制度变迁　中国改革的经验研究》，北京大学出版
社 2004 年版。

［96］左鹏：《中国城居民文化产品消费行为研究》，上海财经大学出版社
2010 年版。

[97] 胡惠林:《中国非物质文化遗产安全的现状与反思》,《东岳论丛》
　　　2012 年第 3 期。

[98] 胡惠林:《当前中国文化战略发展的几个问题》,《艺术百家》2011
　　　年第 6 期。

[99] 祁述裕:《新兴文化产业的地位和文化产业发展趋势》,《马克思主
　　　义与现实》2006 年第 5 期。

[100] 祁述裕:《中国和欧盟国家文化体制、文化政策比较分析》,《中
　　　国特色社会主义研究》2005 年第 2 期。

[101] 康小明、向勇:《产业集群与文化产业竞争力的提升》,《北京大
　　　学学报》2005 年第 2 期。

[102] 向勇:《国政方向与政策制定:韩国文化产业政策史研究》,《福
　　　建论坛》2012 年第 8 期。

[103] 金元浦:《我国文化创意产业发展的三个阶梯与三种模式》,《中
　　　国地质大学学报》2010 年第 1 期。

[104] 金元浦:《文化生产力与文化产业》,《求是》2002 年第 20 期。

[105] 金元浦:《文化创意产业的多种概念辨析》,《同济大学学报》
　　　2009 年第 1 期。

[106] 熊澄宇:《英国创意产业发展的启示》,《求是》2012 年第 7 期。

[107] 熊澄宇:《并存　互补　竞争　创新——发展中的国际文化产业》,
　　　《求是》2007 年第 10 期。

[108] 王林、顾江:《文化产业发展与区域经济增长——来自长三角地区
　　　14 个城市的经验证据》,《中南财经政法大学学报》2009 年第
　　　2 期。

[109] 郭新茹、顾江:《基于价值链视角的文化产业赢利模式探析》,
　　　《现代经济探讨》2009 年第 10 期。

[110] 顾江:《我国省际文化产业竞争力评价与提升——基于 31 省市数
　　　据的实证分析》,《福建论坛》2012 年第 8 期。

[111] 苑浩:《全球文化产业的最新趋势及政策分析》,《国外社会科学》
　　　2006 年第 1 期。

[112] 王亚川:《论政府在推动文化产业中的角色》,《理论研究》2007
　　　年第 1 期。

［113］刘燕南：《韩国文化产业发展值得借鉴》，《新闻与写作》2006 年第 12 期。

［114］赵丽芳：《韩国文化产业爆炸式增长背后的产业振兴政策》，《新闻界》2006 年第 3 期。

［115］骆莉：《韩国的文化发展战略与文化产业的发展》，《东南亚研究》2005 年第 3 期。

［116］黄志锋：《创意产业理论研究综述》，《重庆社会科学》2010 年第 5 期。

［117］张宇婷：《创意产业理论的国内研究综述》，《湖北经济学院学报》2011 年第 4 期。

［118］李建军：《西方国家创意产业研究综述》，《边疆经济与文化》2008 年第 3 期。

［119］李俊、兰传海：《东北地区文化产业发展的对策研究》，《经济纵横》2012 年第 6 期。

［120］刘悦笛：《英国"文化创意十年"对文化产业的启示》，《现代传播》2008 年第 8 期。

［121］曹宏：《中国文化产业中创意人才的困境与对策》，《山东社会科学》2011 年第 10 期。

［122］章建刚：《文化产业，抑或创意产业？——概念与政策趋向的差异》，《学术探索》2009 年第 10 期。

［123］张涵：《文化产业与信息产业、知识产业、创意产业的联系和区别》，《东岳论丛》2008 年第 11 期。

［124］郭从军：《2011 年度吉林省电视剧产业发展报告》，《北方传媒》2012 年第 10 期。

［125］赵宝晨：《全球背景下文化消费与文化产业互动》，博士学位论文，北京大学，2007 年。

［126］刘蔚：《文化产业集群的形成机理研究》，博士学位论文，暨南大学，2007 年。

［127］孙红军：《日本出版产业研究》，博士学位论文，吉林大学，2007 年。

［128］欧培彬：《产业投资基金支持文化产业发展研究》，博士学位论文，

武汉理工大学，2009 年。

[129] 荣跃明：《文化生产论纲》，博士学位论文，复旦大学，2009 年。

[130] 金兑炫：《韩国文化产业国际竞争力研究》，博士学位论文，吉林大学，2010 年。

[131] 沈强：《日韩文化产业发展比较研究》，博士学位论文，吉林大学，2010 年。

[132] 张庆盈：《中国文化产业法制建设问题研究》，博士学位论文，山东大学，2011 年。

[133] 孟鑫：《中国西部地区文化产业发展研究》，博士学位论文，中央民族大学，2011 年。

[134] 张慧娟：《美国文化产业政策及其对中国文化建设的启示》，博士学位论文，中共中央党校，2012 年。

[135] 穆宝江：《韩国文化产业发展与中韩文化产业合作》，博士学位论文，吉林大学，2012 年。

[136] 修远：《中国东北地区文化产业发展研究》，博士学位论文，吉林大学，2012 年。

[137] 辛阳：《中美文化产业投融资比较研究》，博士学位论文，吉林大学，2013 年。

[138] 黄亮：《我国文化产业投资基金研究》，博士学位论文，中国艺术研究院，2013 年。

[139] 辛杨：《新经济增长点开发理论与方法研究》，博士学位论文，吉林大学，2006 年。

二 英文参考文献

[1] Daron Acemoglu, James Robinson, *Why Nations Fail: The Origins of Power, Prosperity, and Poverty*, New York: Crown Business, 2012.

[2] M Kearney, "Underdevelopment is a State of Mind", *Journal of Latin American & Caribbean Anthropology*, Vol. 1, No. 1, 1989.

[3] Dominic Power, "Cultural Industries in Sweden: An Assessment of their Place in the Swedish Economy", *Economic Geography*, Vol. 78, No. 4, 2002.

[4] Abida Eijaz; Rana Eihaz Ahmad, "Challenges of Media Globalization for Developing Countries", *International Journal of Business and Social Science.* Issue. 12, 2011.

[5] Dal Yong Jin, "Transforming the Global Film Industries Horizontal Integration and Vertical Concentration Amid Neoliberal Globalization", *International Communication Gazette*, . No. 74, 2012.

[6] J. J. Ebbers; N. M. Wijinberg, "The Effects of Having More Than One Good Reputation on Distributor Investments in the Flm Industry", *Journal of Cultural Economics*, Volume. 38, Issue. 3, 2012.

[7] Zukauskaite, Elena, "Innovation in Cultural Industries: The Role of University Links", *Innovation-Management Policy Practice*, Volume. 14, Issue. 3, 2012.

[8] Nguyen C; Romaniuk J, "Factors Moderating the Impact of Word of Mouth for TV and Film Broadcasts", *Australasian Marketing Journal*, Issue, 21, 2012.

[9] Diane Barthel-Bouchier, "Exportability of Films in a Globalizing Market: The Intersection of Nation and Genre", *Cultural Sociology*, Issue. 6, 2012.

[10] David Grandadam, "Places, Spaces and the Dynamics of Creativity: The Video Game Industry in Montreal", *Regional Studies*, Volume. 46, Issue. 7, 2012.

[11] Terry Flew, "Creative Suburbia: Rethinking Urban Cultural Policy-the Australian Case", *International Journal of Cultural Studies*, Issue. 15, 2012.

[12] Justin O'Connor; Xin Gu, "Creative Industry Clusters in Shanghai: A Success Story?" *International Journal of Cultural Policy*, Issue. 11, 2012.

[13] Diane Barthel-Bouchier, "Exportability of Films in a Globalizing Market: The Intersection of Nation and Genre", *Cultural Sociology*, Volume. 6, Issue. 13, 2012.

[14] Michal Daliot-Bul, "Reframing and Reconsidering the Cultural Innovations of the Anime Boom on US Television", *International Journal of Cultural Studies*, Issue. 5, 2013.

[15] Le Patrick L; Masse David; Paris Thomas, "Technological Change at

the Heart of the Creative Process: Insights From the Videogame Industry", *International Journal of Arts Management*, Volume. 15, Issue. 2, 2013.

[16] Miguel Angel Axtle-Ortiz, "Perceiving the Value of Intangible Assets in Context", *Journal of Business Research*, Issue. 3, 2013.

[17] Wang Ling-en, Cheng Sheng-kui; Zhong lin-sheng, "Rural Tourism Development in China: Principles, Modelsand the Future", *Science Press and Institute of Mountain Hazards and Environment*, Issue. 10, 2013.

[18] Street John, "Music, Markets and Manifestos", *International Journal of Cultural Policy*, Volume. 13, Issue. 19, 2013.

[19] Patrick Merziger, "Americanised, Europeanised or Nationalised? The Film Industry in Europe under the Influence of Hollywood, 1927—1968", *European Review of History: Revue Europeenned'Histoire*, Volume. 20, Issue. 5, 2013.

[20] Carl Grodach, "Cultural Economy Planning in Creative Cities: Discourse and Practice", *International Journal of Urban and Regional Research*, Volume. 37, Issue. 5, 2013.

[21] Lee Hyo-Seong, Overcoming Reified and Administered Communication: A Critical Analysis of TheodorAdorno's Theory of Culture Industry, Northeast University, 1987.

[22] John Charles Hajduk, Music Wars: Conflict and Accommodation in America's Culture Industry 1940—1960, State University of New York, 1995.

[23] George Wheeldon Faraday, The Cult of Artistic Autonomy and the Crisis of the Post-soviet Film Industry, Duke University, 1997.

[24] Eva Tsai, Scripting Love: TV Writers and the Culture Industry in Contemporary Japan, Iowa University, 2002.

[25] Roshanak Kheshti, Resoundingly Different: Desire and Alterity in the US World Beat Culture, University of California, 2005.

[26] Hyung-Sook Lee, Between Local and Global: the Hong Kong Film Syn-

drome in South Korea, University of Southern California, 2006.

[27] Intellectual Industry and Culture Industry, Thought about Intellectuals and Mass Culture from Adorno to Seinfeld, Simon Fraser University, 2006.

[28] Ling-Yun Tang. Commodifying Culture in the Global City: Spatial Practices and Symbolic Boundaries of Contemporary Art in Beijing [D]. Yale University, 2008.

[29] Kangming Ma, Elitism Populism Chinese Culture and Transnational Industries: A Cultural-Genre Study of Chen Kaige and Zhang Yimou's Film Narratives, Regent University, 2010.